DER YOGI

Portraits von Swami Vishnu-devananda

Von Gopala Krishna

Titel der englischen Originalausgabe: The Yogi – Portraits of Swami Vishnu-devananda
 ISBN 978-3-931854-74-4

2. Ausgabe 2011, Auflage: 500. Herausgegeben vom Berufsverband der Yoga Vidya Lehrer e.V. Weitere Exemplare zu beziehen bei: Yoga Vidya GmbH, Wällenweg 42, D-32805 Horn-Bad Meinberg, Tel. 0534/87-2209, Fax -2225, E-mail: shop@yoga-vidya.de, *www.yoga-vidya.de*

Swami Vishnu-devananda war der Gründer der Internationalen Sivananda Yoga Vedanta Zentren (SYVC) im Westen. Von ihm gegründete Center gibt es im deutschsprachigen Raum in München, Wien, Berlin, Hamburg und Reith/Österreich.
www.sivananda.org, Tyrol@sivananda.org

In den 3 Yoga Vidya Ashrams in Bad Meinberg, Westerwald und an der Nordsee und den 70 Yoga Vidya Stadtzentren lehren wir ebenfalls den ganzheitlichen Yoga in der Tradition von Swami Sivananda und Swami Vishnu-devananda.
www.yoga-vidya.de, info@yoga-vidya.de

Kommentare zu dem Buch „Der Yogi“

„Ich betrachte mich als einen sehr glücklichen Menschen, dass ich in der Mitte der 60er Jahre bei Swami Vishnu-devananda Yoga lernen durfte. Man konnte seine einmalige und charismatische Energie spüren, sobald er den Raum betrat. Das Buch hat diese Energie eingefangen. Es wird Dich inspirieren und Dir auf Deinem eigenen spirituellen Weg großen Enthusiasmus bringen.“

Lilias Folan, Lilias Yoga Complete

„Swami Vishnu-devananda war das lebende Beispiel für die Macht des Glaubens. Immer wenn ich an ihn denke, erinnere ich mich an die Kinder Israels, die aus Ägypten fliehen wollten und denen der Weg vom Roten Meer versperrt war. Sie wussten nicht, was sie tun sollten. Sie wollten nicht zurückgehen, um Sklaven zu werden, aber sie konnten nicht über das Meer schwimmen. Als Moses Gott fragte, was sie tun sollten, sagte Gott ihnen, dass sie einfach weitergehen und ins Wasser tauchen sollten, und für alles würde gesorgt werden. Auf diese Weise lehrte mich Swami Vishnu, mein Leben anzugehen. Sorge dich nicht um morgen. Mache einfach weiter, mache das, von dem du weißt, dass es richtig ist. Dieses Buch zeigt Swamiji, wie er war: ein einfacher, energetischer Mann, voller Liebe für seine Weggefährten und angetrieben durch seinen Glauben an Gott, das Wissen des Yoga in der ganzen Welt zu verbreiten.“

Rabbi Joseph Gelberman

„Manche Menschen sind berufen, die Gesellschaft zu einer höheren Vision zu führen. Swami Vishnu-devananda war so ein Mensch. Er nahm die ungeheure Bürde auf sich, eine aggressive Welt mit einer unbezähmbaren Energie Frieden und Weisheit zu lehren. Die Erinnerungen in diesen Seiten bringen Dich in Berührung mit diesem unwiderstehlichen Geist. Dieses Buch ist kraftgeladene und inspirierende Lektüre vom Feinsten!“

Yogi Achala

„Mit großer Liebe und Anerkennung erinnere ich mich an meinen Bruder-mönch, unseren geliebten Swami Vishnu-devananda. Ihn vergisst man nicht so leicht! – ein großer und vollendeter Yogi, der als einer der ersten *Swamis* (Mönche) in den Westen kam und den eifrigen Schülern hier die großen Lehren der Yogawissenschaft vermittelte. In den vielen Lehr- und Seminarzentren, die Swamiji überall auf der Welt gegründet hat, wurden ernsthaft Suchende ins Yoga und in die Botschaft von Swami Sivananda Maharaj eingeführt. Swami Vishnu-devananda war nicht nur ein einfacher *Sannyasin* (Entsagter). Wir alle, die ihn kannten, als er in den Sivananda Ashram in Rishikesh eintrat, wussten, dass er große Dinge erreichen und ein Leitstern göttlichen Lichts sein würde. Er hatte eine große und einzigartige, universelle Vision, die nur durch seine physische Form begrenzt war. Nun hat er diese Bürde abgestreift, um frei und ungehindert seinen Dienst fortzuführen. Möge sich seine erhabene Vision ewig fortsetzen und in den Herzen seiner Schüler blühen."

Swami Satchidananda, Gründer der „Integral Yoga Society"

Inhaltsverzeichnis

Vorwort

Die ursprüngliche Idee für dieses Buch stammt nicht von mir. Schon bald nachdem Swami Vishnu-devananda oder Swamiji, wie er gewöhnlich von seinen Freunden und Schülern genannt wurde, zu Beginn des Jahres 1991 seinen ersten Schlaganfall hatte, bat einer seiner ältesten Schüler, Swami Shankarananda, Swamijis Schüler um Material für ein Buch. Er begann die eingehenden Informationen zu sammeln und zu vergleichen, als auch die Tausenden von Kassetten mit Swamijis Reden, die sich in den Archiven des Sivananda Yoga Ashram befanden, zu transkribieren. Swami Shankaranandas voller Terminkalender und viele andere Verpflichtungen machten es ihm jedoch unmöglich, tiefer in das Projekt einzusteigen.

In den ersten Tagen, nachdem Swamiji seinen Körper am 9. November 1993 verlassen hatte, wurde mir klar, dass ich selbst dieses Projekt übernehmen musste. Ich kann weder beschreiben noch erklären, wie dieses Gefühl entstand. Es war einfach da, in voller Blüte. Ich hatte nie etwas Längeres geschrieben als einen kurzen wissenschaftlichen Text über Computertechnologie, aber ich wusste, dass ich dieses Buch schreiben konnte. Ich wollte irgendwie das erhalten und weitergeben, was Swamiji uns die ganzen Jahre über gelehrt hatte.

Ich vertiefte mich in das gesammelte Material und machte mich daran, noch mehr zu sammeln. Jeder Tag war angefüllt mit Gedanken, Bildern und Erinnerungen an Swamiji. Wenn ich die Abschriften seiner Reden las, konnte ich ihn oft sehr klar in meinem Geist sehen und hören. Es war, als wäre ich wieder bei ihm, zu seinen Füßen sitzend. Ich hoffe, dass auch du seine Gegenwart fühlen kannst, wenn du dieses Buch liest.

Swamiji führte mich durch den ganzen Prozess. Er schrieb dieses Buch. Ich war nur sein Instrument. Ich möchte dadurch nicht andeuten, dass ich eine besondere Beziehung zu Swamiji hatte. Viele Tausende seiner Schüler hätten dieses Buch schreiben können. Ich hatte einfach Glück.

Die Kapitel in diesem Buch sind teilweise chronologisch wie in einer Biographie und teilweise thematisch geordnet. Die biographischen Kapitel basieren teilweise auf einer auto-biographischen Kassette über sein früheres Leben, die Swami Vishnu-devananda in der Mitte der 80er Jahre aufgenommen hat. Die thematischen Kapitel beinhalten Dinge, über die

Swamiji während des *Satsangs* (gemeinsame Meditation, Mantrasingen, Vortrag) gesprochen hat. Glücklicherweise wurden viele seiner Reden entweder auf Kassette oder Video aufgenommen, so dass ich eine immense Sammlung seiner Gedanken und Lehren zur Verfügung hatte. Zwischen diesem Material, welches direkt von Swamiji stammt, finden sich Erinnerungen von Menschen, die ihn kannten.

Damit der Leser erkennt, wer gerade spricht, sind die Abschnitte in diesem Buch unterschiedlich dargestellt:

„Absätze aus Swamijis Reden werden erscheinen in diesem Format. Er hatte regelmäßig alle um sich herum zum *Satsang* versammelt. Wir saßen zusammen, meditierten und sangen gemeinsam Mantras und dann sprach Swamiji manchmal kurz, oft aber auch sehr ausführlich. Für einige Vorträge waren die Themen vorgegeben, z.B. wenn er einen besonderen Kurs wie die Yogalehrerausbildung gab, die er regelmäßig lehrte. Manchmal schlug er wahllos eines der Bücher seines *Gurus* Swami Sivananda auf, las ein wenig vor, was er gerade fand und sprach darüber. Manchmal beschäftigte er sich mit einem Thema aus der Tageszeitung oder aus den Fernsehnachrichten. Außerdem forderte Swamiji uns manchmal auf, während des *Satsangs* Fragen zu stellen, wobei er auf individuelle Fragen und Zweifel einging und gleichzeitig uns allen eine umfassendere Lehre darbot."

Swamiji hatte einen einzigartigen Stil. Ich habe die Texte seiner Reden wortwörtlich übernommen. Um die Texte klar und kurz zu halten, habe ich Abschweifungen und Unterbrechungen herausgeschnitten und sein nicht immer perfektes Englisch korrigiert. Ich habe keine Passagen gelöscht, die auf den ersten Blick wie Wiederholungen aussahen. Swamiji hat sich oft wiederholt, um sicherzugehen, dass sich die Botschaft auch einprägte.

Erinnerungen von Swamijis Schülern und Freunden werden mit einem Sternchen eingeleitet:

*

Schüler:

„Eine Seite, die dieses Buch besonders hervorheben möchte, ist die mehr private und individuelle Lehre, die er jedem von uns mitgab. Er war ein liebender, umsorgender Mensch, der an jeder Person, die er traf, persönliches Interesse hatte. Diese Erinnerungen werden hoffentlich die mehr privaten und individuellen Lektionen aufzeigen."

Danksagung

Zuerst und vor allem muss ich all meinen Brüdern und Schwestern in der Sivananda Yoga Vedanta Organisation für ihre Hilfe beim Sammeln des Materials danken, welches ich für dieses Buch brauchte. Ohne ihren ständigen Input, ihre Ermutigungen und ihre vielen wunderbaren Erinnerungen an Swamiji, die sie beigetragen haben, gäbe es dieses Buch einfach nicht.

Einige Leute haben mir die während des Projekts dringend benötigte technische Hilfe gegeben, besonders David Dwyer, der alle Originalcom puterdisketten mit Informationen in ein Format übersetzt hat, das ich benutzen konnte und meine Freundin Shelley Burke, die alles, was ich auf Spanisch erhielt, ins Englische übersetzte.

Ich danke *Yoga International*, dass sie Passagen dieses Buches in ihrer Nov/Dez 1994 Ausgabe veröffentlicht haben.

Abschließend schulde ich Theresa King großen Dank für ihre Führung und ihr Wissen, und dass sie mir geholfen hat, meine ursprüngliche Idee in das jetzige, geordnete Format zu bringen.

Einleitung

Dieses kleine Buch ist eine dokumentarische Sammlung von primär autobiographischen Quellen und Erinnerungen von Schülern und Freunden über das Leben des verstorbenen „fliegenden Swamis" Vishnu-devananda aus Indien und Kanada, Hindumönch und Pilot. Swami Vishnu war einer der ungewöhnlichsten Aktivisten für den Weltfrieden des 20. Jhd., für Gerechtigkeit, für Gewaltlosigkeit, offene Grenzen und die Verwirklichung einer weltweiten Staatsbürgerschaft für die ganze Menschheit, was er als eine „wahre Weltordnung" bezeichnete und so die spirituelle Reifung der Menschheit erwartete.

Swami Vishnu war einer der bemerkenswertesten Menschen unseres Zeitalters an zahlreichen Fronten der 50er Jahre in Kanada und überall auf der Welt bis zum Zeitpunkt seines Todes 1993 in Indien. Er plante und organisierte eine Menge prophetische und symbolische Veranstaltungen als Teil seiner weltweiten Friedensmissionen, meistens an höchst brisanten Plätzen dieser Welt. In den USA, Europa, der Karibik, im Mittleren Osten, Indien und Teilen von Asien war er führend in der Verbreitung seines Wissens über *Yoga Vedanta* (der Yoga-Philosophie der Einheit), der Praxis des Yoga für die Gesundheit sowie über Gewaltlosigkeit, inneren und äußeren Frieden und die versteckten Potentiale der menschlichen Seele und des Geistes, um „Dunkelheit zu Licht zu machen" und mitzuhelfen, dass unser Planet überlebt und unsere Welt ein besserer Platz zum Leben wird.

Er war ein wahrer Freund und während der 70er und 80er Jahre bat er um meine Unterstützung bei der Organisation von internationalen Konferenzen und Veranstaltungen, um die Aufmerksamkeit auf Yoga zu lenken (und auf die alte Kosmologie, Lebensphilosophie und Psychologie, auf der Yoga gründet) und um neue Wissenschaften von Bewusstsein, neue Heilkünste, neue Medien, neue Therapien und das wachsende planetarisch-ökologische Bewusstsein aufzuzeigen. Meines Erachtens verstand er den tieferen Sinn unseres gesteigerten Interesses im Westen an Berichten verschiedener Personen, die die menschliche Unsterblichkeit bestätigten, nachdem sie verschiedene, außerordentliche psychische und spirituelle Erfahrungen gemacht hatten.

Einer seiner frühen Events, an dem ich 1977 teilnahm, war eine unvergessliche 45tägige Pilger- und Vortragsreise nach Indien über Spanien mit dem Thema „Yoga und psychische Entdeckungen". Dabei nahmen ein Hindumönch teil (Swami Vishnu selbst), ein christlicher Priester (ich), eine Psychiaterin (Dr. Marilyn Rossner, meine Frau, Kindertherapeutin und Sonderpädagogin, außerdem praktizierende Yogini und äußerst feinfühlig) und ein Astronaut (Dr. Edgar Mitchell, der ein erfolgreiches ESP Experiment zwischen seiner Mondkapsel und der Erde durchgeführt hatte).

Swami Vishnus beständiger Genius und sein Gespür dafür, einfallsreich und zum richtigen Zeitpunkt die Öffentlichkeit auf sich aufmerksam zu machen, war tief spirituell motiviert. Wohin er auch ging, gründete er Ashrams und Zentren, wodurch er in der Lage war, das Leben der Menschen zu berühren, ihren Lebensstil zum Besseren zu verändern und das Bewusstsein der Welt für das dringende Bedürfnis nach positivem Denken, gesundem Leben, wahrer Spiritualität und einer dramatischen Verbesserung im menschlichen Verhalten zu verstärken.

Als er 1957 als junger Hindumönch das erste Mal von Indien über Südasien nach Nordamerika kam, hatte er kein Geld, keinen, der ihn aufnahm und herzlich wenig praktisches Wissen über westliche Lebensart oder überzeugende Sprachfertigkeit im Englischen, was ihm den Weg erleichtert hätte.

Was er allerdings besaß, war eine leuchtende, konzentrierte, hingebungsvolle, bejahende Seele, die in seinen Lehrjahren bei einem der größten Yogis und Weisen des Himalaya geformt worden war, bei Swami Sivananda aus Rishikesh, einem Mediziner und Hindumönch, der den Massen auf diesem Subkontinent als der „Heilige Franziskus des Modernen Indiens" galt. Sivananda war eine wichtige Persönlichkeit bei der Wiedergeburt der indischen Spiritualität im 19. und 20. Jahrhundert. Swami Vishnu besaß ebenfalls den wahren Geist und die Inspiration der Ghandischen Doktrin des gewaltlosen Zeugnisses des Friedens und der Gerechtigkeit an Orten des menschlichen Leidens und der Not. Diese Gaben und die Früchte seines Geistes waren sein einziges Kapital und sein Glanz.

Swami Vishnu hatte in seinem Leben den klaren Auftrag seiner Lehrer, der Menschheit zu dienen. Er sah diesen Auftrag als Inspiration aus göttlich-eingegebener Quelle. Diese Quellen und diese Inspiration verließen ihn nie. Er blieb ihnen mit heroischer Entschlossenheit durch dick und dünn bis zu dem Tag treu, an dem er zurück in Indien diese Welt verließ, wo sein Körper schließlich dem heiligen Fluss Ganges übergeben wurde. Swamiji hatte diese Aufgabe mit den Worten Sivanandas an den Wänden der Ashrams und Zentren verewigt: „Diene, liebe, gib, reinige Dich, meditiere, verwirkliche!"

Von seinem geliebten *Guru* Swami Sivananda bekam er den Auftrag, die Philosophie und die Praxis des Yoga selbst zu leben und sie seinen Schülern zu lehren, so dass sie alle das Ziel des Yoga für sich selbst erreichen konnten: göttliche Selbstverwirklichung – die Integration von Körper, Geist und Seele mit dem Ursprung des Seins, Gott, Brahman, der Ewigen Quelle allen Lebens, Gesundheit, Freude, Wonne – und die wahre Inspiration und Stärke, in *sanatana dharma* zu leben, dem ewigen, universellen, göttlich spirituellen Gesetz.

Swami Vishnu selbst war ein authentischer *Guru* und ein großer spiritueller Lehrer. Er war in seiner äußeren Erscheinung eher unscheinbar und bescheiden. Oft schockierte er Schüler und Gäste, indem er sich niederwarf und um Vergebung bat, wenn er ungeduldig gewesen war, in Wut geriet, Fehler machte oder jemanden beleidigte. Er besaß große Liebe für die Menschen, war aber ungeduldig, richtiges und sinnvolles Handeln voranzutreiben, so wie er es verstand. Wo auch immer er einen Einzelnen in menschlicher Not oder eine große Welttragödie sah, wollte er zu Hilfe eilen oder irgendetwas zur Unterstützung tun, auch wenn alles, was er tun konnte, darin bestand, sein Leben durch symbolische und prophetische Handlungen zu riskieren, nur um die Aufmerksamkeit der Menschheit auf diese Not oder Tragödie zu lenken.

Auf den folgenden Seiten wirst du lesen, dass er während des Krieges im Mittleren Osten 1971 mit seinem kleinen zweimotorigen Flugzeug über die arabisch-israelische Grenze flog und jede Seite mit Blumen und Friedensbroschüren „bombardierte": „Blumen statt Gewehre, um Kriege zu stoppen!" Er flog mit dem britischen Schauspieler Peter Sellers nach Nordirland, um sich mit protestantischen und katholischen Führern zu treffen. Ein Hindumönch – mit brauner Haut und in orange Gewänder gekleidet – der den christlichen Führern freundlich die Notwendigkeit der Liebe, des Friedens und christlichen Verhaltens lehrte! Er flog mit einem Ultraleichtflugzeug über die Berliner Mauer nach Ostdeutschland und übermittelte so der ostdeutschen Polizei die Nachricht, dass alle von Menschen erstellten Hindernisse für den Frieden, die die Menschheit teilen – wie die Mauer selbst – vom göttlichen Geist in uns überwunden werden können. Dann gab er ihnen eine Yogastunde und hielt einen Vortrag über Meditation. Dafür gaben sie ihm ein Käsesandwich, weil er Vegetarier war und eine Karte für die U-Bahn für die Rückreise nach Westberlin!

Was Mahatma Ghandi tat, um die Welt zu inspirieren und ihr Bewusstsein zu verändern, spielte sich fast ausschließlich auf dem indischen Subkontinent ab, mit einer kurzen Zeit in Südafrika. Von diesem Schauplatz aus verbreitete sich die großartige Geschichte von *Ahimsa*, dem Prinzip der Gewaltlosigkeit und die Achtung vor den Rechten allen fühlenden Lebens über den ganzen Globus und damit seine innewohnende, sanfte Kraft, rassistische und religiöse Bigotterie endlich zu beenden.

Was Swami Vishnu in seinem Leben für das gleiche edle Ziel getan hat (obwohl viel weniger veröffentlicht), wurde tatsächlich auf einem sehr viel größeren Schauplatz dieser Welt ausgetragen, auf vielen Kontinenten und Ländern und auf sehr spektakuläre Art und Weise. Er organisierte während der letzten 4 Jahrzehnte des 20. Jahrhunderts eine inspirierende Reihe von unglaublichen, symbolischen und prophetischen Veranstaltungen. Eines Tages – wenn die Menschheit etwas erwachsener geworden ist und ihr Verständnis für das wirklich Wesentliche sich ausgeweitet hat – wird es ohne Zweifel eine Buch- und Filmbiographie über das Leben dieses unbesungenen Helden unseres Zeitalters geben. Bis dahin ist dieses Buch eine Quelle der Erinnerungen seiner Freunde und Schüler, welches seine Lehren an die Welt weitergibt.

Rev. John Rossner, O.Tr., Ph.D.
Professor der vergleichenden Religion und Kultur
Concordia Universität, Montreal
Präsident des *International Institute of Integral Human Sciences*

CHRONOLOGIE VON SWAMI VISHNU-DEVANANDAS LEBEN

31. Dezember 1927
Geboren in Kannimangalam, Kerala, Südindien.

Juni 1928
Annaprashana (erstes Nähren) und *Nama Karana* (Namensgebung) – Zeremonien im Palani Tempel. Wird Swamy Kuttan Nair genannt.

1943
High School Examen bestanden. Unterrichtet kurz in Schulen.

1944
Eintritt in die Armee.

1945
Findet *Sadhana Tattwa* von Swami Sivananda in einem Papierkorb. Besucht zum ersten Mal den Sivananda *Ashram* in Rishikesh.

1946
Kehrt für einen kurzen Besuch in den *Ashram* zurück und erkennt, dass Swami Sivananda sein *Guru* ist. Wird aus der Armee entlassen und kehrt nach Kerala zurück. Meldet sich an der Lehrerhochschule an.

1. September 1947
Nimmt an den Feierlichkeiten zu Sivanandas Diamantjubiläum (60. Geburtstag) im Sivananda *Ashram* teil. Sivananda sagt, dass er bei dem bleiben soll, was er tut.

März 1949
Einweihung in *Sannyas* als Swami Vishnu-devananda. Wird Sivanandas persönlicher Assistent und der Yogaprofessor des Ashrams

1950
Wandert ein Jahr als mittelloser Mönch.

1952-1953
Reist mit Sivananda durch ganz Indien.

März 1957
Sivananda schickt ihn in den Westen, wo die „Menschen warten".
Er reist am Rand des Pazifiks entlang, verdient seinen Lebensunterhalt mit Yogastunden, immer einen Schritt näher Richtung Nordamerika.

Dezember 1957
Erreicht San Francisco. Beginnt hier Yoga zu unterrichten.

Juli 1958
Verdient Geld als Versuchskaninchen bei UCLA. Geht Richtung Osten nach New York. Unterrichtet Yoga in New York, geht schließlich nach Montreal.

1959
Gründet erstes Yogazentrum in Montreal.

1960
Erstes 3-wöchiges Yogacamp in einem Sommercottage für Studenten nördlich von Montreal. Veröffentlicht das *Complete Illustrated Book of Yoga* („Das große illustrierte Yogabuch").

1962
Kauft mit der Hilfe von Schülern das Grundstück des heutigen *Sivananda Yoga Camp* in Val Morin. Gründet seinen ersten Ashram.

14. Juli 1963
Swami Sivananda stirbt.

September 1964
Das jetzige New Yorker Stadtzentrum wird eröffnet.

1967
Gründet *Sivananda Ashram Yoga Retreat* auf Paradise Island auf den Bahamas.

Winter 1969
Hat die Vision, dass die Welt von Flammen verschlungen wird und die Menschen in alle Richtungen fliehen. Beginnt mit seinen Plänen zur Weltfriedensmission.

August 1969
Hält seine 1. Yogalehrerausbildung. Yogazentren eröffnen in Chicago und Ft. Lauderdale, Florida.

1970
Peter Max bemalt das Friedensflugzeug. Die Zentren in London und Washington entstehen.

16. Juli 1971
Krishna Tempel wird in Val Morin eingeweiht.

29. August 1971
Eröffnet die *Yogafarm* in Grass Valley, Kalifornien.

September-Oktober 1971
Fliegt auf seine Weltfriedensmission und „bombardiert" Belfast, den Suezkanal, Jerusalem, Lahore und Bangladesh mit Blumen und Flugblättern.

1972-1976
Eröffnet Zentren in Toronto, Wien, Los Angeles, Neuseeland, München, Genf, Madrid, Montevideo und die *Sivananda Yogaranch* in Woodbourne, NY.

1977
Organisiert und hält 3 verschiedene, aber zusammenhängende Tagungen: „Der Mensch und seine Zukunft" in Marbella (Spanien), „Yoga und Psychische Entdeckungen" in Bangalore (Indien) und „Physik und Metaphysik" in Los Angeles und New York.

1978

Veröffenlicht das Buch „*Meditation und Mantras*".
Eröffnet den *Ashram* in Neyyar Dam in der Nähe von Trivandrum, Kerala, Indien. Beginnt sein Schweigejahr.

Juli 1979

Beendet sein Schweigen. Organisiert das „Festival des Inneren Lichts" in Val Morin.

1981

Gründet SAMA, *Sivananda Ashram Members Association*, einen Verband von Schülern, die im Berufs- und Familienleben standen und in der Nähe des *Ashrams* in Val Morin lebten.

September 1983

Fliegt in seinem Ultraleichtflugzeug über die Berliner Mauer. Führt einen Feuerlauf nahe der Mauer durch, an dem über 60 Schüler teilnehmen.

Januar 1984

Reist mit Schülern zusammen in einem Doppeldeckerbus und einem Landrover durch Indien, um den Geist des Yoga in Indien wiederzuerwecken.

Februar 1984

Versucht zwischen Sikh-Nationalisten und der indischen Regierung zu vermitteln, indem er Sant Longowal und Sant Brindawal im Goldenen Tempel von Amritsar trifft.

November 1986

Bleibt 6 Monate in seiner Höhle in Gangotri, hoch oben im Himalaya in der Nähe der Gangesquelle. Erleidet ernsthafte Erfrierungen an seinen Zehen. Es wird Diabetes diagnostiziert.

September 1987

Leitet die *All India Tour* und die *Peace Mala* (Friedenskette) als Teil der Jahrhundertfeierlichkeiten für Swami Sivananda.

Eröffnet die „Om Namo Narayanaya-Bank“ auf der Bergspitze gegenüber seiner Höhle in Gangotri, wo Tausende Seiten *likita japa* (Schreiben von Mantras) „lagern“, die von Schülern geschrieben und gesammelt worden sind.

Januar 1991
Hat einen Schlaganfall und ist auf der linken Körperseite gelähmt.

Juni 1991
Die Nieren versagen. Beginnt tägliche Dialysebehandlung.

September 1991
Kehrt nach Indien zurück und hält sich in seiner Höhle in Gangotri auf, wo er weiterhin Dialysebehandlungen erhält.

Dezember 1991
Kehrt nach Val Morin zurück.

Juli 1992
Wählt einen Platz für einen neuen Tempel auf der Spitze des Hügels mit Aussicht auf den *Ashram* in Val Morin.

September 1992
Kehrt nach Indien zur *Ganges Parigrama* zurück, einer Pilgerfahrt entlang des Ganges, von der Quelle in 4.500m Höhe in Gomukh im Himalaya bis zur Mündung in den Ozean.

Juli 1993
Weiht das neue Tempelgelände ein, indem er auf dem Felsen, wo der Tempel gebaut werden soll, Gottheiten aufstellt.

Oktober 1993
Kehrt nach Indien zurück und begibt sich auf Devi Tempel Pilgerfahrt.

1. November 1993
Sein Gesundheitszustand verschlechtert sich rapide. Wird ins Krankenhaus nach Manipal, Indien, gebracht.

9. November 1993
Mahasamadhi, endgültige Befreiung vom Körper.

11. November 1993
Jalasamadhi, sein Körper wird dem Ganges übergeben.

Erste Begegnungen

Swami Vishnu-devananda wurde am 31. Dezember 1927 in Kannimangalam geboren, einem kleinen Dorf in Kerala, Südindien. Er wurde Swamy Kuttan Nair genannt. Seine Familie besaß Land im Ort und in der Umgebung. Er wuchs heran und lebte das typische einfache Leben im ländlichen Südindien. Noch heute kann man sein Heimatdorf nicht mit einem motorisierten Fahrzeug erreichen. Man muss an der Hauptstraße halten und den Dammweg entlang gehen, der von Reisfeldern, Bananenplantagen und allen Arten von tropischen Gewächsen umgeben ist. Als ich einmal dort war, war das einzige „Fahrzeug", das ich im Dorf sah, ein Elefant.

Mit den Schönheiten der Natur aufwachsend hatte der kleine Junge seine ersten spirituellen Erfahrungen und Konflikte auf dem Schulweg, wo er vier Meilen hin und zurück gehen musste.

" Wenn ich in meiner Kindheit zur Schule ging, musste ich mehrere Reisfelder durchqueren. Es gab unterwegs Wasserschlangen, deren Hauptmahlzeit aus Fröschen von den Reisfeldern bestand. Diese Wasserschlangen waren nicht giftig. Meine Vorstellung von Religion und Gott begann damit, dass ich das Drama zwischen Leben und Tod beobachtete, das sich zwischen Frosch und Wasserschlange abspielte. Fast jeden Tag sah ich, wie eine Wasserschlange einen Frosch fing, meistens den hinteren Teil des Froschkörpers. Weil die Schlange nicht in der Lage ist, den Frosch ganz herunterzuschlucken, schreit der Frosch einige Minuten lang im Schlangenmaul. Das Maul der Schlange ist so klein, dass sie den ganzen Frosch nicht auf einmal schlucken kann und der Schrei des Frosches in seinem Todesschmerz ist meilenweit zu hören.

Als ich vorbeiging und die Schlange mit dem Frosch im Maul sah, erkannte ich: „Dieser Frosch ist jetzt im Maul der Schlange und wird bald geschluckt, wahrscheinlich in 10, 20 oder 30 Minuten." Dieses Leiden ist unerträglich für den Geist eines Kindes. „Was soll ich machen? Soll ich die Schlange töten und den Frosch aus dem

Todesmaul befreien oder soll ich weitergehen und mich um meine Sachen kümmern?“ Mein kindlicher Geist war nicht damit zufrieden, einfach vom Geschehen wegzulaufen.

Angenommen, ich nahm der Schlange ihre Mahlzeit weg. Das Leben des Frosches zu retten würde der Schlange Schmerz bereiten. Ich wusste nicht, was ich tun sollte und warum es solche Grausamkeit gab. Ich fragte mehrere Personen, auch meine Eltern, aber sie konnten mir keine Antwort geben. Was ist richtig? Die Schlange zu töten und den Frosch zu befreien oder zuzulassen, dass der Frosch von der Schlange gefressen wird? Einige Tage vergingen. Jedesmal, wenn ich einen Frosch in einer Schlange sah, blutete mir das Herz. Endlich beschloss ich, dass ich eine Philosophie der Tat entwickeln musste. Ich beschloss, die Schlange sanft mit einem kleinen Stock zu schlagen, bis der Frosch aus dem Schlangenmaul entkommen konnte. Die Schlange tat mir auch leid, deshalb würde ich sie nicht töten. Statt dessen würde ich ihr sagen: „Du kannst einen Frosch fangen, wenn ich nicht hier bin.“ Auf diese Weise löste ich mein erstes philosophisches Problem, das Problem von Leben und Tod. Ich weiß nicht, ob die Schlangen diese Lösung besonders mochten, aber das war das Ergebnis.

Von da an stellte ich mir jede Menge Fragen. Obwohl ich in der Hindureligion geboren war, konnte ich nicht alles akzeptieren, ohne meine eigenen Antworten zu finden. Ich konnte nicht alle Regeln und Vorschriften blind befolgen. Obwohl meine Eltern sehr religiös waren, war mein Verständnis von Religion das aller Teenager. Für viele von uns machte das, was die Eltern uns erzählten, überhaupt keinen Sinn. In der High School hatten wir Probleme mit den „Unberührbaren“ (die unterste Kaste im Kastensystem des Hinduismus). Wir durften nicht mit den „unberührbaren“ Kindern spielen, noch nicht einmal in ihre Nähe kommen. Wenn das geschah, mussten wir baden, um uns zu reinigen, sonst durften wir das Haus nicht betreten. Seit dem Ereignis mit dem Frosch verursachten viele Ungerechtigkeiten – Unberührbarkeit, Leiden, Hunger, Tod – Aufruhr in meinem Geist.

Nachdem er die High School beendet hatte, verließ Swamy Kuttan im Alter von 16 Jahren zum ersten Mal sein Dorf und trat in die Armee ein. Das geschah während des 2. Weltkriegs, als die Rekrutierungsregeln ziemlich locker waren, so dass die Armee ihn aufnahm, obwohl er minderjährig war. Er hatte sich auf der High School in wissenschaftlichen Fächern ausgezeichnet und wurde daher als Rekrut im Ingenieur Corps aufgenommen. Er verließ seine Heimat teilweise aus Lust, die Welt zu sehen, wie jeder Teenager sie hatte, aber auch, weil er fühlte, dass ihn etwas zog. Er absolvierte das Basistraining und wurde dann in Jalandhur in Nordindien stationiert. Sein Geist wurde immer noch von philosophischen Fragen beherrscht. Im folgenden beschreibt er, wie er die Antworten fand, nach denen er gesucht hatte.

" Eines Abends hatte ich einen Wortwechsel mit einem meiner Freunde, einen dummen Wortwechsel, aber er rüttelte meinen ganzen Geist auf: Was ist das Leben? Was ist es? Wir machen immer dieselben Dinge. Wir stehen morgens auf, wir essen, wir waschen uns, wir gehen ins Büro, wir arbeiten, wir geben ein paar Anweisungen, wir nehmen Anweisungen entgegen, wir verdienen etwas Geld, wir gehen schlafen, wir genießen. Gibt es irgendetwas darüber hinaus? Ich beschloss, mich von all diesen Dingen zu lösen und zog mich zurück, außer von meinen offiziellen Pflichten. Am nächsten Morgen suchte ich in meinem Büro nach einem verlorenen Brief, aber ich konnte ihn nirgends finden. Vielleicht war er im Papierkorb. Ich schaute nach, aber ich fand ihn nicht. Ich fand etwas anderes.

Im Papierkorb lag eine göttliche Nachricht. Es war eine kleine Broschüre, welche die Essenz des Yoga enthielt. Sie nannte sich *Sadhana Tattwa*, Praxis des Yoga. Es war das erste Mal, dass ich so etwas sah. Der Mann, der diese bereits zerknüllte Broschüre geschrieben hatte, war Sri Swami Sivananda aus Rishikesh im Himalaya. Ich las den klaren, einfachen Inhalt.

Es begann mit einigen Überschriften: „Ein Gramm Praxis ist besser als Tonnen von Theorie." Dann beschrieb er einen einfachen Weg, Frieden zu finden. Er begann mit „Kultur der Gesundheit", dann „Kultur der Energie", „Kultur der Ethik", „Kultur des Willens",

„Kultur des Herzens", „Kultur der Psyche", und zum Schluss „ Kultur der Spiritualität".

Für die Pflege der Gesundheit forderte er uns auf, *asana* und *pranayama* zu praktizieren. Ich wusste überhaupt nichts darüber, aber ich kannte die Bedeutung der Worte.

In Sanskrit bedeutet *asana* „Körperhaltung". Ich hatte es tatsächlich schon einmal als kleines Kind gesehen. Ein Yogi kam in unsere Schule und führte die Yogahaltungen vor, daher konnte ich mich daran erinnern. Damals war Yoga selbst nicht besonders gut bekannt, also wollte ich es kennenlernen. Aber ich wollte nicht einfach nur Yoga lernen. Alles, was in diesem Flugblatt geschrieben stand, war das, wonach ich gesucht hatte. Ich spürte, dass ich diesen Mann finden musste, wo immer er auch war. Seine Schriften hatten einfach mein Herz durchdrungen.

Es war während des Krieges fast unmöglich, Rishikesh im Himalaya zu erreichen, das etwa 600-700 Meilen von meinem Armeecamp entfernt lag. Vor allem war es nicht erlaubt, Sonntags länger als 2 Stunden das Camp zu verlassen. Ich wollte 2 oder 3 Tage Ausgang haben, was normalerweise nicht erlaubt war. Egal, ich stellte einen Antrag und wartete ab, was passieren würde. Er wurde genehmigt, es war Gottes Wille.

Ich fuhr nach Rishikesh und sah Swami Sivananda das erste Mal. Diese Begegnung veränderte mein ganzes Lebenskonzept. Ich hatte erwartet, Swami Sivananda auf einem Tigerfell sitzen zu sehen, mit einem langem Bart, mit Blumen in der Hand, um die Schüler zu segnen, halt die Art, wie man die meisten Swamis sieht. Ich glaubte nicht an diese religiösen Scheinheiligen, aber ich hatte immer noch diese Vorstellung im Kopf. Zu meinem Erstaunen hatte Swami Sivananda weder ein Tigerfell noch Blumen oder Schüler, die sich vor ihm verbeugten. Es gab eine Gruppe von Pilgern und Besuchern, die herum standen und saßen und ihm beiläufig Fragen stellten. Seine Antworten waren so wunderschön, so genau und so einfach.Ich war mitten in der Menge und saß weit entfernt. Ich konnte nur 2 Minuten bleiben, das war alles. Ich musste den Bus zurück nehmen oder man würde mich vor ein Kriegsgericht stellen.

Aber diese 2 Minuten waren für mich der Mühe wert, ihn zu sehen und zu wissen, welche Persönlichkeit er war. Ich konnte mich ihm nicht nähern, weil ich sehr unbedeutend und unwissend war. Ich konnte nicht einmal in seine Nähe kommen, denn ich war klein und unwissend. Welche Frage konnte ich ihm stellen?

Dort waren Hunderte von Menschen, die sehr intelligent, sehr gebildet und spirituell entwickelt waren. Ich war ein unbedeutender Junge von 17 Jahren. Welche Frage konnte ich solch einem spirituellen Riesen stellen? Aber das war für mich nicht wichtig. Als ich ihn sah, war ich zufrieden.

Zum ersten Mal sah ich einen aufrichtigen Menschen und was er sagte, war so direkt und wenn er lächelte, war es, als ob Energie von seinem Gesicht in meines strömte. Es berührte meinen Körper und meinen Geist. Mein ganzer Körper war in einer Art Exstase, einfach wenn ich ihn anschaute. Dann verließ ich meinen zukünftigen Meister.

66

Wenn du einer großen Seele, einem Heiligen, begegnest, können die merkwürdigsten und wunderbarsten Dinge passieren. Du spürst eine Veränderung in Geist und Seele, eine Bewegung, ein Aufrichten. Etwas hat sich zum Besseren geändert. Manchmal sind diese Veränderungen offensichtlich und dramatisch: Gefühle von Ekstase, ein starkes Gefühl, die Person bereits vorher gekannt zu haben oder auch Verwirrung, nicht wissen, was passiert ist aber spüren, dass eine unwiderrufliche Veränderung stattgefunden hat. Die Wirkungen können auch subtiler sein. Beim ersten Mal bemerkst du sie vielleicht nicht einmal oder überhaupt nicht. Aber auf einer gewissen Ebene hat die Begegnung einen tiefen Eindruck hinterlassen, der sich offenbaren wird, wenn du bereit dazu bist.

*

Viele Menschen waren tief bewegt, wenn sie Swami Vishnu-devananda zum ersten Mal trafen. Einige seiner Schüler erzählen von ihren ersten Begegnungen:

Ich lebte in Crystal Lake, Illinois, als mir im März 1966 ein Freund erzählte, dass ein indischer Mönch in der Chicagohall am nächsten Tag eine Yogavorführung geben würde. Aus reiner Neugierde beschlossen meine Frau und ich, dem Mönch zuzuhören und uns die Vorführung anzusehen. Da ich aus Indien stamme, kannte ich einige Aspekte dieser spirituellen Disziplin. Aber ich hatte noch nie eine echte Vorführung der körperlichen Seite des Yoga gesehen.

An diesem Nachmittag sprach Swami Vishnu-devananda ausführlich über Raja Yoga, wie er von dem indischen Weisen Patanjali beschrieben wird. Er führte die Zuhörer durch die 8 Stufen: *yama, niyama, asana, pranayama, pratyahara, dharana, dhyana* und *samadhi*. Er sprach im Besonderen von *asana* und *pranayama*, die Aspekte von Raja Yoga, welche als *Hatha Yoga* bekannt wurden. Er bezog sich auf sein Buch *Das Große Illustrierte Yoga-Buch* und betonte nachdrücklich die Vorzüge des Vegetarismus.

Der Swami führte verschiedene Asanas vor, erst Kopfstand und dann Schulterstand, Pflug, Vorwärtsbeugen und die Gleichgewichtsübungen wie Krähe und Krieger. Er beendete die 40-minütige Vorführung mit einigen bandhas (Verschlüssen) und 2 Atemübungen. Das Publikum lauschte hingerissen und es war so still, dass man eine Stecknadel hätte fallen hören können. Der Swami lud zu Kommentaren und Fragen ein und ich erinnere mich an einen schwergewichtigen Mann, der mit einiger Kühnheit in der Stimme fragte: „Woher bekommen Sie die stärkenden Proteine, wenn Sie sich nur vegetarisch ernähren?“ Der Swami lud den Fragesteller ein, seine Stärke zu testen, während er die „Brücke“ vorführte (eine Rückbeuge mit Schultern und Füßen am Boden und den Hüften hoch in der Luft, gestützt von den Armen). Er bat den Gentleman, sich auf seinen Bauch zu setzen. Der Mann nahm die Herausforderung nicht an und das Ganze endete in lautem Gelächter.“

Dr. Jagdish C. Prabhakar
Northridge, CA

„**Ich war sehr aufgeregt**, als ich Swami Vishnu zum ersten Mal treffen sollte. Das war in Brur-Hail in Israel, 2 Jahre nach meiner Yogalehrerausbildung. Ich hatte viele Geschichten über Swamiji gehört. Der Raum war voll mit Yogaschülern und Anhängern, die im Kerzenlicht saßen. Swami Vishnu ging aufs Podium und verneigte sich mit großer Inbrunst vor dem Bild seines *Gurus* Swami Sivananda. Im Bruchteil einer Sekunde verstand ich, dass dieser Mann sein Leben seinem Meister und seinen Lehren gewidmet hatte. Ich erfuhr ein tiefesGefühl der Liebe und Tränen traten in meine Augen.

Ananda
Israel

Ich traf Swamiji das erste Mal in San Francisco. Ein Jahr zuvor hatte mir ein Swami in Rishikesh in Indien von ihm erzählt. Ich suchte in Indien nach einem Lehrer und er riet mir, nach Kanada zu gehen und den „Fliegenden Swami" zu treffen. Aber mein Weg führte nach San Francisco.

Dort gab mir jemand auf der Straße eine Broschüre, in der stand: „Der „Fliegende Swami" kommt in die Stadt, Vortrag und *satsang* um 20 Uhr." Ich erinnerte mich an die Empfehlung aus Rishikesh und ging zu dem Vortrag. Das Zentrum war voller Menschen. Swamiji hielt einen Vortrag und während der ganzen Zeit, in der er sprach, stand ein Mann auf dem Kopf. Durch meinen Kopf gingen viele Gedanken, „dumm, tapfer, störend, egoistisch..." Ich fand es nicht angemessen von ihm, dies während des Vortrags zu tun.

Am Ende des Programms versuchte ich näher an Swamiji heranzukommen. Ich sah den Mann mit dem Kopfstand neben ihm. Swamiji begrüßte ihn liebevoll und erzählte allen, wer er war. Er kam gerade aus einem Gefängnis in der Nähe von San Francisco, wo Swamiji während eines Besuchs sein „Großes Illustriertes Yoga-Buch" in der Bücherei zurückgelassen hatte. Dies hatte das Leben des Mannes verändert und aus einem Gefühl der Dankbarkeit und der Anerkennung stand er während des Vortrags auf dem Kopf, um Swamiji zu zeigen, dass er etwas gelernt hatte.

Swami Durgananda

Ich war 17 Jahre alt, als ich Swamiji das erste Mal traf. Es war im Frühling 1971. Unsere Lehrerin hatte ihre Schüler eingeladen, mit ihr ein Wochenende im *ashram* in Val Morin zu verbringen. In diesem Jahr waren hochhackige Schuhe „in" und ich ließ meine an der Tür des Krishnatempels zurück. An diesem Tag saßen nicht mehr als 15 Leute bei Swamiji. Ich dachte, dass er mich direkt ansah, als er sagte: „Wenn Gott gewollt hätte, dass wir hochhackige Schuhe tragen, glaubst Du nicht, dass er dafür gesorgt hätte, dass ein Knochen aus dem Fuß heraussteht?" Ich lachte mit den anderen. Es war keine Bosheit in seiner Stimme, nur eine einfache Aussage. Ich lache auch jetzt, um seine Stimme in meinem Kopf zu hören. Nichts hatte sich für mich jemals ehrlicher angehört.

An diesem Wochenende hörte ich zum ersten Mal *Kirtan* (spirituelle Gesänge). Als ich Val Morin am Sonntag verließ, nahm ich ein Geschenk mit, welches mir in den folgenden 20 Jahren Kraft gab, das Mantra *Om Namo Bhagavate Vasudevaya*. Dieses Mantra schwingt in meinem Herzen und meinem Geist seit dem Tag, an dem ich es zum ersten Mal hörte.

Radha
Montreal, Quebec, Canada

Im April 1976 kam ich zum ersten Mal zum Yoga-Retreat nach Nassau, zur Konferenz für Yoga und Psychologie. Mein erster Blick auf Swamiji war eine Überraschung. Hier war dieser große, irdische Mann mit einem warmen, lachenden Gesicht, der strahlte, auf dem Retreat ohne Begleitung von Bediensteten heumspazierte, die Menschen grüßte und sich darum kümmerte, dass alles gut lief.

Später während des Bunten Abends sang ein junger englischer Komiker vom Typ Monty Python ein Lied nach der Melodie von Belafontes *Banana Boat Man*. „Swami Vishnu macht dich jederzeit glücklich", war der Refrain, der Inhalt voller satirischer Anspielungen auf das Gedränge auf dem Retreat, die Reihen von Menschen, die auf dem Boden schliefen, auf das ausgehende Wasser, die fehlenden Badezimmer u.s.w.

Ich sah hinüber zu Swami Vishnu, ob er verärgert war, aber er lachte noch herzlicher als sonst. Hier war ein guru, der nicht erwartete, dass man ihn in gedämpften Tönen verehrte. Leben war erlaubt, Glück war o.k. und Humor wurde anerkannt.

Silvia Goldsmith
New York City

Ich besuchte das Sivananda Yoga Vedanta Zentrum in Tel Aviv, Israel, nachdem meine Mutter mir eine kleine Werbeanzeige gegeben hatte, die sie aus einer Zeitung ausgeschnitten hatte. Es war eine Anzeige für Yogakurse, woran ich sehr interessiert war. Eigentlich mochte ich diese Geschäftsanzeige nicht besonders, ich war ziemlich beschäftigt damit, einen Weg nach Indien zu finden, wo ich einem großen Yogi in einer Höhle begegnen wollte, der mich von den Fesseln meines Geistes befreien sollte.

Sofort nachdem ich das Zentrum betreten hatte und von dem jungen Leiter namens SivaDass begrüßt wurde, hatte ich das seltsame Gefühl, dass ich „zu Hause" war und einiges Gewicht von meinen Schultern genommen wurde. Da ich kein Geld hatte, schlug SivaDass mir vor, mich zu unterrichten, wenn ich täglich das Zentrum reinigen würde. Wir fingen gleich an, ich mit der Reinigung und er, imdem er mir ununterbrochen von jemandem namens Swamiji erzählte, der auf den Bildern aussah wie ein rundlicher, heiterer Inder, aber nicht wie der Höhlenguru, nach dem ich suchte. SivaDass lehrte mich *asanas* und Meditation, aber meistens pries er die Tugenden seines *gurus*, diesen Mann namens Swamiji.

Rukimi, eine andere Mitarbeiterin, stimmte auch ein und immer, wenn sie sich an die eine oder andere Geschichte über Swamiji erinnerten, schienen ihre Augen in einem besonderen Licht zu strahlen.

Das machte mich noch neugieriger, diesen Mann zu treffen. Wer war er und warum ließ er ihre Augen so glänzen, wenn sie an ihn dachten? Die Zeit verging, SivaDass und Rukimi mussten in die USA zurückkehren und dieser Mann namens Swamiji schickte eine Frau mittleren Alters, Swami Dayananda, um das Zentrum zu leiten. Sie war ziemlich streng, aber sie schien viel von spirituellen Dingen zu wissen. Auch sie sprach ständig über ihren Swamiji und ihre Augen glänzten ebenso.

Eines Tages erfuhren wir, dass Swamiji uns für einige Tage besuchen würde. Er wollte in der Nähe von Jerusalem und in Tel Aviv ein Retreat durchführen. Diese Nachrichten lösten eine unglaubliche Aufregung aus. Viele Dinge mussten plötzlich arrangiert werden: Leute riefen an, das Zentrum wurde geschrubbt und geschmückt, alles wurde aufgeräumt, das Retreat geplant, Räume für die öffentlichen Vorträge gemietet und Anzeigen aufgegeben.

Eine gute Freundin des Zentrums, Rachel Salzburg, bot an, Swamiji bei seiner Ankunft zu bewirten, ihre Freunde wollten ein besonderes Essen zubereiten. Es gab eine Menge Vorbereitungen und noch mehr Aufregung. Ehrlich gesagt dachte ich, dass das alles ein bisschen viel Wirbel um einen einfachen Menschen war, aber meine Neugierde auf diese Person, die solch einen Betrieb und Geschäftigkeit und so viel deutliche Freude verursachte, wuchs immer mehr.

Am Abend von Swamijis Ankunft fuhren Swami Dayananda und Rachel zum Flughafen, während sich in Rachels Wohnung ungefähr 25 Menschen versammelt hatten. Wir saßen herum, plauderten und diejenigen, die Swamiji kannten, erzählten amüsante Geschichten über ihn. Aber das Flugzeug hatte Verspätung und wir wurden immer unruhiger und aufgewühlter. Einige mussten gehen.

Nach mehr als vier Stunden Wartezeit gab es plötzlich einen riesigen Tumult im Treppenhaus. Irgendetwas Mächtiges kam die 4 Etagen heraufgestürmt und kam offensichtlich in unsere Richtung. Die Tür flog mit einer wirbelnden Energie auf und ein sehr kleiner Inder in einem braunen Regenmantel und braunen Hosen stand direkt vor mir und sah mich sehr aufmerksam an.

Mein Herz stand still, als er seine beiden sanften Händen ausstreckte, meine Hände in seine nahm und sagte: „Ich habe alles über Dich gehört." In diesem Moment fühlte ich, dass meine Vergangenheit, meine Gegenwart und meine Zukunft durch seine Hände ging und er alles von mir wusste. In der nächsten Sekunde ging er durch den Raum, begrüßte alte Freunde, lachte schallend, machte neue Bekanntschaften und gab Anweisungen an seinen Sekretär und an Swami Dayananda. Das Merkwürdige war, dass er nun sehr groß erschien und keineswegs mehr klein. Ich war gleichzeitig verwirrt, erschüttert, sprachlos und verblüfft. Er wusste alles über mich – mein ganzes Herz, das ich versteckt gehalten hatte, er wusste es einfach so.

Wir setzten uns alle um einen großen Tisch, um zu essen. Der nächste Schock. Ich bin in einer britisch-kolonialen Weise erzogen worden, wo es sogar ein Sakrileg ist, einen Ellbogen auf den Esstisch zu legen. Und dieser Swami hier vermischte sein Essen auf dem Teller mit der Hand! Er zerquetschte sogar das Essen zwischen seinen Fingern und steckte es dann mit der Hand in den Mund, er aß wie ein Verrückter, wie ein kleines Kind. Er sagte auch zu Rachel, die eifrig Essen auf seinen Teller lud, dass er „ein guter Junge" sei. „Schau, ich esse alles auf." Ich konnte diese barbarische Szene kaum begreifen und mein Geist hatte fast einen Kurzschluß. Ich starrte mit offenem Mund. Swamiji starrte zurück und fragte mich nach meinem Alter, mitten in der Unterhaltung mit jemand anderem. Ich konnte es gerade herausstammeln, aber er sprach schon mit jemand anderem.

Er nahm einen Krug mit Wasser, hielt ihn in Armlänge in die Höhe, kippte seinen Kopf nach hinten und schüttelte den halben Inhalt von dieser Höhe direkt in seine Kehle. Das war zuviel für mich. „Überhaupt keine Manieren", dachte ich. (Erst später, als ich nach Indien kam und dort jeden auf diese Weise essen und trinken sah, habe ich erkannt, dass dies eine kulturelle Norm war).

Als ich diese Nacht wach lag, war mein ganzes Sein ausgefüllt mit der außergewöhnlichen Präsenz dieses Menschen, der gleichzeitig so klein und groß, so nah und fern, so aufmerksam und scharfsichtig war und sich anscheinend nicht darum kümmerte, was andere von ihm dachten. Er war wirklich eine ziemlich geheimnisvolle Persönlichkeit. Ich glaube, als ich einschlief, funkelten meine Augen ein wenig, einfach weil ich an ihn dachte.

Swami Sankarananda

Den *Guru* finden

Was ist ein *guru*? Wörtlich bedeutet *gu* „Dunkelheit" und *ru* „Licht". Ein *guru* führt uns von der Dunkelheit ins Licht. Ein *guru* ist ein männlicher oder weiblicher spiritueller Lehrer, der seine Schüler zur Gottesverwirklichung führt. Sie können berühmte Männer und Frauen wie Mahatma Ghandi oder Anandamayi Ma sein oder auch jemand, der nur einem einzigen Schüler bekannt ist. Ein *guru* ist kein gewöhnlicher Lehrer. Er oder sie ist eine gottesverwirklichte Seele oder auf dem Weg zum universellen Bewusstsein. Der *guru* vermittelt dem Schüler spirituelles Wissen und zeigt den Weg zur Wahrheit, aber der/die Schüler/in erreicht die Befreiung nur durch seine oder ihre eigene Anstrengung.

Swami Sivananda, der *guru* von Swami Vishnu-devananda, definiert in seinem Buch „Göttliche Wonne" einen *„guru"* wie folgt:

„Der *satguru* ist *Brahman* (Gott) selbst. Er ist ein Ozean von Wonne, Wissen und Gnade. Er ist der Kapitän deiner Seele. Er ist der Brunnen der Freude. Er beseitigt all deine Probleme, Sorgen und Hindernisse. Er zeigt dir den richtigen, göttlichen Pfad. Er zerreißt den Schleier der Unwissenheit. Er macht dich unsterblich und göttlich. Er transformiert deine niedere Natur. Er gibt dir das Rettungsseil des Wissens und zieht dich hoch, wenn du in diesem Ozean von *Samsara* zu ertrinken drohst. Halte ihn nicht einfach für einen normalen Menschen. Verehre deinen *guru* und verneige dich vor ihm mit Hingabe." Swami Vishnu-devananda beschrieb folgendermaßen, wie er erkannte, dass Sivananda sein *guru* war:

> „ Als ich die Armee verließ, beschloss ich, vor meiner Rückreise nach Hause (über 2.000 Meilen weiter südlich) nach Rishikesh zu fahren und 2 Tage bei Swami Sivananda in seinem Ashram zu verbringen. Ich wollte von ihm lernen und ihm einige Fragen stellen.
>
> Es war schon fast Abend, als ich im *ashram* ankam. Swami Sivananda verließ gerade mit einigen Schülern sein winziges Büro und ging den Hügel hinunter zum Ufer des Ganges, wo seine Hütte lag. Ich ging Richtung Büro und er kam gerade aus dem Büro, also traf ich ihn von Angesicht zu Angesicht.

Jetzt erkannte ich, dass ich ein Problem hatte. Es ist in Indien üblich, sich vor allen Heiligen, Swamis und frommen Menschen zu verbeugen.

Swami Sivananda war nicht nur ein Swami und ein heiliger Mann, er wurde auch als einer der größten indischen Meister angesehen. Aber ich war nicht bereit, mich vor jemandem zu verbeugen. Ich wollte mich vor keinem heiligen Mann verbeugen, einschließlich Swami Sivananda, weil letztlich alle Menschen gleich sind. Warum sollte ich mich vor ihm oder jemand anderem verbeugen? Aber ich dachte, dass es sehr unhöflich wäre, vor jemandem zu stehen, ohne mich zu verbeugen, besonders vor einem Heiligen. Ich wollte nicht unhöflich zu ihm sein, besonders nicht in Gegenwart seiner Schüler. Das war für mich derart unangenehm, dass ich sofort den Weg verließ und mich in einer Ecke versteckte, um Sivananda und seine Schüler vorbeizulassen.

Sivananda ging weiter den Weg entlang und als er sich dem Platz näherte, an dem ich stand, schaute er auf und sah mich versteckt in der Ecke stehen. Er kam direkt auf mich zu. „Du bist aus Jalandhur gekommen", sagte er, verbeugte sich vor mir und berührte meine Füße!

Ich stand da wie eine Statue. Dieser große Mann, wirklich ein Riese (natürlich war er ein spiritueller Riese, aber auch körperlich war er ziemlich groß, mehr als 1,80m), verbeugte sich vor einem törichten, einfältigen Dummkopf wie mir und berührte meine Füße. Diese Berührung, diese Handlung erschütterte mich vollkommen. Und das war das erste Mal, dass ich mich jemals vor jemandem verneigte. In diesem Augenblick fiel ich Swami Sivananda zu Füßen, mit meinem ganzen Herzen, mit all meiner Liebe. Bis zu diesem Tag hatte ich nicht geglaubt, dass irgendein Wesen dieser Welt mich dazu bringen könnte, mich zu verbeugen, besonders mit solch einer Liebe und Hingabe.

Swami Sivananda belehrte mich auf diese einfache Art und Weise. Er sah, was in meinem Herzen versteckt war, er sah meinen Schmutz und meine egoistische Natur und ohne zu zögern, lehrte er mich große Demut.

Je höher du in die spirituellen Höhen gehst, desto bescheidener wirst du und das bewies Sivananda einem einfachen Jungen wie mir. In diesem Moment nahm ich ihn als meinen Lehrer an, meinen Meister, mein Alles. Swami Sivananda bat mich dann, einige Tage zu bleiben. Ich antwortete, „Ja, ich werde bleiben." Dann bat er einen seiner Schüler, mich zur Küche zu bringen und mir etwas zu essen zu geben.

Am selben Abend bei Sonnenuntergang versammelten sich alle Schüler Sivanandas am Ufer des Ganges, um den Fluss zu verehren. Natürlich war es für mich abergläubisch, einen Fluss zu verehren. Ergab das irgendeinen Sinn? Ich dachte, dass alle Schüler Sivanandas ungebildete Dummköpfe sein müssten. Sie wussten nichts über Wasser und Flüsse. Wasser besteht aus H^2O (beim Setzen verbessern: kleine 2 unten). Als Kind war ich ein wenig wissenschaftlich interessiert gewesen, in der Schule lernte ich Chemie, Physik, Elektronik usw. Nicht nur das, in meiner Chemieklasse stellte ich sogar selbst Wasser aus Wasserstoff und Sauerstoff her. Keiner von den Schülern aus dem Sivananda *ashram* schien irgendetwas darüber zu wissen. Sie verehrten diesen dummen Ganges!

Jedenfalls war es eine wunderschöne Szenerie wegen des Sonnenuntergangs, dem majestätischen Himalaya im Hintergrund und dem fließenden Strom. Auf jeder Seite saßen Swamis in orangefarbener Kleidung und meditierten, sangen und klingelten. Das war ohne Zweifel sehr schön, aber für mich war die Verehrung des Ganges reiner Aberglaube. „Es ist nur ein Fluss, was soll das?", fragte ich mich, als ich die ganze Zeremonie beobachtete.

Dann kam Swami Sivananda und gesellte sich zu seinen Schülern. Das konnte ich nicht verstehen, weil Sivananda doch im Gegensatz zu seinen Schülern nicht ungebildet war. Bevor er Swami wurde, war er Arzt. „Ein Arzt, der noch nicht einmal weiß, dass Wasser aus H^2O (beim Setzen verbessern: kleine 2 unten) besteht, was für ein Arzt ist das?" Als ich so über Sivananda nachdachte, gesellte er sich zu der Gruppe. Genau in dem Augenblick, in dem ich dachte, „Wie kann ein Arzt nichts über H^2O wissen?", drehte Sivananda sanft seinen Kopf zu mir – er sagte nichts – und dann wieder zurück, um weiter an der Verehrung des Ganges teilzunehmen.

Plötzlich sah ich den Ganges nicht mehr, der Fluss verschwand. Stattdessen sah ich eine Masse von fließendem Licht mit der Botschaft, „Alles ist Gott, sogar der Fluss ist Gott. Gebrauche nicht Deinen winzigen Verstand, um Gott zu verstehen, das Unendliche. Dein Intellekt ist endlich. Dein Verständnis von Chemie, Physiologie, Wissenschaft, Biologie, Physik und Mathematik ist nichts. Dein Wissen ist so klein, so endlich, so winzig, dass Du noch nicht einmal ein Sandkorn am großen Strand berührt hast. Weit über Deinen Intellekt, über Dein Verständnis hinaus gibt es unerschöpfliches Wissen und Reichtum, Stärke und Kraft, Frieden und Freude. Gebrauche nicht Deinen Intellekt, um Antworten über Gott und seine Offenbarungen zu finden. Alles ist Gott."

Ich lernte an einem Tag zwei sehr schwierige Lektionen. Die erste lehrte mich Bescheidenheit, weil ich dachte, ich wäre etwas Besonderes. Die zweite lehrte mich, dass ich von nichts eine Ahnung hatte. So hatte ich zwei harte Lektionen an diesem Tag. Ich stellte nichts an Sivananda mehr in Frage. Dieser Tag war genug für mich.

Nach einem 2-tägigen Aufenthalt besuchte Swamiji seine Familie in Kerala und kehrte dann zur Armee zurück, um weiterhin seine Pflicht zu tun. Während dieser Zeit begann er, *asanas* und *pranayama* zu praktizieren und zu meditieren. Er lernte aus Büchern, die er im *ashram* gekauft hatte. Nachdem er die Armee verlassen hatte, fuhr er kurz nach Hause, aber es zog ihn zurück nach Rishikesh zu Sivananda. Er kehrte zurück zu einem weiteren „kurzen Besuch", aber es endete damit, daß er 10 Jahre blieb. An diesem Punkt seiner Geschichte war er 20 Jahre alt.

Sivananda kam an mir vorbei, als er sein Büro verließ. Er sah mich an und sagte: „Hmm, bleib hier."

„Ja, Swamiji." Das war alles, was ich sagte, ohne überhaupt zu denken. Dann verstand ich. Warum hatte ich mein Wort gegeben, dass ich bleiben würde? Von meinen Eltern hatte ich gelernt, dass man, wenn man sein Wort gibt oder sagt, dass man etwas Bestimmtes tun wird, dieses unter keinen Umständen zurücknehmen darf. Und jetzt hatte ich mein Wort nicht irgendeinem Menschen gegeben, sondern einem großen Weisen. Ich sagte, dass ich bleiben würde. Es war so eindeutig, und jetzt war ich hier, ich konnte nicht anders. Ich konnte nicht nach Hause zurück, ich hatte mein Wort gegeben. Also ließ ich mich mit dem Segen des Meisters im Sivananda *Ashram* nieder, ohne zu wissen, ob ich die Kraft hätte, dieses neue Leben auch zu meistern. Aber in mir war eine Art Frieden und Freude im Wissen, dass mich in Zukunft ein großer Meister führen würde.

Es gab aber auch so etwas wie eine falsche Befriedigung in dem, was ich tat. Ich war froh, dass ich in der Lage sein würde, mehr über *kundalini* zu lernen, woran ich großes Interesse hatte. Ich wollte Hatha Yoga, *Kundalini* Yoga usw. lernen. Also dachte ich, der Meister müsste etwas in mir gesehen haben, etwas Großes. Ich dachte, er würde mich in *Kundalini* Yoga einweihen und ich wäre in der Lage, meine *kundalini* zu wecken. „Deswegen praktiziere ich jetzt mehr als 1 ½ Jahre Yoga, ich denke, jetzt bin ich bereit für eine solch tiefe Einweihung. Mit dieser falschen Vorstellung nahm ich seine Aufforderung an und blieb im *ashram*, ohne die wahre Absicht des Meisters zu kennen.

Am nächsten Morgen bat mich der Meister zu meinem Erstaunen, zu den Gästeräumen zu gehen, um die schmutzige Kleidung zu holen und sie im Fluß zu waschen. Ich hatte die Aufgabe bekommen, die Wäsche der Gäste zu reinigen! Ich konnte nicht verstehen, warum mich der Meister diese Arbeit machen ließ. Das könnt ihr vielleicht nicht verstehen, weil ihr in einer anderen Gesellschaft aufgewachsen seid, aber wenn ihr in Indien in einer höheren Kaste geboren worden seid, wird euch beigebracht, keine niedere Arbeit zu tun. Seit der Kindheit wird dir das eingetrichtert. Es sitzt in deinem Kopf. Du kannst nicht so einfach ausbrechen. Ich dachte: „Was ist der Sinn dieses Wäschewaschens? Ich bin gekommen, um Yoga zu lernen. Ich bin gekommen, um die *kundalini* zu erwecken. Ich bin gekommen, um Gott zu sehen!"

Aber der Meister hatte seine eigene Art des Lehrens. Jeder Einzelne, der zum Meister kam, hatte seine besonderen Fehler. Er sah von Anfang an, schon bei unserem ersten Treffen, dass mein ganzes Problem mein Ego war. Es war schon extrem. Ich war egoistisch und bis zu einem gewissen Grad bin ich es bis heute. Wenn ich irgendwo in die Nähe der Gottverwirklichung kommen wollte, musste ich das durchbrechen. Von Anfang an war das Training des Meisters, diesen größten Fehler in mir zu beseitigen, meinen größten Schmutz, das Ego. Also gab er mir die schwierigste Arbeit von allen. Es ging nicht um den Aufwand. Das war wirklich gar nichts. Es dauerte noch nicht einmal eine halbe Stunde, um ein halbes Dutzend Kleidungsstücke zu waschen. Das war es nicht. Es war das Leiden, das für mich damit verbunden war. Es war für mich sehr schmerzhaft, eine solche Arbeit zu tun, weit mehr, als ihr euch vorstellen könnt.

Von diesen frühen Lektionen stammt der Kern von Swamijis Lehren: Sieh Gott in allem und in jedem und diene allen in Demut. Wenn du diese einfachen Lehren ernsthaft praktizierst, wird dein Ego langsam schrumpfen und dein Herz wird wachsen.

Wie weißt du, ob du deinen *guru* gefunden hast? Leider ist das wie die sprichwörtliche Frage zu stellen: „Wieviele Engel können auf einem Nadelkopf tanzen?“ Manche Menschen wissen es einfach fast sofort und intuitiv, wenn sie ihrem Lehrer begegnen. Andere kämpfen Jahre, zweifelnd, fragend, wünschend, hoffend. Es gibt keine leichte Antwort. Alles, was man dazu sagen kann, ist, dass man es einfach weiß, wenn es soweit ist.

*

Schüler:

Ich wünschte, ich könnte sagen, dass ich die sofortige Verehrung für Swamiji empfand wie er für Sivananda, aber dann würde ich nicht die Wahrheit sagen. Er wuchs mir gewissermaßen langsam ans Herz. Ich sah ihn zum ersten Mal 1978 im *ashram* von Val Morin während der geschäftigen Sommermonate. Ich verbrachte dort ein Wochenende, um „die Szene zu checken". Während des *satsangs* morgens und abends saß Swamiji vorne in der Yogahalle und sprach zu uns. Was er sagte, war interessant, oft unterhaltend und immer bezog es sich auf das spirituelle Leben. Aber er war einfach ein lustiger kleiner Inder! Ich respektierte ihn aufgrund seines Wissens, aber sicherlich fühlte ich keine Ehrfurcht.

Ich kehrte immer wieder zum *ashram* zurück. Ich mochte das Gefühl der Gemeinschaft, ich mochte die Kurse, ich mochte all die Menschen, die ich hier traf. Meine persönliche Beziehung zu Swamiji begann, als ich ihn eines Tages auf der Straße traf. Ich hatte ihm nichts zu sagen, aber aus Respekt verbeugte ich mich vor ihm. Er lächelte und verbeugte sich auch. Das war unsere ganze Beziehung während der nächsten Zeit, einander zuzulächeln und sich zu verbeugen. Er fand meinen Namen heraus und sprach manchmal ein paar Worte zu mir, aber ich behielt meine Distanz, auch als ich mich mehr im *ashram* und in der Organisation engagierte, Kurse gab und jedem von diesem wunderbaren Platz in den Laurentians erzählte.

Eines Tages, als ich große emotionale Schwierigkeiten hatte, wollte ich Swamiji privat sprechen, um mir einen Rat zu holen, der meinen Geist beruhigen und mich aus meiner Zwangslage befreien würde. Ich erzählte ihm meine Probleme, während er zuhörte und lächelte. Ich konnte wirklich seine Liebe zu mir und seine Anteilnahme für meine Probleme spüren. Er gab mir einen Rat, was zu tun sei und was er sagte, passte zu einem yogischen Leben. Ich spürte eine neue Nähe zu Swamiji, ein neues Gefühl der persönlichen Beziehung zu ihm. Aber ich konnte immer noch nicht völlig loslassen. Ich hielt mich zurück. Es war gut, ihn um Rat zu fragen, aber ich wollte ihn nicht mein Leben bestimmen lassen, wie ich es bei anderen um mich herum sah. Ich wusste selbst, was am besten für mich war.

Im Sommer 1986 plante Swamiji eine Tour durch Indien für das kommende Jahr, zum Gedenken an Sivanandas 100. Geburtstag. Er lud seine Schüler ein, ihn zu begleiten. Meine Frau und ich sprachen darüber und entschieden, dass sie fahren würde, während ich zu Hause blieb, um mich um unsere beiden Kinder zu kümmern. Sie waren damals 7 und 12 Jahre alt. Es war einfach undenkbar, sie bei Freunden und Verwandten zu lassen, während wir beide 6 Wochen durch Indien reisten.

Swamiji fragte mich während des Sommers und im Herbst mehrere Male, ob ich ihn nach Indien begleiten würde. Jedes Mal sagte ich ihm: „Nein Swamiji, Madasala geht mit, ich muss zu Hause bleiben und mich um die Kinder kümmern." Es schien, als würde er meine Antwort akzeptieren, aber das nächste Mal, wenn er mich sah, stellte er mir wieder die gleiche Frage. Es frustrierte mich wirklich. Ich dachte: „Diese *sannyasins* verstehen nichts vom Familienleben." Er war unglaublich beharrlich, und ich war genauso hartnäckig. Gleichzeitig fühlte ich eine Art Schuld. Wenn er mein Lehrer war, warum zeigte ich ihm nicht mehr Aufmerksamkeit und tat, was er sagte. Mein praktischer Verstand sagte mir eine Sache, mein Herz sagte eine andere.

An Neujahr fuhr ich für 2 Tage mit der Entscheidung in den *ashram*, dass ich einfach nachgeben würde, wenn Swamiji mich noch einmal fragen würde, ob ich mit ihm nach Indien ginge. Während der 2 Tage sah ich ihn mehrere Male, aber es war, als ob ich gar nicht da wäre. Er grüßte mich nicht, sprach nicht mit mir, er nannte noch nicht einmal meinen Namen, wenn er an mir vorbeiging. Das war äußerst ungewöhnlich und bestürzend für mich. Was war mit meiner persönlichen Beziehung zu ihm geschehen? Dann war es Silvester 1 Uhr morgens. Das Silvesterprogramm war vorbei und Swamiji machte sich zum Gehen bereit. Ich wollte am Morgen nach Hause fahren und würde ihn lange Zeit nicht wiedersehen. Ich stand hinter einer Menge von 50 oder 60 Menschen, fühlte mich deprimiert und dachte: „Na gut, ich denke, ich gehe nicht mit nach Indien."

In dem Augenblick drehte sich Swamiji zu mir um, sah mich an und sagte: „ Gopala Krishna, geh nach Indien."

Ich antwortete: „ Ja, Swamiji." Er drehte sich um und sagte kein weiteres Wort.

Ich war völlig verblüfft. Woher wusste er, was ich dachte? Woher wusste er genau in diesem Moment, dass ich reif dafür war, endlich loszulassen und ja zu sagen, ihn einfach zu akzeptieren? Ich fühlte eine herrliche Welle von Erleichterung und Freude. Ich machte mir überhaupt keine Sorgen darüber, wie alles werden würde, ich wusste einfach, dass alles gut sein würde. Swamiji würde dafür sorgen.

Gopala Krishna

Ich brauchte Jahre, um Swami Vishnu als meinen *guru* zu akzeptieren. Anfangs passte er irgendwie nicht in mein Bild von einem *guru*.

Mein erster Yogalehrer in Fredericton, New Brunswick, hatte bei Swamiji und im Yoga-Zentrum in Montreal in den frühen 60ern gelernt. Swamiji übte dort früher mit seinen Schülern zusammen Asanas. Die Sivananda Yogakurse gefielen mir wirklich. Eines Abends brachte der Yogalehrer eine Kassette mit Kirtans von Swami Vishnu mit in den Kurs. Ich war davon sehr angetan, war mir aber nicht sicher, was ich davon halten sollte.

Nachdem ich Fredericton verlassen hatte, war ich ständig auf der Suche nach einem guten Yogakurs. Ich lebte eine Weile in Boston und besuchte die dem Sivanandastil ähnlichste Yogaklasse, die ich finden konnte. Ich besuchte ihren *ashram*, wo ich ihren *guru* traf, Swami Satchidananda. Ich war äußerst beeindruckt! Ein aufrechter, großer Mann, so würdevoll. Als ich ihn sah, wie er die Yogahalle betrat, fragte ich mich, ob seine Füße den Boden berührten oder ob er über ihm schwebte. „Ah, ein *guru*", war ich überzeugt.

Als ich Swami Vishnu 1982 in Nassau bei der Yogalehrer-Ausbildung das erste Mal sah, konnte ich es nicht glauben. Er schrie das Personal an, bellte Befehle, stürzte sich auf alles. Keine Stille, kein Schweben. Er schien verärgert. Nach der Yogalehrer-Ausbildung verpflichtete ich mich für 6 Monate im Montrealer Zentrum. Daraus wurden 5 ½ Jahre in Montreal und Val Morin, alles in unmittelbarer Nähe von Swamiji. Ich war immer unsicher, ein bisschen wachsam und fragte mich, ob er es war, ob er es sein könnte, mein *guru*.

Manchmal dachte ich, er müsste es ein. Nachdem ich jahrelang in der Organisation gearbeitet hatte, war ich beein-druckt von seinem Lachen, seiner Freude, der Weisheit im *satsang*. Zu anderen Zeiten war ich nicht so sicher. Das Schreien, die manchmal angespannten Beziehungen zu seinen jetzigen und früheren Schülern störten mich. Nach 5 Jahren konnte ich noch nicht einmal sicher sein, ob Swamiji sich von Woche zu Woche an meinen Namen erinnern würde. Während der Jahre überwand ich meine Furcht, aber ich war mir immer noch nicht sicher, ob er mein *guru* war, mein Lehrer, der Entferner der Dunkelheit.

Es kam für mich die Zeit, die Organisation zu verlassen und wieder ein Familienleben zu führen. Zu dieser Zeit war ich Mitarbeiter im *ashram* in Val Morin. Ich wurde zusammen mit Michael, einem anderen Mitarbeiter, zu Swamijis Haus gerufen, um an einem Buchhaltungs-Meeting teilzunehmen. Es war ein außerordentliches Meeting.

Michael stellte Swamiji ein paar persönliche Fragen und erhielt einige persönliche Ratschläge. Dann drehte sich Swamiji zu mir um und sagte: „Arjuna, jetzt gehst Du in die Welt hinaus. Es wird nicht leicht sein…" und fuhr fort, mir persönliche Ratschläge zu geben, eheliche Ratschläge, Unterstützung. Ich war erstaunt: er kannte mich, er kannte mich wirklich und meine Frau auch. Er sagte: „Arjuna, du weißt es nicht, aber ich kenne alle meine Schüler, liebe sie, sorge gründlich für sie. Es ist mir wichtig, wie es ihnen geht." Ich hatte so etwas noch nie vorher gehört, hatte Swamiji nie in diesem Ton reden hören. In diesem Augenblick wusste ich, dass er mein *guru* war. „Nimm Dein Mantra mit Dir und wiederhole es, Du wirst es als Schutz in der Welt brauchen", sagte er.

Arjuna
Aylmer, Quebec, Kanada

Ich traf Swamiji das erste Mal im Januar 1987 am Ende der Yogalehrer-Ausbildung in Neyyar Dam in Indien. Jeder freute sich auf seinen Besuch. Als er ankam, war die Atmosphäre von *Bhakti* erfüllt, alle wiederholten *Om Namo Narayanaya*, verbeugten sich vor ihm und warfen ihm Blumen zu. Ich begann zu weinen, erst leicht, dann immer stärker. Für gewöhnlich zeige ich meine Gefühle nicht so öffentlich und ich fand auch keinen sichtbaren Grund dafür.

Ich habe lange über dieses Ereignis nachgedacht und vor ein paar Monaten gewann ich den Eindruck, dass Swamiji in vorigen Leben ein *guru* war und seine alten Schüler wiedertraf. Ich mag es nicht, viel über frühere Leben zu spekulieren, aber es scheint die einzig akzeptable Erklärung für mich. Wenn man nach einer langen Zeit einen guten Freund oder einen Verwandten trifft, weint man manchmal wegen des intensiven Gefühls. Dieses Ereignis war definitiv etwas sehr Wichtiges in meinem Leben. Wahrscheinlich beschloss ich deswegen, mit meiner Suche nach einem anderen Weg oder *guru* aufzuhören.

Swami Atmaramananda

„Swamiji erzählte uns oft, dass er in früheren Leben unser *guru* gewesen sei. Anstatt in seinem früheren Leben seine Pflicht uns gegenüber zu erfüllen, sei er fortgegangen, um in den Wäldern zu meditieren und hatte uns alleine kämpfen lassen. Er musste sich reinkarnieren und wieder unser *guru* werden, um seine Verpflichtung uns gegenüber zu erfüllen. Viele Menschen hatten dieses *deja vu* Erlebnis, wenn sie ihn das erste Mal sahen. Andere kamen auf anderen Wegen dazu, Swamiji als ihren *guru* anzunehmen.“

*

Schüler:

Ich kam im Spätherbst 1983 zum ersten Mal zusammen mit meinem Mann Jim auf die *Yogaranch* nach Woodbourne. Wir nahmen am Unterricht teil und halfen an den Wochenenden. Wir begegneten Swamiji zum ersten Mal in diesem Winter nur kurz und dann wieder, als wir Mitarbeiter geworden waren und an der Yogalehrer-Ausbildung im Herbst 1984 teilnahmen.

Ich war über die Bedeutung eines *gurus* verwirrt und ob man überhaupt einen brauchte. Obwohl ich mich Swami Sivananda sehr nahe fühlte, hatte ich noch viele Zweifel darüber, wer Swami Vishnu-devananda eigentlich war. Dann hatte ich nach der Mantraeinweihung einen sehr eindrucksvollen Traum: Swamiji kam im Traum zu mir, ganz weiß gekleidet und eingehüllt in ein strahlendes Licht. Er brachte sein Gesicht sehr nah an meines, sah mich mit einem schelmischen Lächeln an und sagte: „Ich bin Dein *guru*, weißt Du."

Ich antwortete: „Ich weiß, Swamiji, aber Du bist so anders und seltsam, ich verstehe einfach nicht."

Aber Swamiji sah mich eindringlich an und meine Zweifel verschwanden. Irgendwie verstand ich in meinem Inneren, obwohl er jenseits von allem war, was ich verstehen konnte, dass er mein *guru* war. Danach träumte ich oft von Swamiji. Einmal dachte ich darüber nach, mir einen spirituellen Namen zuzulegen. Jim wollte nicht, dass ich meinen Namen in einen Sanskritnamen änderte. Swamiji kam im Traum und sagte: „Mach Dir keine Sorgen über einen Namen. Es macht keinen Unterschied. Lass es, wie es ist."

Diese Träume waren nicht wie normale Träume. Ich hatte das Gefühl, sie waren wirkliche Besuche von Swamiji. Das Gefühl von Frieden und Inspiration danach war das Gleiche wie in seiner Gegenwart. Einmal, als Swamiji zur Ranch kam, fragte ich ihn, ob er von meinen Träumen wusste. Er lächelte wissend und sagte: „Träume nicht von Swami Vishnu, träume von Gott Vishnu."

Lisa
Woodbourne, NY, USA

Letzten Monat (Dezember 1984) reiste ich mit dem Team des New Yorker Sivananda-Zentrums nach Kanada, um Weihnachten und Neujahr mit Swami Vishnu im *ashram* in Val Morin zu verbringen. Zuerst fuhren wir zur Ranch im Norden New Yorks, dann reisten wir gen Norden bis hinter Montreal und weiter in das Laurentiangebirge. Als wir in Val Morin ankamen, schneite es heftig. Die Mitarbeiter gingen zu Swamijis Haus hinunter, um ihn zu besuchen, aber ich sah ihn erst beim *satsang*, wo er vom Stern Bethlehems sprach und uns bat, diesen geistig zu visualisieren. Als er sprach, begann mein Geist zu wandern. Ich dachte: „Dieses Sternengerede wird ziemlich langweilig." Plötzlich, als ich dort mit geschlossenen Augen saß, sah ich etwas Glänzendes, Sternenförmiges. Ich dachte: „Er mag sich wiederholen, aber es funktioniert." Ich wunderte mich über diese besondere Wirkung seiner Geisteskraft auf mein Bewusstsein.

Trotzdem hatte ich während meines ganzen Aufenthalts ständig etwas an ihm auszusetzen. Als er zur Meditation erschien, fragte ich mich: „Wer macht hier solchen Lärm?" Eine schwerfällige, atemlose Person kam in den Raum, mit sehr viel unwürdigem Gepuste und Gekeuche. Ich blinzelte verstohlen und da war es Swamiji mit einem mürrischen Gesichtsausdruck, der seine Füße unter sich begrub, als er sich in seinem riesigen, orangefarbenen Stuhl niederließ. Außerdem hustete er, was ich als störend empfand.

War das der heilige Mann, den ich im Herbst in New York so verehrt hatte, als er eine *Devi Puja* zu Ehren der großen Göttin gab? Ich war damals so überwältigt von Swami Vishnus Heiligkeit, dass ich ihn auf der Stelle um eine Mantraeinweihung bat. Seitdem hatte ich stets gewissenhaft mein Mantra wiederholt und sehr fleißig meditiert. Aber ich kam nicht voran. Ich war nach

Val Morin gekommen, weil ich hoffte, dass Swamiji mir helfen würde, meinen Meditationsstillstand zu durchbrechen. Jetzt, wo ich endlich in seiner Gegenwart war, wusste ich nicht so recht, was ich von ihm halten sollte.

Am Tag nach Weihnachten gab es stundenlange Schneeschauer und Swamiji wurde durch die Eisschicht in seinem Haus festgehalten, weil die Straße, die steil von seinem Haus hinaufführte, für ihn unpassierbar war. Zuerst wurde angekündigt, dass die Meditation ausfiel. Dann wurde uns gesagt, dass sie doch stattfand, aber ohne Swamiji. Ich glaube, wir waren alle ziemlich untröstlich bei dieser Aussicht, ich jedenfalls war es. Ich wollte soviel Zeit wie möglich mit ihm verbringen, obwohl er mich verwirrte oder vielleicht gerade deswegen. Also war ich sehr aufgeregt, als wir zur Meditation in sein Haus eingeladen wurden.

20 von uns marschierten die vereiste Straße zu Swamijis Haus hinunter und wurden in das angrenzende Gewächshaus geführt. Am Ende des Raumes gab es einen großen Whirlpool mit dampfendem Wasser, von Hängepflanzen tropfte Kondenswasser auf unsere Köpfe. Die feuchte, üppige Atmosphäre war ein willkommender Kontrast zu der eiskalten Welt da draußen, aber es war nicht die asketische, spartanische Umgebung, die ich erwartet hatte. Ich kam zum Schluss und setzte mich auf den einzigen freien Platz, direkt zu Füßen von Swamijis orangefarbenem Stuhl. Ich blickte nervös umher und fragte mich, was ich machen sollte.

Endlich kam er. Er brauchte einige Zeit, bis er sich auf seinem Stuhl niedergelassen hatte und dann informierte er uns, dass er nicht reden, sondern uns in die Meditation führen würde. Knapp und wunderschön erklärte er Meditation und Mantras und erreichte dann den meditativen Zustand. Ich konnte das genau sehen, da ich nicht meditierte, sondern ihn beobachtete. Ich riss mich zusammen und begann nun gewaltig zu arbeiten, um meinen Geist zu beruhigen. Nichts geschah. Ich war so enttäuscht. Ich war sicher, dass ich anfangen würde, Fortschritte zu machen, so mittendrin in seinem Energiefeld. „Bitte, *guru*, reinige meinen Geist“, betete ich, und ich meinte es so. Nichts. Also fand ich mich einfach damit ab, mich in seiner Aura zu sonnen und akzeptierte es als das, wofür ich zur Zeit bereit war. Dann kratzte er sich. „Wie geht das?“, fragte ich mich. „Kann sogar er herumzappeln und sich kratzen?“ Aber der Gedanke entschwand sofort aus meinem Geist und kaum hatte er sich gekratzt, erreichte ich einen glückseligen geistigen Zustand.

Als die Meditation beendet war, sangen wir unter seiner Führung 15 *Minuten Om Namo Naranayana*. Er verabschiedete uns, indem er sagte: „Dieses Mantra wird Euch helfen, den Geist zu reinigen." Ich hatte das Gefühl, dass er mich direkt ansah und mir geschäftsmäßig ein bisschen zunickte.

An unserem Abreisetag schneite es heftig. Swamiji rief uns New Yorker hinunter zu seinem Haus, um uns zu verabschieden. Er begrüßte uns an seinem Schreibtisch in einem schwarzen Lederdrehstuhl sitzend, seine Füße unter ihm vergraben. Wir saßen auf dem Boden und tranken heiße Schokolade. Auf Swamijis Aufforderung las jemand laut Werbematerial vor, wie man einen Computer von Grund auf mit einer Art Teilchen-Kit bauen konnte. Wir mussten über dieses offensichtlich übertriebene Versprechen der Werbung kichern, aber Swamiji wollte unbedingt alles hören. Er war sehr angetan von der Idee, mit Hilfe eines jungen Mitarbeiters selbst einen Computer zu bauen. Ich hatte mir meinen *guru* nicht unbedingt als einen Mechaniker vorgestellt, aber ich musste zugeben, dass ich seine Fähigkeit zur jungenhaften Begeisterung mochte. Auf jeden Fall hatte er einen wissbegierigen Geist.

Ich stellte fest, dass meine Augen brannten, als ich Swamiji ansah und ich war fast benommen von der Kraft seiner Gegenwart. Die Tatsache, dass seine Aufmerksamkeit nur einigen wenigen Leuten galt, schien seine Energie zu verstärken. Er plauderte mit uns, während wir unsere Schokolade tranken und ich wurde dadurch belohnt, dass er mich mittlerweile ein wenig kannte. Ambika und ich hatten zu Ehren seines Geburtstages an Silvester ein Theaterstück aufgeführt. Seitdem hatte ich bei der Meditation den Eindruck, dass er prüfte, ob ich da war. Vielleicht hatten wir alle dieses Gefühl?

Er fütterte uns mit Mozartkugeln und Süßigkeiten und gab uns zum Abschied seinen Segen. Aber es schneite weiter und spät am Nachmittag erfuhren wir, dass Swamiji uns nicht erlaubte, bei solch einem Sturm abzureisen. Wir sollten erst am nächsten Morgen um 5.30 Uhr fahren, da es bis dahin aufhören sollte zu schneien.

Früh am nächsten Morgen waren wir auf und stapften durch den Schnee, um das Auto zu packen. Es war stockdunkel und unheimlich still. Plötzlich erschien Swamiji mit einer Taschenlampe, da er von seinem Haus auf dem Weg zur Meditation war. Er war eine erstaunliche Erscheinung in seiner orangefarbenen Robe, mit Armeestiefeln, orangefarbener Daunenjacke und Turban. Er begrüßte uns herzlich und betete intensiv für unsere

Sicherheit. Er segnete jeden von uns und ging dann weiter, drehte sich aber ein- oder zweimal um, um uns weiter zu segnen. Ich habe ein deutliches Bild von Swami Vishnu vor meinem Auge, in seinem erstaunlichen Gewand, im Schnee stehend, mitten in der Dunkelheit um uns herum, große Liebe und Anteilnahme ausstrahlend.

Wir drängten uns ins Auto und fuhren davon. Die Straßen waren entsetzlich und wir schlitterten einige Male gefährlich. Ich war ungeheuer froh über Swamijis Segen. Hinter Montreal besserte sich der Straßenzustand und wir machten uns auf die lange Reise zurück nach New York. Ich starrte aus dem Fenster und ließ im Geiste meine letzten Begegnungen mit Swamiji noch einmal an mir vorbeiziehen. Ich konnte ihn nicht verstehen. Er war unverkennbar so heilig und zur selben Zeit unverkennbar solch eine Persönlichkeit. „Wenigstens machte er nichts vor", dachte ich. Nein, er zeigte sich als eine Person, genau wie ich eine war. Ich beschloss jedenfalls, mich von seinem mangelnden Anspruch nicht täuschen zu lassen. Ich sah in ihm genau das, was er war: ein bewundernswerter Gurudev.

Saraswati
New York City

Mit dem Meister

Swamiji verbrachte die Jahre zwischen 1947 und 1957 meist im Sivananda *Ashram* in Rishikesh, um dort von einem der größten gegenwärtigen, indischen Heiligen zu lernen und ihm zu dienen. Es war nicht immer einfach für ihn. Er hatte seine Heimat verlassen, die 2.000 Meilen südlicher war. Da er der einzige Sohn war, erwartete seine Familie von ihm, dass er zurückkehrte. Wo lag nun seine Pflicht, bei seiner Familie oder bei seinem *guru*? Er kämpfte mit diesem Problem. Mit seinen Worten:

" Nach etwa 6 Monaten Aufenthalt gab es einen erbitterten Kampf in meinem Geist. Wenn du zum ersten Mal in einen *ashram* gehst oder zu einem Meister, denkst du, dass es viel einfacher ist. Es ist alles neu. Es ist wie wenn du aus einer Wüste kommst. Plötzlich bist du unter einem schattigen Baum, kühl, mit viel Wasser. Wie fühlt sich das an? So wunderbar, nicht wahr? Du trinkst das Wasser, badest darin und sitzt im kühlen Schatten. Aber wenn du jeden Tag im selben Pool liegst, unter demselben Baum, wie fühlt sich das nach einiger Zeit an? Es wird monoton. Aber das erste Mal, wenn du kommst, ist es einfach wunderbar.

Es ist das Gleiche, wenn du in einen *Ashram* oder zu einem Meister gehst. Wenn du ankommst, kommst du aus einer Welt, wo es wie in der Wüste ist, die Menschen sind alle negativ, die Gedanken sind negativ, jeder versucht, dem anderen die Kehle durchzuschneiden. Aber wenn du in den *Ashram* kommst, ist alles rein, die Menschen sind alle gut und jeder versucht, anderen zu helfen. Sie sind noch nicht perfekt und jeder hat seine eigenen Fehler, aber er versucht, sie zu korrigieren. Es gibt eine Menge Probleme in *Ashrams*, sie sind wirklich nicht so heilig, wie man glaubt. Du findest dort alles zwischen Heiligen und Sündern, manchmal kommen Gauner als spirituelle Aspiranten verkleidet und werden dann von der Polizei abgeholt. Also ist es ganz schön schwierig im *Ashram*, es gibt jede Art von Temperament und Zustand. Aber dennoch ist es wie unter einem großen Baum, wenn du beim Meister bist. Jeder kann unter diesem Baum sitzen und den Schatten genießen. Es gibt keine Parteilichkeit unter diesem Baum; sein Schatten ist vollständig offen für alle, die zu ihm kommen. Wir sind einfach ausgedörrte Menschen, die aus Städten und Dörfern und verschiedensten Teilen der Welt kommen und der Meister ist wie ein großer Baum, der jedem Schatten spendet, der zu ihm kommt.

Nach einiger Zeit beginnt dein Geist langsam sogar in diesem Schatten die Monotonie zu spüren. So kam dieses schreckliche Problem zu mir: ein Teil meines Geistes begann, mich zurück nach Hause zu ziehen, zu den alten *samskaras*, weißt du, zu meinem Vater, meiner Mutter, meinem Haus, meiner Familie und meinen Schwestern. Die andere Seite meines Geistes zog mich zum Meister, weil ich mein Wort gegeben hatte. Welchen Weg sollte ich gehen? Sollte ich fortgehen, meinen Eltern dienen und bei ihnen bleiben oder sollte ich bei meinem Meister bleiben? Ich konnte damit nicht leben, ich konnte es nicht mehr aushalten! So ging ich zu meinem Meister und fragte ihn: „Was soll ich tun?"

Ich war nicht stark genug, direkt zu ihm zu gehen und ihm von meinen Problemen zu erzählen, weil wir unserem Meister stets Respekt zollten und ich ihm sehr nahe stand. Es war sehr schwer für mich, ihm direkt eine solche Frage zu stellen. Soviel wusste ich jedenfalls, mein Herz zog mich zu meinen Eltern. Also schrieb ich ihm eine kleine Notiz über meinen Geisteszustand.

Meine Eltern liebten mich. Sie hatten mir bereits zahlreiche Briefe geschrieben und erwarteten mich zu Hause. Sie wussten zu keinem Zeitpunkt, dass ich im *ashram* bleiben wollte, aber jetzt, nach 6 Monaten, hatten sie es vermutet. Sie schrieben mir, dass ich nach Hause kommen und mit ihnen leben sollte, mich um das Land meines Vaters kümmern und meinen Verpflichtungen nachkommen sollte, da sie langsam zu alt wurden. Das ist das Normale, das ist der Brauch in Indien. Man kümmert sich um seine Eltern, besonders wenn man ein Mann ist. Es ist seine Pflicht, sich um sie zu kümmern, und so erwarteten sie von mir, zu Hause zu sein.

Aber ich hatte auch andere Verpflichtungen. Ich hatte meinem Meister mein Wort gegeben und ich fühlte eine tiefe Liebe zu ihm, zu seiner Organisation und seiner Mission. Also schrieb ich ihm: „Meine Eltern ziehen mich in die eine Richtung, ich möchte nach Hause zurückkehren. Ich möchte aber auch hier bleiben und dienen. Ich weiß nicht, welchen Weg ich gehen soll. Ich habe schreckliche Qual in meinem Herzen. Ich brauche Deinen Rat. Was soll ich tun? Soll ich nach Hause gehen oder soll ich bleiben?"

Was war Sivanandas Antwort?: *„Mata nasti, Pita nasti."* Das heißt, „für Dich weder Mutter noch Vater." Das ist eine großartige philosophische Formel. In unzähligen vergangenen Leben hatte ich Mütter und Väter. Auch in diesem Leben gab es einen Vater und eine Mutter, aber sie würden nicht ewig hier sein. Das war alles, was er sagte. Er sagte nicht viel. Aber das war genug, weil ich genau wusste, was er meinte. Er konnte alles sehen, was mit mir und meiner Zukunft geschah. Damals war ich noch jung, ich konnte das nicht verstehen, ich wusste nicht, was er sah, ich konnte es noch nicht einmal glauben, was er sah, aber ich akzeptierte es.

Es erscheint sehr grausam, einem jungen Mann zu sagen, er soll Vater und Mutter vergessen. Der Meister sagte damit, dass ich sicherlich nicht glücklich werden würde, wenn ich nach Hause zurückkehrte, weil es für mich nicht bestimmt war, in einer kleinen Familie zu leben, mit Freunden, einigen Kindern usw. Das war keinesfalls in mir angelegt. Ich konnte das damals nicht erkennen. Jetzt kann ich sehen, in welchem Zustand ich wäre. Es gibt für mich kein persönliches Familienleben, es ist einfach nicht bestimmt.

Nach diesem Tag habe ich nie wieder gedacht, dass ich nur einen Vater und eine Mutter habe, sondern ich sah in allen Lebewesen in diesem Universum meinen Vater und meine Mutter. Das ist die Lehre, die ich von meinem großartigen Meister empfing. Ich war ein kleines bisschen friedlicher und stärker und eindeutig bereit zu bleiben. Dennoch musste ich durch verschiedene Entwicklungsstufen gehen. So viele Dinge musste ich durchleben. Das war nur der allererste Schritt meines Lebens.

Was meinte Sivananda wirklich, als er zu Swamiji sagte: „Du hast keine Mutter und keinen Vater?“ Sivananda war Arzt. Er wusste, dass Swamiji physisch einen Vater und eine Mutter haben musste, aber er sprach in einem höheren Sinn und nutzte diese Gelegenheit, um eine größere Wahrheit zu lehren. So lange wir denken, dass wir dieser Körper sind, so lange wir uns mit Vater, Mutter, Familie, unserer physischen Realität identifizieren, können wir unsere wahre Natur nicht verstehen. In unserer Essenz, unserer Seele sind wir eins mit Gott, nicht getrennt oder individualisiert. Unsere wahre Natur geht über unseren Körper hinaus und in diesem Sinn haben wir keinen Vater und keine Mutter. Wir sind sowohl ohne Geburt als auch ohne Tod.

Bald nach diesem Ereignis legte Swamiji das *Brahmacharya*-Gelübde (Keuchheitsgelübde; Vorstufe zum Mönchstum) ab, gab alle Vergnügungen der Sinne auf und nahm den Namen Vishnu Chaitanya an. Im März 1948 legte er dann sein *sannyas*-(Mönchs-)Gelübde ab und wurde Swami Vishnu-devananda.

Der neue Swami Vishnu-devananda wurde Sivananadas persönlicher Assistent, verbrachte fast den ganzen Tag mit ihm und war bei Sivananda in jedem Moment, den dieser in der Öffentlichkeit verbrachte. Durch diesen nahen täglichen Kontakt mit einem so großen Weisen lernte er viele Lektionen sehr schnell. Das ist ganz anders als von einem normalen Lehrer zu lernen, jemandem, der dir Mathematik, Automechanik oder etwas anderes beibringt. Swamiji erklärt es hier folgendermaßen:

> ” Es ist nicht so, dass wir ohne weiteres und blindlings jedem Lehrer folgen sollen, aber wenn wir einmal einen Lehrer als den unseren akzeptiert haben, wissen wir, dass es des Lehrers einzige Absicht ist, uns zu helfen und uns den richtigen Weg zu zeigen. Wir verstehen, dass der Lehrer in unser Herz sehen kann und welchen Anteil er erst versuchen muss, zu verändern, bevor er das Feuer anzünden kann. Dein Geist ist wie ein Spiegel. Wenn auf dem Spiegel etwas Schmutz ist, ist alles getrübt und du kannst dein Bild nicht klar erkennen. Macht es dann einen Sinn, nur dein Gesicht zu säubern? Wenn du das Bild sehen willst, musst du erst den Spiegel säubern.

Dein Geist ist ein Spiegel, welcher vollständig durch Begierde, Ärger, Habgier, Hass, Eifersucht, Neid, Angst, Selbstsucht, Egoismus und Überheblichkeit getrübt ist, wenn du wie ich aus einer höheren Kaste kommst. So lange dieser Schmutz existiert, kannst du dein Bild nicht klar erkennen. So half mir mein Meister von Anfang an, klarer zu sehen. Später verstand ich den Grund, aber am Anfang nicht. Ich schaue heute zurück und kann die ganze Situation sehen, wie er versuchte, systematisch Schritt für Schritt meine Unreinheiten zu beseitigen, ohne mir etwas davon zu sagen, ohne es je zu erwähnen. Diese klebten sehr an mir. Es ist wie ein Fleck auf der Kleidung, den du nicht mit gewöhnlichem Waschmittel reinigen kannst, du musst besondere Enzyme benutzen, die eventuell den Stoff selbst auflösen. Auf dieselbe Art musste er eine besondere Art Enzym benutzen, um diese Art von Verunreinigung in meinem Herzen aufzulösen.

“

Sivananda lehrte hauptsächlich durch sein Vorbild. Er war ein lebendes Beispiel des Einsseins mit Gott und ermutigte andere, das Gleiche zu tun. Was Swamiji lehrte und sogar wie er lehrte, kam direkt von Sivananda. Das ist das Großartige an der indischen Tradition. Jeder Lehrer gibt sein Wissen an seine Schüler weiter, die es wiederum an ihre Schüler weitergeben und so weiter, ein endloser Strom der Weisheit. Swamiji hatte lange einen lebenden Weisen in Aktion beobachtet und lernte viele Lektionen durch das, was er sah.

”

Der Meister trug ständig 3 einfache Stoffbeutel mit sich herum. Eine enthielt die Korrespondenz, die er an die Swamis in den verschiedenen Abteilungen verteilte. Eine andere enthielt seine persönliche Dinge: Füllfederhalter, Brille usw. Die dritte enthielt Früchte, Nüsse und kleine Snacks. Du möchtest bestimmt wissen, warum. Sie waren nicht für ihn.

Eines seiner Mottos war: „Diene, liebe, gib, reinige Dich, meditiere, verwirkliche." Das ist Sivanandas Lebensspruch, seine Grundphilosophie. Diene und liebe und gib. Ohne zu geben, kannst du nicht dienen und lieben, weißt du. Wenn du alles für dich behältst und sagst: „Oh ja, ich liebe euch alle" und wenn du isst, ohne anderen etwas abzugeben, dann ist das keine Liebe. Du musst deine Liebe in der Tat zeigen. So diente und liebte der Meister. Er teilte alles, aber auch alles, er behielt niemals etwas für sich. Wenn er zwei Früchte hatte, gab er sofort eine davon jemand anderem und dann erst aß er etwas von der anderen.

"

Auf die gleiche Art und Weise teilte Swami Vishnu-devananda sein Essen. Du konntest ihn nie besuchen, ohne dass er dich fütterte. Bevor du überhaupt eine Chance hattest, irgendetwas zu sagen, hatte er sichergestellt, dass du zu essen und zu trinken hattest. Sogar wenn du nur in sein Haus kamst, um den Wasserhahn zu reparieren oder sonst eine Hausarbeit zu erledigen, ohne daran zu denken, ihn auch nur zu sehen, gab es kein Entkommen.

*

Schüler:

Ich nahm 1979 an der Yogalehrer-Ausbildung teil. Zu Beginn meines Aufenthalts wurde ich gebeten, zu Swamijis Haus zu gehen, um Karma-Yoga (ehrenamtliche Mithilfe) im Hof zu machen. Ich erinnere mich, wie entschlossen ich war, meine Arbeit gut zu machen. Als ich ankam, stand ich dort einen Augenblick und betrachtete den *Shivalingam* (Symbol für Shiva) in der Mitte der Lagune. Swamiji kam aus dem Haus und weil er in jenem Sommer *mauna* (Schweigen) praktizierte, machte er mir Zeichen, die Kettensäge zu nehmen und einen großen Baumstumpf weiter zu zersägen. Ich bin 1,70 m groß und 55 kg schwer und der Stumpf sah aus wie ein riesiger Elchbulle, der sich nicht bewegen würde. Ich lächelte, nickte, schnappte mir die Säge und zog den Starthebel. Dann ging ich und begann den Stumpf zu attackieren, als hinge mein Leben davon ab.

Als ich fast zur Hälfte durch war, stoppte die Säge plötzlich. Ich tastete nach dem Starter und zog und zog. Nach ein paar Minuten klopfte mir jemand auf die Schulter. Ich drehte mich um und da stand Swamiji mit einem Zettel. „Kein Gas mehr?“ Ich öffnete die Gasflasche und sie war tatsächlich leer. Ich nickte und er brüllte vor Lachen. Ich fragte, wo ich Gas bekommen könnte und er zeigte zurück zum Camp. Also rannte ich los, und ich meine wirklich „rennen“, zurück zum Camp, rannte wieder zurück mit dem Gasbehälter und machte meine Arbeit fertig, woraufhin Swamiji mich mit frischen Früchten überschüttete: Pfirsiche, Nektarinen, Pflaumen, Trauben und Bananen.

Balarama

*

Sivananda hatte einen regelmäßigen Tagesablauf. Sein Häuschen war unten am Ganges und sein Büro weiter oben am Hügel. Zweimal täglich wanderte er den Hügel hoch und runter, zum Büro und wieder zurück. Als Sivanandas persönlicher Assistent begleitete Swamiji ihn ständig.

” Ich trug die Taschen, wenn wir von seinem *kutir* (Hütte, Haus) zum Büro gingen. Andere Schüler folgten. Der Meister ging vorne weg, unterwegs verteilte er Leckerbissen. Es war nur ein Fußweg von 15 Minuten und er sprach nicht viel, aber manchmal verlängerte er den Weg etwas, indem er stehen blieb, Anekdoten erzählte oder Fragen über unser Wohlergehen oder unsere Gesundheit stellte. Wenn zum Beispiel ein neuer Gast gekommen war, fragte er ihn: „Wie geht es Dir? Woher kommst Du? Führst Du ein spirituelles Tagebuch?“ Dann fragte er nach seinem spirituellen Wohlergehen und den familiären Verhältnissen. Er war glücklich, die Menschen in jeder Weise zu unterstützen und zu helfen, wenn sie es wünschten. Jeder der Schüler glaubte, dass Sivananda sich besonders um ihn kümmerte.

Das ist die Schönheit eines großen Meisters. Jeder glaubte, dass Sivananda ihn mehr als jeden anderen liebte. Ich hatte auch das Gefühl, dass Sivananda mich mehr liebte als jeden anderen. Alle Schüler glaubten dasselbe. „Sivananda liebt mich mehr als jeden sonst." Eigentlich glaube ich, dass nur eine andere Person diese Qualität hat: Krishna. Als er im physischen Körper war, glaubte jede *Gopi* (Hirtenmädchen), dass Krishna sie mehr liebte als jede andere *Gopi*, weil sie die Einheit mit ihm erreichten. Auf diese Weise waren wir alle glücklich, dem Meister nah zu sein und dieses Gefühl zu spüren, jeden Tag mehr und mehr.

Man lernte viele Lektionen beim Beobachten von Sivanandas täglichen Aktivitäten, aber die vielleicht stärkste Lektion erfolgte durch ein außergewöhnliches Ereignis. Swamiji erzählte uns diese Geschichte oft. Er schien ihrer nie müde zu werden und auch nicht der Lektion, die er durch sie erhielt:

Eines Morgens kam Govinda, einer der neuen Schüler des Meisters, der erst seit 6 Monaten da war, zum Meister. Er sagte, dass er nach Hause zurückgehen wolle. Der Meister fragte ihn nach dem Grund.

„Oh, ich weiß nicht, ich muss einfach zurück."

Der Meister kannte das Leben dieses Mannes. Er hatte Anfang 20 geheiratet und seine Frau hatte sich seinetwegen umgebracht. Sie konnte das Leben mit ihm nicht länger ertragen. Er hatte keinen Frieden in der Seele. Er hatte sich vollständig verloren. So kam er in den *ashram*. Er hatte nicht die Absicht, für immer zu bleiben, er wollte nur ein wenig Frieden finden, vielleicht etwas arbeiten. Also gab der Meister ihm einige leichte Arbeiten und bat ihn, *Japa* (Mantrameditation) für seinen Seelenfrieden zu machen. Der Meister ist sehr mitfühlend mit Menschen wie ihm.

Nach 6 Monaten wollte er zurück nach Hause. Gut, es war kein Problem, wenn er zurück wollte, aber er wollte auch das Geld für die Rückreise. Sein Zuhause war in Südindien, 2.000 Meilen entfernt und unser *ashram* war ständig verschuldet. Der Meister gab immer mehr aus, als wir einnahmen. Das war seine Natur. Er versorgte täglich um die 200 Menschen, für die wir Nahrung brauchten. Wir hatten immer Schulden, Schulden und nochmals Schulden. Er schrieb und druckte auch Bücher und gab sie dann weg. Bücher umsonst, Literatur umsonst, Nahrung umsonst. Das war so, weil sein Herz immer nur geben wollte. Also hatten wir kein Geld. Es stand damals in diesen früheren Zeiten so schlecht, dass einige Swamijis manchmal außerhalb des *ashrams* um ihr Essen betteln mussten. Also sagte der Meister an diesem Tag zu Govinda: „Das ist zur Zeit nicht möglich. Wir haben das Geld nicht. Bleib noch ein paar Monate, um inneren Frieden zu bekommen, statt nach Hause zu gehen."

Govinda war damit nicht zufrieden. Er verließ den Meister und ging in sein Zimmer. Am nächsten Abend nach dem Essen trug ich wie immer die Taschen des Meisters. Noch einige andere Schüler waren auf dem Weg hinauf zur Vedantahalle, wo wir abends meditierten. Als wir hoch gingen, fragte mich der Meister: „Vishnu Swami", so nannte er mich, „wo ist Govindas Zimmer?"

„Swamiji, ich glaube, er wohnt da und da."

„Bring mich erst dahin, bevor wir zur Yogahalle gehen. Lass uns dorthin gehen, ich möchte mit ihm reden."

Es muss den Meister geschmerzt haben, dass er Govinda abgewiesen hatte, da er zu niemandem Nein sagen konnte. Das war sein Herz. Aber er hatte überhaupt kein Geld. Wenn er welches gehabt hätte, hätte er es ihm sofort gegeben. Aber er dachte immer noch an die verletzten Gefühle dieses Mannes. Das war ein weiteres Motto von ihm, niemals die Gefühle eines anderen zu verletzen. Er wusste, er hatte die Gefühle eines anderen verletzt, also wollte er sich wenigstens entschuldigen. Also sagte er: „Bitte bring mich zu ihm."

Ich führte ihn. Ich hatte nachts eine Laterne, ein kleines Windlicht. Im trüben Licht gingen wir den Berg hinauf zu verschiedenen Hütten, um sein Zimmer zu finden. Wie üblich folgten ihm seine Schüler. Der Meister klopfte an die Tür und Govinda öffnete.

Er war in sehr depressiver Stimmung. Der Meister fragte: „Govinda, wie geht es Dir?“ Er antwortete nicht.

„Willst Du wirklich nach Hause? Es geht Dir nicht einfach nur schlecht? Du willst wirklich nach Hause?“

Govinda zuckte nur mit den Achseln, gab aber keine Antwort, weder ja noch nein. Vielleicht, weil er wütend war, vielleicht auch, weil er ärgerlich war. Wir wussten nicht, was er dachte. Nach 10 Minuten fragte der Meister ihn wieder, aber er antwortete nicht. Vielleicht war es nicht der richtige Zeitpunkt, mit ihm zu reden.

„O.k., Vishnu Swami, lass uns gehen. Ich werde morgen mit ihm sprechen.“

Wir gingen zur Yogahalle. Der Meister saß normalerweise direkt an der Tür zwischen zwei Reihen von Menschen, auf der einen Seite Frauen, auf der anderen Seite Männer. Sobald der Meister kam, nahm ich die *Bhagavad Gita*, las aus ihr vor und dann löschten wir das Licht. Es gab nur das Windlicht und in diesem matten Schein begannen wir mit der Meditation.

Plötzlich hörte ich ein Geräusch. Ich schreckte aus meiner Meditation hoch und schaute, woher der Lärm kam. Der Meister saß immer noch auf seinem Platz, aber jemand schlug ihn auf den Kopf! Instinktiv sprang ich auf. Da ich ständig bei ihm war, war es mein natürlicher Instinkt, ihn zu beschützen. Also lief ich hin, um den Angreifer aufzuhalten. Ich wusste nicht, wer er war oder was es war, gar nichts. Wir zündeten das Licht an und erst dann sahen wir, dass es Govinda war. Alle waren wie betäubt.

Ich sah, wie er dem Meister 4x auf den Kopf schlug. Ich sah, wie der Meister Govinda einfach ansah, ohne sich zu bewegen und Govinda schlug mit einer großen Axt auf seinen bloßen Kopf! Irgendwie gingen alle Schläge daneben, es war wie ein Wunder. Ich wusste zu diesem Zeitpunkt noch nicht einmal, dass er eine Axt benutzte, ich dachte, er hätte einen Stock. Ein Schlag auf den bloßen Kopf hätte ihn spalten können. Ich war stark genug, um den Angreifer festzuhalten. Dann schlug ich ihn nieder. Das war das erste Mal, dass ich so etwas gemacht habe. Ich bin ein Swami. Ich darf niemanden schlagen, aber ich tat es. Es war einfach instinktiv.

Dann kamen alle herbei, die ganzen Schüler. Sie wollten Govinda lynchen. Der Meister stand auf und brachte Govinda aus dem Raum. Er rief die Polizei und sagte zu dem Inspektor: „Tun Sie ihm nichts, behalten Sie ihn einfach heute nacht in Sicherheitsverwahrung, sonst werden die Menschen ihm etwas antun. Wir werden ihn morgen nach Hause schicken. Es geht ihm nicht gut." Das war alles, was der Meister sagte.

Es war ein furchtbarer Tag für uns. Unser Meister war knapp einem Attentat entkommen.

Am nächsten Morgen ging der Meister wie gewöhnlich in Richtung Büro, aber anstatt hineinzugehen, nahm er ein paar Blumen, Girlanden und Früchte. Manchmal ging er morgens zum Tempel, so dass wir dachten, er ginge wegen der schlimmen Ereignisse der letzten Nacht dorthin. Wir folgten ihm, aber er ging nicht zum Tempel. Er ging zur Polizeistation direkt zum Tor und bat den Offizier, ihm zu öffnen. Er fragte nach dem Häftling, der vorübergehend verhaftet worden war. Und dann ging er zu dem Attentäter!

Ich werde diesen Tag niemals vergessen. Er bekränzte Govinda mit den Blumen, seinen Schüler oder Angreifer oder wer immer er auch war, verehrte seine Füße und schmückte sie mit Blumen, und dann warf er sich vor ihn, als würde er Gott verehren. Ich erinnere mich an seine Demut. Er verbeugte sich vor einem Attentäter, vor einem Mörder! Aber der Meister sah in ihm keinen Mörder. Er dachte, dass Gott gekommen war, um ihn zu testen, dass Gott seinen Schüler geschickt hatte, ihn zu testen. Das war, was er fühlte. Er sah Gott überall und an diesem Tag sah ich, wie der Meister seinen eigenen Attentäter verehrte.

Sieh Gott in jedem, sogar in jemandem, der versucht, dich zu töten. Derselbe Gott ist in allen, unabhängig von ihren Handlungen.

You have to go beyond your limitations and recognise yourself as the absolute being, through purity, devotion, aspiration and meditation.
Swami Sivananda

Ego-Fieber

1949 gründete Sivananda die *Yoga Vedanta Forest Academy*, einen Ort, an dem Menschen die verschiedenen Aspekte des Yoga studieren konnten. Er bestimmte, dass Swamiji der Professor für Hatha Yoga sein sollte. Swamiji war erst 21 Jahre alt und fühlte sich für eine solche Position nicht gerüstet.

„Ich mochte Hatha und Raja Yoga von Anfang an. Als ich zum ersten Mal den Meister traf, kam alles zu mir. Ich konnte *asanas* und *pranayama* ganz leicht ausüben. Es kam einfach, ich lernte es nicht, wie ich es euch jetzt lehre. Eigentlich waren sie noch nicht einmal Bestandteil des ashram Programms, denn sie waren nicht mehr sehr bekannt und wurden nicht klar unterrichtet. Aber der Meister hat mein Wissen aus vergangenen Leben wiedererweckt, so dass ich in der Lage war, dieses ganze Yogasystem aus der Vergangenheit zu beleben.

Erstens hatte ich nicht die Qualifikation zu einem Professor. Ich hatte noch nicht einmal vom Meister meine Sachen ordentlich gelernt. Ich war erst seit 1 ½ Jahren da. Ich machte mir Sorgen, weil ich nicht wusste, was ich lehren sollte und andauernd Leute zu mir kamen und mich fragten, ob ich sie unterrichten könnte. Ich war noch nicht bereit. Ich übte doch immer noch. Aber der Meister sagte: „Sorge Dich nicht. Habe Vertrauen. Du wirst bereit sein." Das genügte. Er stand in dem Augenblick hinter mir, als ich zu unterrichten begann. Wissen begann mich zu durchdringen. Ich wusste, dass jemand bei mir war. Das war der Meister. Er hatte über mich einen Weg der Kommunikation und der Hilfe für die Menschen gefunden. Ich konnte das fühlen, ich konnte Antworten auf viele Fragen geben, die mich erstaunten. Wie konnte ich das? Ich war fähig, irgendetwas einzuschalten und die Antworten strömten einfach aus mir heraus.

Das war so, weil der Meister mich irgendwo berührte. Mein Körper und mein Geist wurden ein Instrument in den Händen meines Meisters, um Hatha Yoga wieder zu erwecken. Damals hatte ich nicht die Erfahrung, die ich heute habe. Aber langsam, langsam kam es,

Schritt für Schritt kamen die Methoden, wie die Positionen aussahen, wie man beginnt, wie man endet. So wurde das ganze System aus meinen vergangenen Lebenserfahrungen wieder zurück gebracht und in eine spezielle Unterrichtsmethode geformt.

Swami Vishnu-devananda war auf seine Position im *ashram* sehr stolz, aber er sah immer noch wie ein Junge aus. Er fand, dass er wie ein großer Yogi aussehen sollte und ließ seine Haare und seinen Bart wachsen. Sivananda sah, dass sein junger Student sich immer wichtiger nahm und ließ seine Aufgeblasenheit mit ein paar einfachen Worten platzen. Eines Tages sagte er zu Swamiji: „Ja, Vishnu Swami, der Bart steht Dir. Ja, es stimmt, wir müssen alle gut aussehen und Menschen beeindrucken. Ja, ja, mach nur so weiter."

Swamiji rasierte sich sofort den Bart ab und blieb glatt rasiert bis zu dem Zeitpunkt spät in seinem Leben, als er sich nicht mehr selbst rasieren konnte. Von da an ließ er sich lieber einen Bart wachsen, als seinen Pflegern jeden Tag eine Rasur zuzumuten.

*

Wie sein Meister wurde auch er ein Experte darin, das Ego seiner Schüler zu verringern, wie das folgende Beispiel veranschaulicht:

Im Sommer 1991 hatte ich die Möglichkeit, Swamiji persönlich zu dienen. Er war in einer sehr schwachen Verfassung und musste sich einer Dialysebehandlung unterziehen. Ich schloss mich dem Team von Swamijis persönlichen Assistenten unter der Führung von Swami Kartikeyananda an und betreute Swamiji nachts. Die nächsten 2 Jahre bis zu seinem Mahasamadhi war ich jede Nacht bei ihm.

Ihm lange Zeit so nahe zu sein, war die herausfordernste und berührendste Erfahrung meines Lebens. Ich war ständig verwirrt über seine Handlungen und die Situationen um ihn herum. Nichts erschien mir logisch. Die Folge war, dass alle meine Vorurteile zunichte gemacht wurden. Ich musste loslassen, um bei ihm sein zu können.

Das besonders Beeindruckende an Swamiji war, wie er mit dem Ego und dessen unterschiedlichsten Manifestationen in den Persönlichkeiten umging. Swamiji gegenüber kam man sich wie ein Kind vor. In mir ist nicht der Schatten eines Zweifels, dass Swamiji in die tiefsten Nischen meines Herzens schauen konnte. Ihm gegenüber konnte ich nicht so tun, als sei ich jemand anderes. Ich musste ich selbst sein.

Im Laufe meines Dienstes manifestierte sich mein Ego wieder und wieder in unterschiedlichen Formen und ich identifizierte mich mit den verschiedenen Rollen, die ich im Team der Betreuer spielte. Swamiji schaute sich eine Zeit dieses Spiel meines Egos an und dann plötzlich beseitigte er den ganzen Aufbau meines Egos zu einem Zeitpunkt, den er für passend hielt (was für mich immer völlig unerwartet war).

Einige Wochen nachdem ich angefangen hatte, ihm zu assistieren, begann Swamiji eine neue Form von Dialyse. Durch diese neue Behandlung musste er nicht länger zur Dialyse ins Krankenhaus. Es wurde für ein paar Stunden eine spezielle Lösung in seine Bauchhöhle injiziert, welche die Gifte aus seinem Bauch zog. Die Flüssigkeit wurde abgesaugt und dann eine neue Lösung eingeführt. Die Technik war schmerzlos, musste aber regelmäßig 4x am Tag wiederholt werden. Swami Kartikeyananada machte den Austausch 2x pro Tag und ich war für die Nachtbehandlungen verantwortlich.

Diese Behandlung war für Swamiji lebensnotwendig. Jeder Verstoß gegen die hygienischen Vorsichtsmaßnahmen oder fehlende Aufmerksamkeit konnte eine fatale Infektion hervorrufen. Ich begann mich sehr wichtig und stolz zu fühlen, dass mir diese entscheidende Aufgabe anvertraut wurde. Eines Tages nach Ende des *satsangs*, als wir bereit waren, nach Hause zu fahren, schrie Swamiji: „Glaub bloß nicht, dass Du Arzt oder Krankenschwester bist." Er musste es einige Male wiederholen, bevor ich es begriff. Seine Schelte kam total unerwartet, da die Situation überhaupt nichts mit der medizinischen Versorgung zu tun hatte. Aber Swamijis Worte trafen mich direkt ins Herz. Ich verstand, dass ich vorgab, jemand anderes zu sein, ich identifizierte mich mit meiner Rolle. Swamiji sagte mir: „Sei Du selbst!"

Bald danach ging Swamiji nach Indien. Einige Wochen lang waren eine Menge Leute um ihn herum. Ich bemerkte, dass sein Verhalten zu den Schülern ganz unterschiedlich war. Mit einigen Leuten sprach er sehr freundlich, stellte Fragen und scherzte mit ihnen. Ich war etwas eifersüchtig.

Swamiji sprach nie mit mir, nur das Nötigste, um das zu bekommen, was er brauchte. So begann ich eines Tages, als ich mit Swamiji allein war, mit ihm zu plaudern. Kaum hatte ich angefangen, unterbrach er mich auch schon. Er schimpfte kurz und knapp mit mir: „Du redest zuviel. Sag ja oder nein. Das reicht." Wieder war mein Ego geplatzt, aber von da an akzeptierte ich meine stille Beziehung zu ihm.

Wenn Swamiji nicht reiste, verbrachte er meist einige Monate im *ashram* in Val Morin. Er hatte starke Schlafstörungen, so dass er lange Autofahrten unternahm, die ihm helfen sollten, sich auszuruhen. Er gab uns den Auftrag, Sant Kesavadas *Devi Mahatmyam*-Kassetten einzulegen und nach Montreal zu fahren, ungefähr eine Autostunde entfernt. Dort hielten wir an, um etwas Heißes zu trinken und einen Krapfen zu essen, um wach zu bleiben und dann fuhren wir zurück zum *ashram*. Manchmal fuhren wir zwei- bis dreimal pro Nacht.

Nach einigen Wochen fand ich diese Fahrerei ziemlich langweilig und suchte nach etwas Abwechslung. Manchmal fuhr ich von der Schnellstraße ab und entdeckte neue Routen. Swamiji sagte lange Zeit nichts und erlaubte mir, immer dreister zu werden, bis ich den Punkt erreicht hatte, mich für diese oder jene Strecke zu entscheiden, ohne Swamiji um Erlaubnis zu fragen.

Eines Nachts bat mich Swamiji ausdrücklich, ihn eine kurze Strecke nach Sainte Agathe zu fahren. Er wollte am anderen Morgen früh nach Ottawa aufbrechen, um das Yogazentrum zu besuchen. Ich folgte seinen Anweisungen, aber als wir Sainte Agathe erreicht hatten, war er eingeschlafen. Wir waren immer sehr glücklich, wenn er endlich eingeschlafen war. Er schlief wie ein kleines Kind mit einem wunderschönen Ausdruck reiner Unschuld im Gesicht. Normalerweise fuhr ich weiter, bis er aufwachte, deshalb entschloss ich mich diesmal trotz Swamijis Anweisungen, nur nach Sainte Agathe und zurück zu fahren, die Fahrt fortzusetzen,.

Wir fuhren nach St. Sauveur und hielten an, um einige Minuten auszuruhen. Ich schlief auf dem Vordersitz ein. Ich wachte von Swamijis Stimme auf, die fragte: „Wo sind wir?"

Ich antwortete: „St. Sauveur, Swamiji."

„Was? Machst Du, was Du willst? Du glaubst, Du bist jetzt der große Boss!"

Ich verstand nicht, warum er mich so ausschimpfte. Ich dachte, ich hätte das Richtige getan, wenn ich ihn schlafen ließ.

Aber als er weiter schimpfte, begriff ich, dass er mir mein Verlangen zeigte, das zu tun, was ich wollte. Er ließ mich klar erkennen, wie mein Ego stärker wurde und ich mich mit meiner Rolle des Nachtfahrers identifizierte. Ich hatte angefangen, mich als denjenigen zu sehen, der bestimmte, wo es lang ging. Danach beruhigte sich mein Geist und ich war zufrieden damit, auf der Schnellstraße nach Montreal und zurück zu fahren.

Swamijis Schelte war, obwohl sie mich erschreckte, wie göttlicher Nektar für mich – unermesslich süß und sanft. Durch sie wurde ich sehr friedvoll, frei von aller Spannung, die ich in meinem Geist kreiert hatte. Die Zeit vor der Schelte war normalerweise eine Zeit voll quälendem mentalem Schmerz, in der das Ego sich widersetzte, rebellisch war und versuchte, sein neu gewonnenes Territorium zu verteidigen. Während dieser Zeit hatte Swamiji eine völlig gleichgültige Haltung mir gegenüber. Ich war von seiner liebenden Energie abgeschnitten, weil ich den Einklang mit ihm verloren hatte. Nach dieser geistigen Agonie war es eine große Erleichterung für mich, dass Swamiji den Ballon meines Egos hatte platzen lassen und mich von meiner Qual befreit hatte.

Diese Zeit meines Lebens, die ich ständig in Swamijis Nähe verbrachte, hatte einen großen Einfluss auf mich mich. Er lehrte mich, ein bisschen mehr in mir selbst glücklich zu sein, indem er mir unermüdlich das Spiel meines Egos zeigte.

Swami Atmaramananda

*

Swamijis Kampf mit seinem eigenen Ego war noch lange nicht vorbei, nur weil er sich den Bart abrasiert hatte. Hier erzählt er weiter von seinen frühen Jahren im Sivananda *ashram*:

” Jetzt unterrichtete ich alle, und es war einfach zu unterrichten. Aber was geschah mit mir? Sieh, ob ich Fortschritte machte. Was war meine größte Unreinheit? War es nicht mein Ego? Das versteckte Ego war immer noch da. Aber wischte ich es langsam aus oder baute ich es auf? Es ist sehr schwierig, seine eigenen Fehler zu erkennen.

Ich war Lehrer für Hatha Yoga und der persönliche Assistent des Meisters. Ich rettete sogar sein Leben. Und zu was führte das? Mein Ego begann sich aufzublähen. Es blähte sich jetzt wirklich richtig auf. Abgesehen von meinen beiden Stellungen hatte ich eine Menge Arbeit. Das Leben war nicht einfach. Wir hatten nur wenig zu essen und ich stand jeden Morgen um 4 Uhr auf. Danach arbeitete ich ununterbrochen, erledigte alle meine Pflichten, leitete Meditationen und meine Kurse. Wenn alle anderen sich schlafen legten, ging ich zum Ganges, um mein eigenes *sadhana* und Meditation zu praktizieren, bis Mitternacht. Also hatte ich jede Nacht nur ein paar Stunden Schlaf. Es war äußerst schwierig.

Daneben kam mein Ego. Ich dachte: „Ich bin jetzt seit einigen Jahren hier und was mache ich? Ich mache all diese Arbeit und habe keine Zeit für meine Meditation, für meine eigenen *asanas*. Ich kann mein *pranayama*, meine *asanas* nicht machen, ich werde ständig zu meinen Pflichten gerufen. Das ist kein richtiger *ashram*, wirklich nicht."

Mein Ego wuchs stärker: „Swami Sivananda lehrt mich nicht alles. Er lässt mich nur die ganze Zeit arbeiten." Ich begann, in meinem eigenen Lehrer Fehler zu sehen. Langsam, langsam entwickelte sich nicht nur mein Ego, sondern eine Wolke des Zweifels zog auf.

Dann schickte mich der Meister zum ersten Mal nach draußen, um ihn zu vertreten. Swami Chidananda und ich waren die ersten, die außerhalb des *ashrams* Vorträge halten sollten. Es gab eine große Konferenz, wo wir Swami Sivananda vertreten sollten. Das war eine große Ehre, weil es noch so viele andere Swamis gab, die er hätte auswählen können. Ich hatte die Gelegenheit, *asanas* vorzuführen. Natürlich zeigten die Menschen den Swamis aus dem Himalaya großen Respekt, besonders den Schülern von Swami Sivananda. Also gab es einen großen Empfang mit Tausenden von Menschen. Wir wurden mit Girlanden geschmückt, wir wurden verehrt, wir wurden hochgehoben wie richtige Götter. Wir hatten das beste Essen, die besten Unterkünfte, Menschen kamen und fielen uns zu Füßen. Ich war immer noch einfach ein junger Mann. Kannst du dir vorstellen, in welchem Zustand ich war? Und was passierte weiter? Mein Ego schoss in die Höhe.

“

*

Swamiji hatte gemischte Gefühle zu diesem Ereignis. Swami Chaitanyananda war eine Zeit lang gleichzeitig mit Swamiji im Sivananda Ashram in Rishikesh. Er erinnert sich an diese Zeit:

Guruji erhielt einen dringlichen Aufruf von den Anhängern aus Jagaadhri in Punjab, einige Swamis zu einem Anlass bei ihnen zu schicken. Der Meister wählte Chidanandaji für die Vorträge, Vishnuji für die Vorführung der Asanas und Sharadanandaji fürs Fotografieren. Als die Aufgabe beendet war, kehrten sie zurück und erzählten Guruji alles, was passiert war, was ihn außerordentlich erfreute. Aber seltsamerweise war Vishnuji darüber verärgert. Er verließ plötzlich den *ashram* und ging an einen abgelegenen Platz, Phool Chetti, 4 Kilometer entfernt oberhalb von Lakshman Jhoola. Ich war besorgt. Ich konnte mir den Grund für sein Handeln nicht erklären. Ich ging zu ihm, um mit ihm darüber zu sprechen.

„Ich bin nur an Krishna *bhakti* (Hingabe an Krishna), meiner *puja* (rituelle Verehrung), meinem *kithidi* (eine Art Reispudding) und meiner eigenen Yogapraxis interessiert. Ich will nicht hinausgehen, um Vorträge zu halten oder Leute zu unterrichten. Swami Sivananda hat mich nach Jagaadhri geschickt und das hat mein *Sadhana* total gestört. Also bin ich hierher gekommen, um ungestört mein *Sadhana* zu praktizieren."

„Hast Du denn Guruji jemals angedeutet, dass Du das nicht willst?"

„Nein", gestand er freimütig.

„Dann ist es nicht sehr weise, einfach so wegzugehen. Du solltest zurückkommen. Du hast jede Möglichkeit im *ashram*, Dich spirituell weiter zu entwickeln, aber nicht hier an diesem einsamen Ort."

„Ich werde in ein paar Tagen kommen", stimmte er endlich zu.

Ich ging am nächstren Tag zurück und glücklicherweise kam Swami Vishnu nach 2 oder 3 Tagen wieder.

Es ist unnötig zu erwähnen, dass Guruji deutlich den künftigen Weg seines Schülers sah und versuchte, ihn auf seine Rolle eines weltberühmten Yogameisters vorzubereiten. Das Wissen eines Schülers über sich ist begrenzt, aber das Wissen des Meisters ist vollkommen und unfehlbar.

Swami Chaitanyananda
Uttar Kashi, India

Swami Vishnus Rückkehr war nur von kurzer Dauer. Seine Stimmung hatte sich nicht geändert.

„An dem Tag, als ich in den *ashram* zurückkehrte, begann die Arbeit von neuem, dieses und jenes und dieses. Der Meister sah mich an und wusste, was mit mir los war. Das war der Zeitpunkt, wo mein Ego einen gefährlichen Grad erreichte. Es ist wie Fieber, weißt du. Es steigt auf 41 Grad und wenn es noch höher steigt, bringt es den Menschen um. Am Abend nahm ich die Laterne und wollte wie immer meine Arbeit machen und den Meister zum Büro, zum *satsang* begleiten. Er sagte: „Vishnu Swami, ich brauche deine Dienste nicht mehr." Er rief einen anderen Swami herbei, der meine Arbeit übernehmen sollte. „Du kannst gehen und meditieren. Ich brauche deine Dienste jetzt nicht, jemand anderes wird es tun." Das war ungefähr um 8 Uhr abends.

Weißt du, was das bedeutete? Es war der größte Schlag meines Lebens. Solche Worte von meinem Meister zu hören, war nicht einfach. An diesem Abend ging ich weder zum *satsang* noch zur Meditation. Ich hatte bisher noch nie gefehlt, ich war immer beim Meister gewesen, aber heute Abend kam ein anderer Swami und begleitete ihn. Ich war noch in dem kleinen Zimmer in seinem Haus, in dem ich wohnte. Ich schrieb eine Notiz: „Ich gehe weg."

In dieser Nacht verließ ich den *ashram*. Ich hatte nur ein Kleidungsstück, ein kleines Gefäß und eine Decke, aber ich ging direkt in die Berge des Himalayas. Ich ging ungefähr 15, 16 Meilen quer durch das Dickicht und verbrachte die Nacht in der Nähe eines Dorfes. Der Schock saß tief. Es war der größte Schock, den ich jemals hatte. Ich liebte meinen Meister sehr, ich liebe ihn immer noch sehr.

Irgendwie hatte ich ihm missfallen, bewusst oder unbewusst. Vielleicht war ich noch nicht soweit, ihn zu verstehen, aber er hatte mir eine Strafe auferlegt, die ich an diesem Tag nicht ertragen konnte, die größte Strafe.

Von nun an begann eine neue Dimension meines spirituellen Lebens. Es gab keine Unterstützung oder Schutz durch den Lehrer mehr. Ich war alleine, versuchte, Antworten zu finden und hatte immer noch den vollkommenen Glauben an meinen Meister im Herzen. Ich vergaß ihn nie, ich dachte mehr an ihn als jemals zuvor. Aber das Leiden war gegenwärtig. Mehr als 1 Jahr war ich auf Wanderschaft als Pilger.

“

*

Swamiji begann ein Leben als Wandermönch. Es war nicht einfach. Er hatte kein Geld und nur das, was er bei sich trug. Swamijis Cousin erzählt uns, was er durch die Geschichten, die Swamiji ihm erzählte, über diese Zeit erfuhr:

Es gab immer jemanden, der ihm half, da es deutlich sichtbar war, dass er ein Heiliger war. Mitten im Sommer besuchte er Dwaraka im Staat Gujarat. Es waren 45 Grad im Schatten ohne Vegetation oder schattige Bäume. Sogar Trinkwasser war sehr knapp. Er erfuhr, dass es einen Tempel gab, in dem 5 *Sadhus* (Wandermönche) jeden Mittag nach der *puja* bewirtet wurden. Nach einem Bad im Meer ging er zu diesem Tempel, um etwas zu essen zu bekommen, aber der Priester sagte ihm voller Hochachtung, dass „*biksha* an diesem Tag schon vorbei sei“. Am nächsten Tag ging er etwas früher zu dem Tempel, aber ach, es erging ihm genauso wie am Tag zuvor. Mittlerweile war er durch den Hunger, den Durst und das heiße Wetter vollkommen geschwächt. Er fand einen stacheligen Baum, der ihm etwas Schatten spendete, setzte sich unter ihn und begann zu dösen.

Jemand rüttelte ihn wach und gab ihm ein Paket mit Erdnüssen. Er aß sie gierig, hatte seit zwei Tagen nichts gegessen. Als ihm bewusst wurde, dass er seinem Wohltäter nicht gedankt hatte, war der Mann bereits verschwunden.

T.L. Nail, Bombay, India

*

Nachdem er ein Jahr herumgewandert war, kehrte Swamiji in den Sivananda Ashram nach Rishikesh zurück. Er blieb weitere sieben Jahre, diente seinem Meister und bereitete sich auf die nächste Phase seines Lebens vor.

Take a hold of each day, as if it were the last day, and utilize every second in prayer, meditation and service.

Swami Sivananda

Die erste Zeit

1957, nachdem seit Swamijis Ankunft im *ashram* in Rishikesh 12 Jahre vergangen waren, teilte ihm Sivananda mit, dass es an der Zeit sei, zu gehen: „Vishnu Swami, Du musst nach Amerika gehen. Die Menschen dort warten darauf, dass Du ihnen Yoga beibringst." Mit dem Segen des Meisters und 10 Rupien (etwa 1 Dollar) machte sich Swamiji auf den Weg. Er hatte Indien vorher noch nie verlassen. Er hatte die meiste Zeit seines Lebens entweder an seinem Heimatort innerhalb eines Radius von 10 Meilen oder im *ashram* in Rishikesh gelebt. Er wusste nichts über das Leben im Westen.

Er erzählte uns öfter, dass er in den Westen kommen musste, weil sich dort viele spirituelle Seelen reinkarniert hatten. Im Westen war es viel einfacher, ein spirituelles Leben zu führen. Das erschien manchen von uns widersprüchlich. Wir dachten, dass man in den Osten gehen, einen Lehrer finden und in einer Höhle sitzen müsste. Swamiji erklärte, dass man im Westen nicht so hart und lange arbeiten müsste, um das zu bekommen, was man für ein einfaches, gesundes Leben bräuchte. So hätten die Menschen eine Menge Zeit, um sich spirituellen Dingen zu widmen. Wenn du im Osten geboren bist, in der Dritten Welt und in Entwicklungsländern, verbrauchst du die meiste oder deine gesamte Zeit mit dem schlichten Versuch, zu überleben.

Swamiji reiste nicht direkt nach Amerika. Er nahm Umwege, ließ sich davon leiten, wo er als nächstes hinkommen konnte, hatte aber immer Amerika als Ziel vor sich. Er machte Schritt für Schritt, ohne zu wissen, wie er zum nächsten kommen sollte. Er hatte einfach Vertrauen, dass er dort, wo er ging, auch sein Ziel erreichen würde. Bei jedem Aufenthalt half ihm jemand dabei, meistens ein Schüler von Sivananda, einige Yogakurse zu organisieren, so dass er Geld für ein Ticket zum nächsten Ort auf seinem Weg hatte.

> ” Ich hatte nur meinen Pass, kein Geld, keine Gönner und eine lange Reise nach Ceylon, Singapur, Malaysia, Hong Kong und Australien vor mir. Ich kannte keinen einzigen Menschen. Endlich kam ich Ende 1957 in San Francisco an. Zum ersten Mal verbrachte ich Neujahr und meinen Geburtstag außerhalb Indiens. Dieses Weihnachten verbrachte ich in Oakland mit dem ersten Paar, das ich je kennengelernt hatte. “

Dieses Ehepaar, Mrs. und Mr. McRury, fuhren Swamiji jeden Tag nach San Francisco, wo er Yoga unterrichtete. Swamiji entschied, dass er selbst fahren lernen wollte. Auf seiner Reise hatte der Polizeichef in Malaysia Swamiji einen internationalen Führerschein ausgestellt, da „jeder in Amerika einen Führerschein hat". Swamiji kaufte sich ein altes Auto und brachte sich selbst auf einem Parkplatz das Fahren bei. Er fuhr nach Los Angeles, wo die medizinische Fakultät der UCLA (Universität) ihm 50$ pro Tag für verschiedene Tests zahlte, denen er sich unterzog. Mit diesem Geld fuhr er quer durch die Vereinigten Staaten, das Ziel war New York. In seiner Vorstellung stand New York stellvertretend für Amerika. Es war der Ort in den USA, von dem jeder in Indien schon einmal gehört hatte. Er wollte sich dort auf Dauer niederlassen.

Mit einem Umweg über Ostkanada, wo er unterwegs Yogakurse in Ottawa und Montreal unterrichtete, erreichte er endlich New York und begann dort im Herbst 1958 zu unterrichten. Viele seiner damaligen Schüler haben liebevolle Erinnerungen aus jenen ersten Tagen.

*

Schüler:

Gerade als ich mich für etwas Bewegung bereit fühlte (ich wusste nicht, dass Yoga viel mehr war als das!), erzählte mir ein Freund, dass Indiens größter Hatha Yoga Lehrer in New York angekommen sei. Und so begann meine erste Stunde mit Swamiji. Er saß kreuzbeinig auf dem Bett in seinem billigen Hotelzimmer, damit ich auf dem Boden Platz hatte. Mit seinem gelben Schreibblock auf dem Schoß schrieb er sein „*Großes Illustriertes Yoga-Buch*". Es war mir kaum bewusst, dass meine Spende, die ich geben würde, darüber entscheiden könnte, ob Swamiji an diesem Tag essen würde oder nicht. Dann kamen die Kurse in billigen Proberäumen am Broadway, Studios unterm Dach und anderen erschwinglichen Orten, bis das erste feste Sivananda Yoga Vedanta Center in der East 20th Street angemietet wurde.

In dieser ersten Zeit denke ich liebevoll an die Wochenenden zurück, die Swamiji in unserem Haus auf dem Land verbrachte: meine Freunde, die von meinen Yogaübungen hörten, fragten mich nur, ob ich auf meinem Kopf stehen oder auf einem Nagelbett liegen könnte; Swamiji, der nach einer einstündigen Cocktailstunde mit hors d'oeuvres, gerade als das Dinner angekündigt wurde, ausrief: „Wie, das war noch nicht alles?"; das Haus voller Gäste, die protestierten, dass sie wohl kaum auf dem Kopf stehen könnten und Swamiji sie prompt in den Kopfstand stellte, in einer Reihe auf unserem Steg!

Sylvia K
New York, NY

Ich glaube, es war zu Beginn des Jahres 1959, als ich an einer Veranstaltung über biologisches Gärtnern in der Carnegie Hall teilnahm. Neben mir saß eine Frau, die den ganzen Abend von einem Mann schwärmte, der sie lehrte, richtig zu atmen. Sie war so inspirierend, dass ich mir alle Informationen geben ließ, die nötig waren, um diese Person zu kontaktieren. Die folgende Woche machte ich einen Termin mit diesem Mann aus, der sich Swami Vishnu nannte. Wir wollten uns in einem Zimmer in einem Hotel in der 23sten Straße in New York treffen. Mein Mann und meine 5-jährige Tochter begleiteten mich auf meiner Fahrt von Long Island nach Manhattan.

Nachdem ich Swamis Zimmer gefunden hatte, klopfte ich an und er öffnete die Tür. Wir konnten sehen, dass in den Raum kaum 3 Leute passen konnten, er war so winzig. Der Swami war ein junger Mann, dunkelhäutig und hatte ein warmes Lächeln. Mein Mann, der sehr misstrauisch war, ging zielstrebig durch den Raum und setzte sich. Swamiji bot meiner kleinen Tochter einen Apfel an und fand für sie einen Platz in einer Ecke. Dann sagte er, dass ich mich mit dem Gesicht nach oben auf den Boden legen sollte und begann, mir Atemübungen und ein paar einfache Asanas beizubringen. Auf diese Art trafen wir uns noch einige Wochen lang. Damals wurde gerade das erste Yoga-Zentrum nur einige Häuserblocks weiter eingerichtet.

Als unsere Sitzungen wegen der Sommerferien zu Ende gingen, fragte ich Swamiji, wieviel ich ihm schuldete. Er sagte, ich solle auf mich achtgeben und wenn jemand irgendwann von mir Geld wolle, um für Dienst und Wissen bezahlt zu werden, sollte ich schleunigst in die andere Richtung laufen! Er sagte, ich könne nach der Veröffentlichung sein Buch kaufen.

Goodman, New York, NY

Swamiji konnte nicht in New York bleiben, da er die amerikanischen Einreiseverfahren nicht klären konnte. Er ging nach Kanada und überließ seinen etwas fortgeschritteneren Schülern das neue Zentrum. Die kanadische Politik war für ihn günstiger, wahrscheinlich weil er aus einem Land des British Commonwealth stammte und vielleicht auch, weil eine seiner ersten Schülerinnen Mrs. Massey, die Schwiegertochter des kanadischen Generalgoverneurs, war. Unterstützt von einigen Jesuitenpriestern wurde er kanadischer Einwanderer. Er ging zurück nach Montreal und begann 1959 dort zu unterrichten. Für den Rest seines Lebens war Montreal und später sein Ashram in Val Morin, 50 Kilometer nördlich der Stadt, sein Hauptstützpunkt.

Swamiji erzählte oft die Geschichte seines ersten Jahres in Montreal. Die Kurse liefen gut im Frühjahr, es kamen viele Schüler. Im Sommer sank plötzlich die Anzahl der Schüler dramatisch. Als er nachfragte, wo denn alle seien, erfuhr er, dass alle im Laurentiangebirge, nördlich der Stadt, in den Ferien waren. Da er sich grundsätzlich nicht abschrecken ließ, beschloss er, seinen Unterricht dorthin zu verlegen, wo sich seine Schüler aufhielten.

„ Das 1. Yoga-Camp führte ich 1959 in St. Hippolyte, nicht weit von Val Morin, durch. Es war ein kleines Häuschen, das den Eltern eines meiner Schüler gehörte. Es gab kein fließendes Wasser, nur zwei Außentoiletten und ein Häuschen.

Wir nahmen einen Abfalleimer, schnitten ein Loch hinein, befestigten ihn im Wipfel eines Baumes und füllten ihn dann mit Wasser, um uns zu duschen. Es gab oben im Haus nur einen Raum. 15 Frauen schliefen in dem kleinen Dachgeschoss, die Männer schliefen auf der Veranda in der kalten Witterung der Laurentianberge.

Das erste Mal dauerte das Camp 3 Wochen. Als ich sah, wie die Leute, die hierher in ihren Ferien ins Camp kamen, ihren ganzen Luxus, Komfort und Bequemlichkeiten hinter sich ließen, um hier im Dachgeschoss und auf der kalten Veranda zu schlafen, öffnete sich mein Herz. Ich wusste, dass es trotz der materialistischen Einstellung im Westen Menschen gab, die sich einer inneren Welt zuwenden konnten. Sie wussten, dass es mehr gab als die Jagd nach materiellen Objekten, sie nahmen harte Disziplin auf sich. Ich erkannte, dass es hier einen fruchtbaren Boden gab, um yogischen Samen zu säen. Ich wusste, dass noch nicht einmal indische Schüler so diszipliniert wären. Sie würden das, was diese Schüler hier machten, nicht tun.

In Indien gehen die Menschen in einen *ashram*, um sich segnen zu lassen und von Pfauenfedern berührt zu werden. Das ist alles, was sie tun. In Indien schmücken sie mich von oben bis unten mit Blumengirlanden, sie verehren mich wie einen Gott oder einen Engel, aber wenn ich von ihnen erwarte, dass sie einer bestimmten Disziplin folgen, kommt keiner zu mir. Ich vollbringe keine Wunder. Mir sind Pfauenfedern egal. Ich möchte, dass ihr alle auf euren eigenen Füßen steht, um an eurem *karma* zu arbeiten. Das kann ich euch zeigen. Und das fand ich im Westen.

“

Durch dieses erste 3-wöchige Retreat entstand die Idee, Yogaferien anzubieten. Anstatt der üblichen Art von Ferien auf der ständigen Jagd nach verschiedenen Vergnügungen bot Swamiji den Menschen die Möglichkeit zur intensiven Yogapraxis, zum wahrhaften Lernen durch Praktizieren. Nach und nach eröffnete er 5 Ashrams: Das Hauptquartier in Val Morin, Quebec; in den Catskills in Woodbourne, New York; zu Füßen der Sierra in Grass Valley, Kalifornien; auf Paradise Island, Bahamas und in Trivandrum, Kerala, in Südindien, auf einem Hügel mit Blick auf einen See. Interessanterweise liegt jeder von Swamijis *ashrams* in einer bergigen Landschaft (außer dem *ashram* in Nassau, der sich auf einer flachen Koralleninsel befindet), ähnlich wie der Sivananda Rishikesh *ashram* am Fuße des Himalaya.

*

Schüler:

„**Meine Familie** ist mit Swami Sivananda und der *Divine Life Society* in Rishikesh verbunden. Mein Vater verbrachte zwischen den 1930ern und 1940ern 10 Jahre mit Sivananda. Später kehrte er nach Südindien zurück, nahm *sannyas* und arbeitete mit armen Dorfbewohnern. Auch mein Mann und ich trafen Swami Sivananda 1961 in Rishikesh. Ich hatte von Swami

Vishnu-devananda gehört, als ich noch in Indien war, dass er ein Schüler Sivanandas sei und im Westen, in Amerika lebte.

1993 reisten mein Mann und ich nach Amerika, um unsere Tochter zu besuchen. Sie schlug vor, irgendwohin zu fahren und ich sagte, dass ich gerne Swami Vishnu-devananda sehen wollte. Wir fanden heraus, dass er im Sommer nach Val Morin zurückkehren wollte, also fuhren wir im Juni dorthin.

Ich hatte das Gefühl, dass sich der *ashram* in Val Morin kaum vom *ashram* in Rishikesh unterschied. Wenn ich morgens aufwachte und die Augen öffnete, hatte ich oft das Gefühl, in Rishikesh zu sein.

Saraswati Devi
Südindien

*

Menschen aus aller Welt und allen Berufen kamen in die ashrams, um zu lernen, was Swamiji lehrte. Wenn sie nach Hause zurückkehrten, fühlten sie sich gesünder, friedlicher und durch die Erfahrungen erhoben:

Yoga-Camp im Jahre 1963. Die Yogahalle war eine winzige Wellblechhütte ohne Fenster. Die Temperatur in diesem Sommer betrug ca. 50 Grad Fahrenheit. Alle Gäste wechselten sich bei der Küchenarbeit ab, beim Tischdecken, beim Säubern des Esszimmers und beim Geschirrspülen. Swamiji begann jeden Tag in der Yogahalle mit einer kurzen Meditation und langem, lautem Rezitieren von *OM*. Wie konnten wir die Kraft der Schwingungen verstehen, die er für die künftigen Jahre aufbaute?

Swamiji lehrte Atemübungen, Augenübungen und 4 Yogastunden *asanas* pro Tag – je eine für Anfänger und für Fortgeschrittene morgens und nachmittags. Er ging in seiner Badehose und seinem T-Shirt hin und her, manchmal auf den Füßen und manchmal auch auf den Händen! Er gab alle Vorträge selbst. Eines abends führte er das ganze Camp in einen nahegelegenen französischen Nachtclub. „Letzten Endes sind diese Menschen erst Anfänger“, sagte er. „Man kann nicht erwarten, dass sie ihren Geist ständig in spirituellen Höhen haben. Man muss ihr Interesse wecken.“

An einem Nachmittag rief Swamiji uns zu einem „kleinen Spaziergang".

„Sollen wir Schuhe anziehen, Swamiji?"

„Nein, die braucht ihr nicht. Ihr könnt ohne Schuhe kommen."

Und dann kam eine lange Wanderung, wir kletterten bergauf und bergab, verirrten uns in den Wäldern, wandten uns hier und dorthin, über Stock und Stein und kamen endlich in gehobener Stimmung zurück ins Camp, besonders diejenigen, die sich solch eine Wanderung nie zugetraut hätten, was Swamiji genau wusste!

Swamiji stimmte nur widerwillig zu, einen geringen Betrag festzusetzen, denn es gab kein Geld, um das Camp durch zu führen, da die Gäste oft nur 1 Dollar pro Tag gaben oder manchmal auch gar nichts. In seinem Herzen hatte er nie den Grundsatz aufgegeben, dass sich Yoga weder kaufen noch verkaufen ließ. Er hatte noch nie jemanden weggeschickt, der ernsthaft Yoga lernen wollte oder Hilfe brauchte, unabhängig von Geld.

Sylvia K
New York

Meine engsten Kontakte mit Swamiji hatte ich im *ashram* in Val Morin in Kanada. Ich fuhr zwischen den 1960ern und 1970ern jedes Jahr ins Camp. Einmal fragte mich Swamiji während der Yogastunde am Nachmittag, wie mir das Üben der Asanas gefalle. Ich antwortete, es sei wie die alte Listerine-Reklame: „Ich hasse es 2x am Tag." Ich wusste immer, wie ich ihn zum Lachen bringen konnte.

Einmal, als ich mich verabschiedete, um nach New York zurückzukehren, fragte er mich, wie mir der Aufenthalt im Camp gefallen habe. Ich sagte ihm, dass ich in den letzten 2 Wochen an nichts anderes gedacht hatte, als nach Hause zurückzukehren. Er sah enttäuscht zu Boden, bis ich hinzufügte, dass ich die nächsten 50 Wochen zu Hause an nichts anderes denken würde als an meine Rückkehr nächstes Jahr. Ihr hättet das Lächeln auf seinem Gesicht sehen sollen!

Thomas Zepler
Brooklyn, NY, USA

Meine spätere Frau Theresa überredete mich, sie in den *ashram* nach Val Morin zu begleiten, wo wir am 1. August 1967 ankamen. An diesem Tag, nachdem ich Swamijis Vortrag über das Übel des Rauchens und die Vorteile des Vegetarismus gehört hatte, gab ich für immer das Rauchen auf und wurde Vegetarier, obwohl ich über 30 Jahre Pfeife, Zigarre und Zigaretten geraucht und immer Fleisch gegessen hatte.

Ich schulde Swamiji ewigen Dank, da ich überzeugt bin, dass ich ohne ihn mein gegenwärtiges Alter von 91 Jahren in guter Gesundheit nicht erreicht hätte.

Leo Silverstein
New York, NY, USA

Einmal war eine Frau hier, eine Berühmtheit. Wir saßen alle zusammen mit Swamiji, sagten ihm, wie großartig das Camp war und wie sehr wir davon profitierten. Ziemlich viele Menschen kamen, weil sie physisch krank waren. Viele kamen mit anderen Problemen. Die elegante Dame aus New York setzte sich zu uns, als wir unsere Sorgen und Nöte erzählten und sagte in arrogantem Ton: „Also ich bin glücklich. Ich habe keine Probleme." Swamiji wusste, dass sie sehr privilegiert und auch sehr talentiert war. Er schaute ihr direkt in die Augen und sagte: „Wenn Sie keine Probleme hätten und vollkommen glücklich wären, dann wären Sie nicht hier."

Neela Devi
Washington, DC, USA

Ich werde nie das erste Mal vergessen, als ich Swami Vishnu getroffen habe. Mein Mann und ich kamen Weihnachten zum ersten Mal etwas ängstlich ins Yogaretreat auf Paradise Island. Wir verliebten uns bald in dieses innere Gefühl des Friedens, ins Yoga und in diese unglaublich schöne Umgebung. Wir konnten es kaum abwarten, 4 Monate später zum Osterretreat zurückzukehren, wenn Swami Vishnu dort sein würde.

Ein Gast des Retreats schlug uns vor, inzwischen bei einem alten ehrwürdigen Yogi in New York City zu studieren. Frisch, eifrig und enthusiastisch gingen wir dorthin. Wir begannen, an seinen Yogakursen teilzunehmen, die anstrengend und anregend waren. Dann sagten wir ihm, dass wir *pranayama* und Meditation lernen wollten. Er nahm uns mit in seinen privaten Meditationsbereich und sagte, es würde jeden von uns 50 $ für *pranayama* und 50 $ für die Meditation kosten. Dafür würde er mit uns arbeiten, solange es notwendig war. Unnötig zu sagen, dass das unsere Begeisterung ganz schön dämpfte. Schließlich bot der gerissene alte Yogi einen *pranayama* Kurs zu einem vernünftigen Preis für alle an, an dem wir dann auch mit Neugier, Misstrauen und Vorbehalten teilnahmen.

Mit dieser Erfahrung im Hintergrund fuhren wir zum Osterretreat ins Yogacamp. Eines Nachmittags wurde mit großer Aufregung angekündigt, dass Swami Vishnu eine *pranayama* Stunde für alle Gäste geben würde. Alle versammelten sich am Tennisplatz, es waren mindestens 100 Menschen. Es war eine großartige Atmosphäre von Vorfreude und freudiger Erregung.

Swami Vishnu kam geschäftig herbei und brachte eine enorme Energie mit sich. Die Stunde erstaunte uns sehr. Er konnte uns gar nicht genug geben, seine Großzügigkeit überschwemmte uns geradezu. Er wollte uns soviel wie möglich beibringen. Er leitete uns zu *kapalabhati* (Schnellatmung) und *anuloma viloma* (Wechselatmung) an und machte mit fortgeschrittenen Praktiken weiter. Mein Mann und ich waren überwältigt. In einer zweistündigen Sitzung hatten wir mehr gelernt als in der ganzen Zeit mit diesem anderen Yogi. Welch ein Unterschied! Wie Tag und Nacht!

Swami Vishnu überflutete uns. Anstatt Schüler zu sein, die versuchten, aus einer unwilligen Quelle Wissen für sich herauszuziehen, waren wir nun Schüler mit dem vergnüglichen Problem, dass wir nicht wussten, wie wir alles behalten sollten. Vom Hungern zum Festmahl! Es war alles da, für uns bereit, uns angeboten, mehr noch, es wurde uns überreicht! Wir hatten uns gemausert von Cinderella zu willkommenen Gästen am Tisch der sprichwörtlich jüdischen Großmutter: Wieviel wir lernen konnten, hing nur von unseren Möglichkeiten ab, wieviel wir aufnehmen und behalten konnten.

Martha Gunzburg
New York, NY, USA

Wenn der Schüler bereit ist, wird der Lehrer kommen und manchmal werden wir zu unserer Bestimmung an die unglaublichsten Plätze geführt.

Ich traf Swami Vishnu das erste Mal 1963. Ich nahm Yogaunterricht im YWCA in New Haven, Connecticut. Unsere Lehrerin war exzellent. Ich war sehr beeindruckt von ihrer Art, uns zu vollkommener Entspannung zu führen. Wo hatte sie das gelernt? „Oh", antwortete sie, „geh da bloß nicht hin. Es ist ein kleiner Ort, abseits gelegen in Kanada. Man kann abends nichts machen, keine Nachtclubs, kein Tanzen!" Also fuhr ich zum Yoga-Camp nach Val Morin in Quebec. Ich nahm einen Turnanzug und ausgefallene Klamotten mit. Wenn es nichts war, wollte ich nach Maine an die Strände fahren.

Offen gestanden war ich nicht vorbereitet auf meinen Empfang an der Rezeption des Camps. Swamiji, ein kleiner, dunkler Mann in roten Badesachen, saß auf seinem bevorzugten Felsen und unterhielt sich mit einem Gast. Er sprang auf und rannte barfuß den Hügel hinunter, und alles, um mich zu begrüßen. Eines der Dinge, die mich am meisten beeindruckten, jetzt und später, war die Tatsache, dass er mich nie fragte, was ich im Leben so machte oder halt eine andere dieser typischen Fragen, die wir für selbstverständlich halten. Er nahm die Menschen einfach, wie sie waren.

Er sagte mir, dass das neue Gebäude fertig sei, aber noch keine Toiletten habe. Ich könne auch in einer kleineren Hütte schlafen, wenn ich das bevorzugen würde. Es war nicht das Hilton. Später stellte ich fest, dass meine Zimmergenossin ein Gesundheitsfreak war, die die ganze Nacht aufblieb, auf Karotten herumkaute und ständig ins Bad lief, um verschiedene innere Reinigungen zu machen. Nach einer Nacht auf einer Matratze, die sich wie ein Eierkarton anfühlte, hatte ich mich entschlossen, am nächsten Morgen nach Maine zu fahren.

Ich ging Richtung Yogahalle zur Morgenmeditation. Swamiji war von seiner Hütte den Hügel hinaufgeklettert, immer noch in seinen roten Hosen, aber er hatte einen orangen Umhang darüber. Während er sich auf der Bühne niederließ, sah ich mich um. Alle hatten die Auge geschlossen, also machte ich es genauso. Und der Rest, wie man so sagt, ist Geschichte.

Swamiji war allgegenwärtig, schlüpfte aus seiner Meditationsrolle als spiritueller Führer, indem er von der Bühne sprang und uns *asanas* zeigte, die er in Perfektion vorführte. Er wirbelte durch den Raum und zog eine Wolke von besänftigender Energie hinter sich her. Man war fast versucht, einen Fehler zu machen, nur um seine Aufmerksamkeit zu gewinnen. Und immer war auch gute Laune mit dabei. Es war noch gar nichts, wenn man Mrs. Reyser kreischen hörte: „Swami, Swami, nicht weggehen", als sie im Handstand schwankte und Swamiji sagte: „Ich bin ja hier", während er wegging und sie mitten in der Luft hängenließ.

Wir aßen alle zusammen, Swamiji am oberen Ende des Tisches. Eine meiner ersten lebhaftesten Erinnerungen ist, als er mir einen Teller voller Essensreste gab und mir sagte, ich solle damit den Hügel hinuntergehen und die Ziege füttern. Wer? Ich? Eine Starerzieherin aus Connecticut sollte sich mit Kiddie, seiner Hausziege, beschäftigen? Wir mussten vorsichtig bei Kiddie sein, aber Swamiji balgte mit ihr herum und tat so, als würden sie mit den Köpfen zusammenstoßen, um sich dann umzudrehen und von Kiddie gejagt zu werden.

Swamiji war spielerisch, manchmal fast wie ein Kind. Er nannte uns nie bei unseren richtigen Namen. Ich war „Kon-nek-ti-kut" oder „New Heaven". Wie ich mich danach sehnte, dass er mich Alice nannte. Als er es endlich tat, tat es mir leid, denn jetzt hieß es: „Alice mach dies, Alice mach das."

Das Leben mit Swamiji war nicht nur Spaß und Spiel. Er lehrte Karma Yoga, den Yoga des selbstlosen Dienstes. Wir hatten eine Menge Arbeit auf dem Camp. Swamiji praktizierte, was er predigte. Er kam und half, schleppte, zog und hackte. Ich bemalte alles, was sich nicht bewegte. Jeder half in der Küche. Die Mahlzeiten waren oft weniger üppig, wenn wir bei dem Kaufmann am Ort Schulden hatten. Swamiji war sehr, sehr großzügig und hätte nie jemanden abgewiesen. Da die Spenden für den Aufenthalt vollkommen freiwillig waren und sehr schwankten, war es nicht einfach, die Finanzen zu verwalten.

Am letzten Morgen meines Aufenthalts saß ich in der Meditation. Tränen standen in meinen Augen. Swamiji sah meinen Kummer und beauftragte jemanden, eine Dose Kekse für mich einzupacken, wie um ein kleines Kind glücklich zu machen. Als ich die Straße entlangfuhr, wurden die traurigen Tränen zu Freudentränen als ich sang: „*Om Namah Shivaya*". Ich war glücklich, dass ich Yoga entdeckt hatte.

Alice Frazier
Woodmont, CT

Friedensmissionen

Swamiji war ein großer Aktivist für den Weltfrieden. Von 1950 an suchte er ständig nach Wegen, die Aufmerksamkeit der Menschen auf den Weltfrieden zu lenken und praktische Wege aufzuzeigen, diesen Frieden zu erreichen. Er war immer auf der Suche nach einer Möglichkeit für eine neue Friedensmission.

Sein häufigster Weg, die Aufmerksamkeit der Menschen zu erregen, waren die Friedensmissionen in seinem „Friedensflugzeug" – erst eine Doppeldecker Piper Apache und später eine Ultraleichtmaschine. Er flog über die Unruheherde der Welt, oft unter großem Risiko für ihn selbst und „bombardierte" diese Orte mit Flugblättern und Blumen. Durch diese Flüge wurde er als „Der fliegende Swami" bekannt.

Warum tat er das? Was brachte ihn wiederholt dazu, sein Leben und seinen Ruf zu riskieren? Er erklärte es folgendermaßen.

Im *ashram* in Nassau hatte ich eine machtvolle Vision. Sie erschütterte mich und noch Stunden nach dieser Vision konnte ich nicht klar denken. Ich erkannte, dass es die schwierigste Sache meines Lebens werden würde, wenn diese Vision Wirklichkeit würde. Ich hatte keine Ahnung, wie und wann es passieren würde. Eine Stimme sagte mir, dass ich fliegen würde. Ich hatte keine Ahnung warum, aber die Stimme sagte ja. Also flog ich einige Jahre trotz der ganzen Kritik („der Swami fliegt"). Besonders viel kritisiert wurde der Luxus eines privaten Flugzeugs. Immer noch verstand ich nicht wirklich, warum ich fliegen sollte. Ich dachte, vielleicht für Freiheit, vielleicht gegen den Krieg. Aber jetzt sehe ich, dass all die Jahre der Fliegerei nur einen Zweck verfolgten: die Begrenzungen von Pässen und Visa zu durchbrechen. Am Boden können die Posten dich an der Grenze stoppen, aber wenn du hoch oben in der Luft bist, kann dich niemand stoppen. Entweder müssen sie dich abschießen oder sie müssen dich landen lassen. Keine Regierung hat da eine andere Wahl.

Und so kam die Mission, Grenzen zu überwinden. Es zeigte der Welt symbolisch, dass unser Planet klein ist. Entweder wir leben zusammen oder wir sterben zusammen. Es war die Zeit gekommen, dass Nationalismus und Patriotismus verschwanden und nur noch Einheit existierte. “

Swamiji bereitete seine Friedensmission in den ersten Monaten des Jahres 1971 vor, indem er seinen Flieger, eine Piper Apache, mit zusätzlichen Benzintanks und speziellen technischen Geräten für Langwellen ausstattete. Auch die Außenseite des Flugzeugs wurde vorbereitet. Peter Max, ein Künstler seiner Zeit, gab dem Äußeren einen hellen, poppigen Anstrich. Swamiji kreierte für sich und seine Reisegefährten einen „Planet Erde“ Pass, als Symbol dafür, dass sie nicht aus einem speziellen Land waren oder einer besonderen Nationalität angehörten. Der Inhalt seines Passes las sich wie folgt:

Name – Swami Vishnu-devananda, zufällig auf der Erde geboren
Geburtsdatum – unsterblich
Wohnort – Erde
Gewicht – nicht messbar
Größe – kurz so gut wie lang, groß so gut wie klein
Haar – schneeweiß
Augen – intuitiv
Momentaner Wohnort: Straße – Planet Erde; Stadt – Vaikuntha; Staat – Gott.

Sein erster Stop sollte Belfast in Nordirland sein, also mitten in einem unerklärten Bürgerkrieg, besetzt von britischen Truppen. Der Schauspieler Peter Sellers hatte versprochen, ihn in Dublin zu treffen.

„ Am 5. September kam Peter Sellers in das Hotel in Dublin. Wir hatten ein erstes Gespräch darüber, wie wir unsere Mission des Auflösens von Grenzen beginnen sollten. Der 8. September war dafür bereits ausgewählt. Es war ein besonderer Tag, der Geburtstag von Meister Sivananda. Deshalb wollte ich die Friedensmission am 8. September beginnen.

An diesem Tag war zufälligerweise auch der Geburtstag von Peter Sellers. Er versprach mir: „Swamiji, ich werde alles für Sie und die Friedensmission tun."

Also sagte ich: „Warum fliegen Sie nicht mit mir nach Belfast? Wir werden dort singen, Blumen und Flugblätter abwerfen und so die ersten sein, die ein Land friedlich bombardieren."

Er stimmte zu, wollte aber vorher mit seiner Frau, seinem Rechtsanwalt, seinen Geschäftsfreunden usw. sprechen. Wenigstens gab er eine vorläufige Antwort: er wolle versuchen, zu helfen. Ich sagte, wir könnten es am nächsten Tag entscheiden. Inzwischen könne er seine Presseagentur in London anrufen, um uns bei der Pressekonferenz in London zu helfen, die am nächsten Tag geplant war.

Am nächsten Tag flog ich von Dublin nach London. Ich kam am Flughafen in London an, wo alle unsere Mitarbeiter warteten. Es war ein wundervoller Tag. Die Presse-konferenz war gut besucht. Zuerst informierten wir vorab Öffentlichkeit und Presse. Die Presse fragte, ob Peter Sellers kommen würde und ich sagte: „Ja, er kommt und er kommt nicht", weil ich ihn nicht vorzeitig ankündigen wollte. Ich war ziemlich sicher, dass er sich noch mit seiner Frau austauschen wollte und ich wusste, dass etwas nicht stimmte.

Noch während der Pressekonferenz rief Peter mich an: „Swamiji, ich glaube nicht, dass es sich für mich lohnt, nach Belfast zu kommen. Mein Manager und meine Agenten meinen, dass es ein gefährliches Spiel sei, nach Belfast zu gehen, wo sie Leute aus London erschießen."

Er kam aus London und die Iren mögen die Londoner nicht. Sie hatten ihn also erschreckt. Er hatte Angst, erschossen zu werden, wenn er auf die Straße ging, daher hatten ihm seine Agenten davon abgeraten, nach Nordirland zu gehen. Also sagte ich: „O.K., wenn das Ihre Meinung ist, alles klar. Ich sehe Sie auf jeden Fall in Dublin, bevor ich nach Belfast fliege." Er wollte eigentlich kommen, aber die anderen hatten ihn so verängstigt, dass er nicht wusste, was er tun sollte.

Ich flog zurück nach Dublin. Peter hatte alles mit dem Hotel arrangiert und alle Kosten übernommen. Er kam ins Hotel und als er mich sah, sagte er: „Swamiji, ich glaube, ich habe meine Meinung geändert, ich möchte Sie begleiten."

„Ich glaube, dass Sie das Richtige tun", sagte ich, „aber denken Sie nochmal darüber nach, wegen der Gefahr auf den Straßen." Sie schossen dort tatsächlich auf jeden.

An diesem Abend kam ich von meinem Zimmer herunter in die Hotellobby. Peter Sellers saß dort mit einigen Leuten. Ich fragte: „Was machen Sie hier, Peter?"

„Oh, Swamiji", sagte er, „ich versuche, mein Testament zu machen." Er hatte seine Anwälte und Manager angerufen und sein Testament gemacht, falls ihm etwas passieren sollte. Siehst du, wie ernst er es meinte? Das war das Wesentliche, wirklich. Trotz des Risikos wollte er mitkommen.

Also sagte ich: „Peter, es wird Ihnen nichts passieren. Es ist Ihr Geburtstag und der Meister wird Ihnen auch helfen." Dann verabschiedete ich mich bis zum nächsten Morgen.

Wir trafen uns am Flughafen. Inzwischen hatte die Presse erfahren, dass Peter Sellers kommen würde, also waren sie auch alle da. Wir präparierten unsere „Bombe", um Belfast zu bombardieren: viele Blumen und extra gedruckte Flugblätter. Ich hatte einen Schüler voraus nach Belfast geschickt, um sicherzustellen, dass die Leute über unsere Ankunft informiert wurden, falls man uns abschießen würde.

Wir stiegen ins Flugzeug und versuchten, unsere Bombe herzurichten. Es war unsere erste Friedensbombe und wir wussten noch nicht so genau, wie wir alles machen sollten. Wir legten alles neben mein linkes Fenster, so dass ich die Blumen abwerfen konnte. Bren, mein Copilot, saß rechts neben mir. Wir flogen los und erreichten bald Belfast. Es war etwas neblig über der Stadt. Es gab einige Berge vor uns und als wir hinter den Bergen die Flughöhe senkten, konnte ich die Stadt im Halbnebel sehen. Ich hatte vor 2 Jahren an einem Friedensmarsch und einem Satsang in Belfast teilgenommen, so dass ich das Gebiet um Belfast ein wenig kannte. Aber aus der Luft war es ganz neu.

Wegen des Nebels konnte ich nicht viel sehen. Wie wollten erst das Rathaus bombar-dieren. Wir hatten keine gute Karte von Belfast, also musste ich mein Gedächtnis von vor 2 Jahren bemühen: „Es muss hier in diesem Gebiet irgendwo sein." Ich ging auf 330m hinunter, war mir aber immer noch nicht sicher, also rief ich den Kontrollturm von Belfast. Ich sagte ihnen, dass ich da und da sei und ob sie mir bitte sagen könnten, wie wir das Rathaus finden könnten?

Sie wussten, dass unser Flugzeug kommen würde, aber sie antworteten: „Wir können Ihnen diese Information nicht geben."

Also rief ich sie erneut an: „Charlie Fox hier. Können Sie uns bitte sagen, wo die Hauptstraße ist?"

Und wieder antworteten sie: „Charlie Fox, wir können Ihnen Ihren genauen Standpunkt nicht angeben. Geben Sie uns bitte Ihre Höhe und Ihre Geschwindigkeit an."

Ich antwortete: „Wir sind etwa 330m hoch", weil das die Grenze war, wir durften nicht unter dieser Höhe fliegen. Das ist die Regel. Ich war eigentlich etwas drunter. Ich dachte mir, dass wir momentan genau über dem Verwaltungsgebiet waren. Sie fragten mich weiter, zu welcher Zeit wir etwa wieder am Flughafen ankommen würden. Also sagte ich: „Ich werde mich wieder melden, gehe auf standby."

Endlich konnte ich die Hauptstraße erkennen. Bren begann, die Flugblätter zu richten. Peter saß rechts von mir. Ich brachte die Maschine etwas mehr in Position und tauchte Richtung Hauptstraße ab. Wir begannen, ganz Belfast zu bombardieren. Die Flugblätter und die Blumen flogen überall herum, sie waren überall! Es war ein wunderbarer Anblick, so als wären überall weiße Tauben.

Nach der Bombardierung riefen wir wieder den Tower: „Charlie Fox. Wir sind hier und hier. Bitte geben Sie uns Landeanweisungen." Und er gab uns eine Nummer der Landebahn, wo wir landen konnten.

Die Polizei und andere Beamte erwarteten uns schon. Aber plötzlich flogen Flugblätter von überall her auf die Landebahn. Wenn du das erste Mal bombardierst, weißt du nicht, wo die ganzen Bomben landen. Woher kamen diese ganzen Flugblätter? Wir sahen, dass sich einige im Rumpf des Flugzeuges verfangen hatten. Das war ein Verstoß gegen die Flugregeln, es war eine Gefahr für den Verkehr. Ich rief den Tower und sagte: „Nein, Sir, das ist keine Absicht. Einige Flugblätter, die wir abgeworfen haben, haben sich im Rumpf verfangen. Wir haben das nicht gesehen. Bitte melden sie das den Behörden, falls es ein Verstoß ist."

Die Beamten fragten nach unseren Pässen. Wir zeigten unsere „Planet Erde"-Pässe und sie waren sehr freundlich. Ein Offizier sagte: „Wissen Sie, Sie haben gegen die Regeln verstoßen. Es ist riskant, aus der Luft Flugblätter abzuwerfen."

Ich antwortete: „Ich weiß, Sir, aber Krieg ist ein größeres Risiko. Wir haben nur Flugblätter und Blumen abgeworfen."

Er sagte, es sei nur eine Formalität, aber er müsse uns verwarnen. Er musste seine Pflicht tun, das ist klar. Zollbeamte kamen und stempelten unsere Pässe, dann fragten sie nach Autogrammen von Peter Sellers und mir. Sie waren sehr höflich.

Danach mussten wir das Flugzeug etwas näher an den Zaun bringen, weil die Fernsehleute schon draußen warteten. Ich rollte das Flugzeug nahe an sie heran, so dass sie Aufnahmen machen konnten.

Peter Sellers und ich berieten uns und entschieden, in die Stadt zu fahren. Also nahmen wir ein Auto und sangen auf der Fahrt in die Stadt *Hare Ram* und *Sita Ram*, und „Jesus Krishna ist Dein Name" und „Liebe Deinen Nächsten wie Dich selbst". Das war unser Lied. Das sangen wir und warfen bei der Fahrt Flugblätter aus dem Wagen.

Unser erster Halt war der Ort, wo Soldaten standen, am Berührungspunkt von Katholiken und Protestanten, eine Art Niemandsland. Die Katholiken waren auf der einen Seite, die Protestanten auf der anderen. Vor 2 Jahren hatte ich hier schon gesungen, also hielten wir dort zuerst. Es gab eine große Menschenmenge, aber wir spürten keine Feindschaft. Sie rannten auf Peter Sellers zu und bekamen Autogramme. Es war eine wunderbare Szene. Wir verteilten Flugblätter an alle Leute, einschließlich der Soldaten.

Als nächstes fuhren wir zu den Eltern des 3 Monate alten Babys, das durch die Kugel eines Heckenschützen getötet worden war. Das war wirklich eine Tragödie für diese beiden jungen Leute, beide in den Zwanzigern. Zum Zeitpunkt der Schießerei war die 5 Jahre alte Schwester gerade mit dem Baby spazieren gewesen. Sie gingen die Straße entlang, als plötzlich eine Kugel das 5-jährige Mädchen streifte, aber nur an ihrem Kleid. Aber das 3 Monate alte Baby hatte weniger Glück. Es war sofort tot. Die 5-jährige brachte es tot nach Hause zurück.

Wir gingen ins Haus, ohne zu wissen, wie sie uns empfangen würden. Wir erkannten das Paar und sie erkannten uns. Es waren auch noch einige Leute aus der Gegend da. Wir beteten für ihren Frieden.

Der nächste Stop galt Ian Paisley, dem protestantischen Minister. Ich hatte ihn bereits 2 Jahre vorher getroffen, als er mich in seine Kirche eingeladen hatte. Diese Kirche wurde hauptsächlich für politische Zwecke benutzt, es gab dort keine spirituelle Atmosphäre. Einige amerikanische Geschäftsleute unterstützten die Kirche finanziell. Die ganze Kirche war verseucht mit politischen Gedanken. Menschen sind leichtgläubig und Paisley konnte sie manipulieren, ähnlich wie Hitler es gekonnt hatte. So militant. Aber dennoch, beim ersten Mal war er nett zu mir gewesen.

Dieses Mal fuhren wir zu seinem Haus, aber seine Frau sagte uns, er sei nicht zu Hause, sondern ins Parlament gefahren. Also gingen wir ins Parlament: Peter Sellers, ich und die ganze Truppe einschließlich den Zeitungsleuten. Alle rannten. Als wir ankamen, war er nicht da. Wir versuchten, den Premierminister zu erreichen, aber der war auch außerhalb der Stadt. Also setzten wir uns einfach hin und begannen *Hare Rama* zu singen. Nach 15 Minuten sahen wir Paisley ankommen. Wir gingen hinein, um ihn zu erwischen, aber er hatte ein Meeting mit einem Minister. Das Fernsehen war im Ministerium, also war alles, was er sagte: „Hallo, Auf Wiedersehen" und verschwand. Er wollte nicht mit uns reden, er hatte Angst. Also verließen wir Dublin am selben Tag. Das war unsere erste Friedensmission.

"

Den Rest seines Lebens organisierte Swamiji eine Friedensmission nach der anderen. Er sprach vehement gegen fanatische Gewalt und von Menschen gemachte Trennungen. Einige seiner Friedensmissionen wie 1971 der Flug von Tel Aviv nach Kairo oder 1983 der Flug über die Berliner Mauer in einem Ultraleichtflieger fanden ein großes Echo in der Presse. Andere verliefen fast unbemerkt. Es machte für ihn keinen Unterschied, er tat nur seine Pflicht. Die Resultate übergab er Gott.

*

Schüler:

Im November 1989 traf Swamiji Vorbereitungen für einen Besuch in Israel. Das war damals immer noch gefährlich. Die aufständige Palästinenserbewegung Intifada setzte in den besetzten Gebieten des Mittleren Ostens ihr tägliches Steinewerfen und ihre Unruhen fort. Aufgrund seiner Liebe zu den Menschen hatte Swamiji überhaupt keine Angst, diese Gebiete zu besuchen und mit seinen unvergleichlichen Blumen und Friedensflugblättern zu „bombardieren".

Drei Autos mit enthusiastischen (aber ziemlich nervösen) Yogaschülern kamen zusammen mit Swamiji an die Militärwache von Kalkiliya, einer kleinen Stadt am Westufer des Jordan. Die meisten unserer 16 Leute waren Israelis und sie waren nicht sicher, wie die Einwohner der Stadt auf sie reagieren würden. Es kamen schon negative Berichte in den Medien, die dazu aufriefen, diese Gebiete zu meiden. Aber Swamiji war bei uns und seine Gegenwart war wie ein Granitfelsen. Was konnte schon passieren?

Die Soldaten brauchten über eine halbe Stunde, alle Formalitäten zu erledigen und bald wurden wir von zwei Militärjeeps in die Stadt geleitet. In der Stadt fühlten wir eine ziemlich unheimliche Schwingung, ungeachtet der Ruhe der kafiya-gekrönten Araber, die langsam herumgingen. Nach einer Linkskurve und einigen Blocks die Straße hinunter parkten wir die Autos und betraten eine unbekannte Umgebung, eine potentielle Todesfalle. Die Straßen waren in kurzen Intervallen mit israelischen Soldaten mit schweren, gefährlichen Waffen besetzt. Uns wurde geraten, uns zu unserem Schutz nicht nur auf die Soldaten zu verlassen, da sie erst am Tag zuvor selbst Opfer von Steinewerfern geworden waren.

Als erstes betrat Swamiji eine Apotheke in der Nähe der geparkten Autos. Seine Überschwenglichkeit überrumpelte die Besitzer völlig und bald wurden Blumen und Flugblätter ausgeteilt. Glücklicherweise konnten sie gut Englisch und so konnte Swamiji seine Botschaft leicht mitteilen, die mit Freude aufgenommen wurde. Es war bereits eine Atmosphäre von Freundschaft und Liebe entstanden. Draußen auf der Straße führte Swamiji (der wegen seiner körperlichen Leiden Schwierigkeiten beim Gehen hatte) seine buntgekleideten Schüler – manche waren Swamis und trugen Orange, andere waren Brahmacharis und trugen Gelb – zu jedem Menschen, den er traf. Persönlich wurden Blumen gereicht und Flugblätter verteilt. Alle waren völlig überrascht. Aber es war klar, dass wir aufrichtig waren und es war offensichtlich, dass wir nicht die Typen waren, die Ärger verursachen. Nachdem einige Straßenblocks „erobert" waren, setzte sich Swamiji, gefolgt von seinen Schülern, auf eine kleine Verkehrsinsel mitten auf die Straße und begann laut für den Frieden zu singen. Soldaten schauten lächelnd zu, amüsiert und ungläubig.

Wenn man die Straße hinaufsah, konnte man die kraftvolle Schwingung spüren, die von Swamiji ausging. Man konnte kaum noch glauben, dass hier ein Schlachtfeld war. Als das Singen weiterging, näherten sich scheu zwei junge arabische Mädchen. Eine der beiden, eine Journalistin, beklagte sich, wie schlecht die israelische Regierung sie behandelte. In seiner liebenswürdigen Art schob Swamiji die Klagen beiseite und gab ihr eine Kopie vom „Großen Illustrierten Yogabuch". Interessiert begann sie darin zu blättern.

Swami Padmapadananda

In den 1970er und 1980er Jahren sprach Swamiji auch oft über die Bedrohung eines nuklearen Holocaust. Er erinnerte uns ständig daran, dass die Welt und unser Leben jeden Augenblick zu Ende sein konnte. Manche hielten ihn für mürrisch und trübsinnig, wenn er das tat. Aber er wollte uns nur zu mehr kraftvoller spiritueller Praxis anspornen, zu mehr sadhana. „Warte nicht bis morgen. Vielleicht gibt es kein Morgen. Beginne heute. Nutze jeden Augenblick."

*

Ich erinnere mich daran, dass ich während eines Yogaretreats bei Swamiji zum Essen eingeladen war. Nachdem wir uns gesetzt und uns gegenseitig begrüßt hatten, fragte ich Swamiji, ob ich ihm 3 Fragen stellen könne. Er brach in lautes Lachen aus und antwortete: „Natürlich." Meine erste Frage war: „Werden wir alle in einem nuklearen Krieg untergehen?" Er gab eine schnelle Antwort: „Wahrscheinlich." Die zweite Frage lautete: „Gibt es irgendeine Hoffnung?" Die Antwort war: „Ja, es gibt immer Hoffnung." Die dritte Frage war: „Was können wir tun?" „Wir können jedem Menschen helfen, der gerade da ist, einem nach dem anderen."

Bill Forster
Silver Springs, MD USA

*

1987, am 100. Geburtstag von Sivananda, reisten Swamiji und 60 andere Pilger nach Indien zur Sivananda Jahrhundertfeier. Der Höhepunkt der Reise war die Friedens-Mala, die Swamiji organisiert hatte. Wir wollten mit Tausenden von Menschen eine Menschenkette formen, die von Rishikesh, dem Ort von Meister Sivanandas ashram, bis zur heiligen Stadt Haridwar reichen sollte, eine Entfernung von 30 Meilen. Indem wir dabei das Mantra Om Namo Narayanaya sangen, wollten wir schützende Friedensenergie anrufen und damit den Weltfrieden fördern.

Hier einige Erinnerungen an diesen Tag:

Swamiji erzählte uns, der Tag der Friedens-*Mala* sei der wichtigste Tag in seinem Leben. Er sagte, wenn er erfolgreich verlaufen würde, betrachte er sein Lebenswerk als vollendet. Er hoffte, bald seinen Körper verlassen zu können, wie er uns sagte, aber er versprach, uns in seiner neuen Wohnstätte einen „mietfreien" Platz zu reservieren.

So war es im wahren Gefühl einer Mission, als wir an diesem Morgen früh aufstanden und Richtung Haridwar fuhren, wo wir das Ende der *Mala* bilden wollten, die in Rishikesh beginnen sollte. Wir erreichten Haridwar um 9.30 Uhr morgens und überquerten ein schmutziges Stück Niemandsland voller Matsch zu der berühmten Brücke über den Ganges. Man kann von dort die heiligen Badeplätze sehen. Während eines früheren Besuchs in Haridwar mussten wir uns an leprösen, verkrüppelten Bettlern vorbei kämpfen, jetzt mussten wir stundenlang mitten unter ihnen auf der Brücke bleiben. Die Aussicht war nicht nur entmutigend sondern geradezu erschreckend. Ich glaube, wir fragten uns alle nachdenklich: „Warum hat uns Swamiji hierhin geschickt? Warum können wir nicht in Rishikesh sein, wo es schön und sauber ist und wir von netten Menschen umgeben sind?"

Um 11 Uhr gaben wir uns die Hände und begannen zu singen. Gerade da kam die Sonne heraus und schien gnadenlos auf uns herab. Ich machte mir Sorgen, wieder einen Hitzschlag zu bekommen. Vorher auf der Reise hatte es mich wirklich umgehauen. Eine Anzahl von Bettlern reichte uns ebenfalls die Hände. Ich hielt die Hand eines kleinen, wunderschönen Mädchens. War sie eine Bettlerin oder einfach eine Streunerin? Und was ist der Unterschied zwischen einer Bettlerin und einer Streunerin? Schließlich bemerkte ich, dass sich uns außer den Bettlern niemand in Haridwar anschloss. Tatsächlich reichte die Kette kaum über die Brücke.

Hieß das, dass die *Mala* ein Misserfolg war? Wir hatten keine Ahnung. Vielleicht war sie an anderen Stellen erfolgreicher, vielleicht auch nicht. Jedenfalls hatten wir eine gute *shakti* (spirituelle Energie) beim Singen, trotz der Gruppe Bettler, die uns belästigten. Aber als sich mir eine Gruppe Leprakranker zuwandte und direkt vor mir stehenblieb, um sichmit mir zu unterhalten, wurde ich von Abscheu gepackt. Wie konnte ich für den Weltfrieden beten, wenn ich einfach nur wollte, dass sich diese Leprakranken davonmachten?

Dann um 11.40 Uhr erinnerte ich mich an die Limetten. Swami Sitaramananda hatte mir gesagt, dass ich genug für alle kaufen sollte, so dass wir sie aufschneiden und den Saft trinken konnten, um die Heiserkeit zu lindern. Ich verteilte die Limetten, als Swami Sitaramananda mich und einige andere Teilnehmer packte und uns zu einem Punkt am Ende der Kette brachte, wo die meisten Bettler und *sadhus* waren und der Gesang eher schwach.

Ich hatte keine Ahnung, wie ich helfen konnte, den Gesang an diesem Ende der Kette zu verstärken, da ich mittlerweile fast keine Stimme mehr hatte. Und ich wusste, dass ich die Sonne nicht länger ertragen konnte. Aber ich nahm meinen Platz ein. Ich hatte eine halbe Limette in meiner Tasche und presste sie in meinen offenen Mund aus. Ein Strahl Limettensaft traf meine Kehle wie ein Blitz. Plötzlich kam meine Stimme vollständig zurück, alle meine Erkältungssymptome verschwanden und ich sang *Om Namo Narayanaya* aus vollem Hals mit kristallklarer Stimme. Um mich herum hörte ich meine singenden Begleiter, auch ihre Energie hatte sich intensiviert. Außerdem hatte ich eine deutliche Empfindung von Kühle. Kleine kühle Brisen schienen uns zu umwehen. Das ging einige Zeit so weiter und währenddessen sangen wir mit einer ungeheuren Energie.

Es war mittlerweile 12.20 Uhr. Swamiji wurde jede Minute erwartet, er sollte die Mala von Rishikesh nach Haridwar entlangfahren. Eigentlich hätte er genau um 12 Uhr kommen sollen. Der Gesang endete bis auf eine kleine Gruppe und wir wurden von einigen wütenden Bettlern belästigt, die von uns etwas zu essen wollten. Erschöpft saß ich mit den anderen im Schatten eines nahegelegenen Verkaufsstandes und wir verschlangen gierig Erfrischungsgetränke. Die Moral war auf dem Tiefpunkt. Swamiji kam erst um 2 Uhr.

Weil sich Swamijis Ankunft in Haridwar derart verzögerte, fühlten sich einige von uns missachtet. Aber während der 3 Jahre, in denen ich das Privileg hatte, Swamiji zu kennen, war er noch nie auch nur entfernt pünktlich gewesen. Ich weiß, dass der Segen von heute noch in vielen späteren Leben bei mir sein wird, trotz oder vielleicht gerade wegen der Mühsal, die wir ertragen mussten. Und das ist bestimmt wichtiger, als pünktlich zu sein.

Saraswati
New York, NY

Mir wurde 1987 auf der Jahrhunderttour die Aufgabe des Kameramanns anvertraut. Am Tag der Friedens-*Mala* sollte ich die gesamte Länge der *Mala* filmen, vom Startplatz an gegenüber von Sivanandas Mahasamadhi-Schrein in Rishikesh bis zum Ende an den *Ghats* (Treppen zum Ganges) von Haridwar.

Vorher war ich am Morgen in der Haupthalle, wo alle Seniorschüler von Sivananda inklusive Swamiji, eine *Pada Puja* (Verehrungsritual) mit den silbernen Sandalen Sivanandas zelebrierten. Tausende von Menschen waren versammelt und sangen *Om Namo Bhagavate Sivanandaya*, während die Sandalen unter einem Berg von Blütenblättern begraben wurden. Mir war klar, dass sie niemals bis 11 Uhr fertig sein würden, wo die Prozession von Rishikesh nach Haridwar beginnen sollte, wenn sie das Mantra tatsächlich 10.008 Mal wiederholen würden. Ich ging, um meine Kamera auf dem Platz vor der Halle aufzustellen, in der Annahme, dass Swamiji bald nachkommen würde.

Ich traf Swami Shanmugananda und ein, zwei andere ältere Schüler, die das Ende der *Mala* hier in Rishikesh organisierten. Sie hatten eine kleine Menge von Sannyasins versammelt und wir bildeten eine Linie vom *Mahasamadhi*-Schrein über den Platz und die langen Treppen hinunter zur Hauptstraße. Um 11 Uhr begannen wir mit dem Singen von *Om Namo Narayanaya*, anfänglich mit einer Menge Energie, aber langsam begann unsere Energie zu schwinden. Ich war erst eine Woche oder so in Indien und hatte meine nordamerikanische Vorstellung von Pünktlichkeit noch nicht aufgegeben. Anstatt einfach loszulassen und zu singen, bis er kam, ärgerte ich mich innerlich und grollte darüber, dass Swamiji mal „wieder zu spät war".

Um 11.45 Uhr war ich regelrecht außer mir. Wir sollten um 12 Uhr in Haridwar sein. Das war 30 Meilen entfernt, die Straßen nur mittelmäßig und wir waren noch nicht einmal gestartet. Ich hatte schon genug Filmmaterial über den Start der *Mala* und ging die Stufen zur Straße hinunter, um sicher zu gehen, dass ich Swamiji auf jeden Fall erwischen würde. Um 11.50 Uhr kam er schreiend vorbei. Er stand auf einer Platform, die auf einen flachen Lastwagen gebaut war. Er fuhr direkt an mir vorbei, ohne anzuhalten, aber ein Auto mit ein paar Leuten hielt an und ich stieg ein.

Ich filmte aus dem Fenster heraus, als wir die Straße nach Rishikesh entlangfuhren, etwa eine Meile entfernt. Große Gruppen von Schulkindern in Uniform säumten die Straße und sangen *Om Namo Narayanaya*. Die Menschen auf dem Lastwagen und wir alle im Auto sangen mit.

Plötzlich stoppten wir am Rande der Stadt an den Toren eines Sikh-Ashrams. Swamiji war besonders darauf bedacht, die lokalen Sikhs in alles miteinzubeziehen, was wir in Rishikesh taten. Das war 3 Jahre, nachdem er versucht hatte, zwischen den Sikhs und der indischen Regierung in Amritsar zu vermitteln, direkt vor dem Massaker am Goldenen Tempel. „Dadurch werden wir noch später kommen", dachte ich, immer noch nicht eingestimmt auf das, was wirklich wichtig war.

Ich sprang aus dem Wagen, um das Treffen zwischen Swamiji und den Sikh-Führern zu filmen, welches hauptsächlich aus *Pranams* (Verneigungen), Umarmungen und ein paar Worten bestand. Dann kletterte Swamiji wieder auf seinen Lastwagen und forderte mich auf, mich neben ihn zu setzen. Nun fuhren wir die Hauptstraße von Rishikesh entlang, diesmal wegen der Menschenmenge etwas langsamer, und sangen immer noch. Es gab eindeutig Lücken in der Kette und viele Leute stierten uns mit offenem Erstaunen an, als wir vorbeifuhren.

Als wir durch die Stadt fuhren, schloss sich uns ein junger Mann auf einem Motorrad an, der neben uns herfuhr und dabei lächelte und sang. Bevor wir uns versahen, waren wir von 30 oder 40 Motorrädern umgeben, auf denen jeweils ein oder zwei junge Männer saßen. Als wir Rishikesh verließen und schneller wurden, blieben sie zu beiden Seiten des Lastwagens bei uns, fuhren hin und her und sangen laut und freudig.

Es gab lange Strecken auf dem offenen Land, wo es überhaupt keine Kette gab. In jedem Dorf, in das wir auf unserer Strecke kamen, wartete eine neue Kette von Schulkindern mit ihren Lehrern auf uns. Mittlerweile waren wir sehr spät dran, also wurden wir kaum langsamer. Ich überlegte, was sie wohl von uns dachten. Sie hatten gut eine Stunde gewartet und alles, was sie sahen, war ein Lastwagen und ein Auto voller Leute. Swamiji saß auf einem großen Stuhl auf einem Lastwagen, umgeben von wilden jungen Männern auf Motorrädern, die sich heiser sangen.

Als wir Haridwar erreichten, wurde die Straße gerade von einer Zugschranke versperrt und wir mussten anhalten. Die jungen Männer stiegen von ihren Motorrädern und sprangen, immer noch singend, auf Swamijis

Lastwagen rauf und runter. Ich bemerkte jetzt, dass sie das Mantra falsch aussprachen, sie ließen die letzte Silbe weg. Da standen wir, hoffnungslos zu spät, umgeben von etwas, das aussah wie eine Teenagerparty. Swamiji saß einfach ruhig da und sang anscheinend völlig unbeeindruckt von dem verrückten Treiben um uns herum.

Endlich ging die Schranke nach oben, wir rasten nach Haridwar, parkten hinter den Ghats und eilten zum Ufer des Flusses. Ich war von der Aufregung, der Hitze und der Feuchtigkeit erschöpft, aber Swamiji ging einfach immer weiter. Er eilte die Stufen des Ghats hinunter, gefolgt von unserer Motorradeskorte, die ziemlich sicher kaum Ahnung hatte, was hier eigentlich vorging. Er stand bis zu den Knien im Ganges und begann, einige Gebete auf Sanskrit aufzusagen. Wir waren nicht nur von den Menschen umgeben, die uns begleitet hatten, sondern auch von denen, die die ganze Zeit auf uns gewartet hatten plus einigen anderen, die rein zufällig hier waren. Jeder drängte und schob nach vorne, um Swamiji nahe zu sein und zu hören und zu sehen, was vor sich ging. Irgendwie bekamen wir eine Aratilampe und vollzogen das *Arati* (Lichterzeremonie) für Mutter Ganga.

Swamiji saß auf den Stufen des Ghats und begann zu sprechen. Die Motorradjungen wurden ganz still und ruhig und hörten andächtig zu. Als erstes lehrte er sie, wie man *Om Namo Narayanaya* korrekt aussprach, sprach Silbe für Silbe mit ihnen durch und brachte sie nach und nach dazu, es mit uns anderen richtig zu wiederholen. Dann hielt er einen Vortrag. Ehrlich gesagt kann ich mich an kein Wort erinnern. Ich war total beeindruckt davon, wie unsere wilde Begleitung jetzt so still dasaß und Swamiji zuhörte. Als ob sonst nichts geschehen wäre, hatte Swamiji diese jungen Männer irgendwie auf eine bestimmte Art und Weise erreicht.

War die Friedensmala ein Erfolg? Ich kann es nicht beurteilen. Es war einer der wildesten und verrücktesten Tage meines Lebens. Und mittendrin war Swamiji der ruhende Pol und tat das, was er fühlte, tun zu müssen. Nach dem Vortrag saß er allein auf den Stufen des Ghats und meditierte. Er strahlte Frieden aus.

Gopala Krishna

Mantra-Einweihung

Swami Vishnu-devanandas Lebensphilosophie wurde in allem offenbar, was er tat. Er glaubte, lebte und lehrte, dass ein einziger Mensch einen wesentlichen Unterschied im Leben anderer ausmachen konnte. Weil er ein Glied in der überlieferten Kette des Yoga war, gab er auch die große Macht der Yoga-Einweihung weiter. Swamiji sprach oft darüber.

„ Wörtlich heißt Einweihung „anzünden". Wenn du ein Feuer anzündest, wie fängst du das an? Du beginnst mit kleinen, dünnen Zweigen und Papierschnipseln, du zündest die Zweige an, fügst dann langsam größere Holzscheite dazu und hast bald ein großes Feuer! Aber wieviel Feuer brauchst du für den Anfang? Nur ein kleines Streichholz oder nicht? Ein kleines Streichholz kann diese versteckte Energie im Feuerholz anzünden. Daher kommt das Feuer. Wir sind alle nichts anderes als schlafende Energie. Wie bei dem Feuerholz ist Energie vorhanden, aber es ist schlafende Energie. Das Holz, das wir ins Feuer geben, wird ein Teil des Feuers und steigert die Energie. Das ist das ganze Geheimnis der Einweihung. Einweihung bedeutet, das Mantra als Mittel zu nutzen, das Herz zu erleuchten oder anzuzünden.

Schon vor dem Entstehen der Erde gab es die Mantraenergie in einem bestimmten Zustand. Newton hat die Schwerkraft nicht erschaffen. Er hat die Existenz einer Energie entdeckt, die man Schwerkraft nennt. Sie war nicht neu, als Newton sie entdeckt hat. Auch Edison hat die Elektrizität nicht erschaffen. Elektrizität war bereits vorhanden. Edison entdeckte die Existenz einer bestimmten Energie, die Elektrizität genannt wird. In gleicher Weise hat die Mantra-Energie existiert, sogar vor der Schöpfung.

Alles ist in einem Zustand der Schwingung; alles sind Energiewellen. Dein Körper schwingt auch auf einer bestimmten Wellenlänge. Du lernst, dich auf eine bestimmte Wellenlänge einzustimmen, um eine bestimmte Energie, Stärke oder Kraft zu bekommen. Ein Mantra ist eine besondere Wellenlänge eines spirituellen Symbols.

Schließlich stimmt sich der Geist darauf ein. Dann hast du kosmisches Bewusstsein oder bist in Meditation. Das ist die geheime Formel dazu.

Jeder braucht ein Mantra, das zu seinem besonderen Geist passt. Aber wir können keine 4 Billionen Mantras haben. Wir kochen auch nicht für 4 Billionen Menschen 4 Billionen unterschiedliche Mahlzeiten.

Was für eine Art Nahrung haben wir? Manche Nahrung mögen wir lieber als andere, oder? Was gab es heute zum Frühstück? Müsli, Früchte, Brot und Butter, Joghurt. Manche haben mehr Müsli genommen, manche mehr Brot und Butter, andere mehr Joghurt, oder? Obwohl wir alle das gleiche Essen bekommen, mögen wir das eine oder andere eben lieber. Aber aus welchem Grund? Um unseren Körper zu ernähren, essen wir Müsli, immer mehr.

So ist es auch mit den Mantras. Es gibt kein über- oder untergeordnetes Mantra. Alle Mantras sind gleichwertig und haben die gleiche Wirkung, genau wie das Feuer. Jedes Feuer brennt. Natürlich kann manches Holz besser brennen, wenn es nicht nass ist. Aber selbst das nasse Holz wird brennen.

In Indien wissen wir, welches Mantra zu welchem individuellen Geist passt, weil wir die entsprechenden Aspekte des Göttlichen kennen. Jeder Name hat eine Form, jede Form hat einen Namen. Wir können nicht jedes beliebige Wort als ein Mantra nutzen; die Form des Wortes spiegelt sich in deinem Geist wider. Gemäß der Yoga-Psychologie nimmt der Geist die Form des Objektes an, an das man denkt oder worüber man meditiert. Wenn du an eine Orange denkst, nimmt dein Geist die Form einer Orange an, um die Orange wahrzunehmen. Das ist ein Gesetz, dessen müsst ihr euch deutlich bewusst sein. Wenn ich also Orange, Orange, Orange denke, nimmt der Geist die Form der Orange an. Nur dann ist Wahrnehmbarkeit und Wahrnehmung möglich. Wenn keine Form der Orange im Geist ist, auch wenn du „Orange, Orange, Orange, Orange, Orange, Orange, Orange" wiederholst, wenn es keine Form gibt, hat es keinen Einfluss auf den Geist. Der Geist weiß nicht, was es ist; es ist nur ein Wort.

Ebenso ist nicht nur die Form allein ausreichend. Wenn du nur die Form ohne den Namen der Orange visualisierst, hat das keinen Effekt auf den Geist. Du brauchst Name und Form. Wenn du das Feuer sehen möchtest, es aber in deinem Geist keine Form des Feuers gibt, kannst du „Feuer, Feuer" wiederholen. Dennoch kannst du dir kein Bild des Feuers denken. Name und Form gehören zusammen.

Wenn das nicht so wäre, könntest du jedes Wort zur Meditation benutzen. Du kannst wiederholen „Blume, Blume, Blume, Blume, Blume, Blume, Blume", aber dein Körper und Geist werden durch eine Blume nicht erhoben, durch die Energie oder die Ausstrahlung der Blume. Die Wellenlänge der Blume und das Objekt Blume haben keinen dauerhaften Einfluss auf den Geist. Nur spirituelle Worte können dich erheben. Diese Worte werden spirituelle Mantras genannt.

Das Höchste Wesen ist eins und wird OM genannt. Das höchste Mantra ist OM: A-U-M. Alle anderen Mantras sind aus diesem OM entstanden: A-U-M. Jedes Mantra, das wir kennen und tatsächlich jede Sprache, ist in dieser einen kosmischen Silbe OM vorhanden. Die Bedeutung von OM ist für den durchschnittlichen Geist sehr schwer zu verstehen. Aus diesem Grunde weihen wir sehr selten jemanden in OM ein, obwohl es das höchste Mantra ist. Normalerweise haben Menschen nicht den höchsten feinen Intellekt, um über eine abstrakte Form wie OM zu meditieren. Dennoch kannst du über OM meditieren, wenn du möchtest. Es schadet nicht, weil es abstrakt ist. Alle anderen Mantras sind konkret, sie haben eine spezielle Form und einen Namen.

Bist du ein Krishna-, ein Rama-, ein Shiva- oder ein Devi-Typ? Das sind die grundlegenden Persönlichkeitstypen.

Bist du ein Familienmensch, denkst du an Ehefrau oder Ehemann, Kinder, eine nette, beständige, gesunde Familie und an den Zusammenhalt einer Familie? Du möchtest Frieden in der Familie und eine wahre Verbindung zu deinem Mann/deiner Frau, eine spirituelle Verbindung. Du denkst, dass Kinder ihre Eltern respektieren sollten. Wenn das das Leben ist, das dich anzieht, dann bist du eine Rama-Persönlichkeit. Rama ist die Verkörperung dieses Charakters, er ist die Verkörperung des vollkommenen Ehemanns, vollkommenen Sohnes, des vollkommenen Gottes, des vollkommenen Zerstörers der Dämonen und des Begründers von Gesetz und Ordnung. Er ist vollkommen in allem, er ist perfekt. Er hatte während seines Lebens nur eine Frau. In seinem ganzen Leben hat er noch nicht einmal nach einer anderen Frau geschaut. Er hatte nur diese eine Frau, keine andere, das war seine Einstellung. Wahre Familienmenschen und solche, die Verantwortung für eine Familie übernehmen, fühlen sich davon angezogen. Wenn du einen solchen Charakter hast, solltest du über Rama meditieren. Du solltest in ein Rama Mantra eingeweiht werden.

Andere sind eher introvertiert. Sie gehen wie Shiva zum Berg Kailash, für immer in die schneebedeckten Berge, fern von Lärm und Hektik. In den eisigen Höhen lebt und meditiert Shiva. Jeder interessierte Verehrer wird zu ihm kommen, er ist nicht daran interessiert, aktiv Anhängern entgegenzukommen. Er ist ebenfalls ein introvertierter Typ. Wenn du eher diese Einstellung hast, auch wenn du in einer Familie lebst, einen Haushalt hast oder Geschäftsmann bist, wenn dein Temperament eher zurückhaltend ist und es dir sinnlos erscheint, zuviel am aktiven sozialen Leben teilzunehmen und dich sozialen Dingen zuzuwenden, wenn du ruhig, entspannt und zurückgezogen leben möchtest, dann solltest du in ein Shiva-Mantra eingeweiht werden.

Die überwiegende Mehrheit der Menschen sind Krishna-Typen. Krishna hat alle Eigenschaften jedes menschlichen Wesens, von der Kindheit bis ins hohe Alter. In einem Leben spielte er alle Rollen, die wir kennen. Er war Staatsmann, Lehrer, König und Spieler. Er verkörperte alles, was du dir vorstellen kannst in einem einzigen Leben. Der Großteil der Menschen mag daher dieses besondere Naturell wegen der verschiedenen Charaktere, die Krishna gespielt hat. Wir geben dann das Krishna-Mantra, wenn jemand ein solches Naturell hat.

Andere sind mehr an der göttlichen Mutter interessiert. Sie fühlen sich mehr zu göttlicher, kreativer Energie und Kraft hingezogen. Sie haben mehr Liebe und Mitgefühl in sich wie eine universelle Mutter und sie sind näher an ihrem Herzen. Gott manifestiert sich auch als Mutter, nicht nur als Vater. Er hat alle Aspekte, auch die weiblichen. Dann können wir über diesen Aspekt meditieren, indem wir ein Mantra von Durga oder Devi bekommen.

Wenn du einmal eine Gottheit, ein Mantra und einen *guru* gewählt hast, ändere sie dein ganzes Leben lang nicht mehr. Man ändert sein Mantra, seinen Lehrer oder seinen Aspekt Gottes nicht. Das gilt für das ganze Leben. Wenn du deine Einweihung erhalten hast, solltest du dein Mantra nicht ändern oder dir ein neues suchen. Das ist nicht gut für dich. Wenn du deinem Lehrer keinen Glauben schenkst, dann nimm von diesem Lehrer kein Mantra an. Versuche einen Lehrer zu finden, an den du glaubst und dem du vertraust. Du musst deinem Lehrer bestimmte Gefühle entgegenbringen, um den Nutzen einer Einweihung zu erfahren. Nur dann kann der Lehrer das Feuer in dir entfachen.

Wir vergeben die Mantras nicht aus kommerziellen Gründen. Wir sind nicht daran interessiert, Geld oder etwas anderes von dir zu bekommen. Es ist ein Brauch aus alten Tagen, dass Schüler dem Lehrer ein *dakshina* (Spende) zukommen lassen. Das ist eine alte Sitte und es gibt sie immer noch, da die Lehrer kein Geld oder Einkommen haben. Was die Schüler von Herzen geben, nutzen die Lehrer für sich selbst oder um der Menschheit zu helfen. Die Schüler können alles spenden: Früchte, Blumen, Geld, Blumengirlanden, einfach alles. Was immer sie entbehren können. Sie geben all das, was sie zum Wohlergehen des Lehrers und der Organisation beitragen können. Das ist erlaubt.

Aber man kann kein Mantra verkaufen oder festlegen: „Ich möchte das oder das für die Mantraweihe.“ Diese Forderung darf der Lehrer nicht stellen. Das ist gegen jegliches spirituelles Wachstum. Kein Mantra kann verkauft werden, man kann sich weder eins ausdenken, noch gibt es neue Mantras. Es existieren spezielle Mantras, es gibt keine neuen. Wir können keine neuen erfinden oder jedem Menschen ein anderes geben. Es ist unmöglich, niemand kann so etwas tun und sich spiritueller Guru nennen.

Oft wird gefragt: „Müssen wir unser Mantra geheimhalten?" Man muss es geheimhalten, aber das bedeutet, dass du es nicht einfach jedem erzählst. Wenn ich mein Mantra rezitiere, sage ich nicht jedem, „Ich wiederhole jetzt mein Mantra!" Wenn jemand es wissen will und es gibt einen Grund dafür, kannst du es ihm sagen; es schadet nicht, weißt du. Das ist alles. Das ist das ganze Geheimnis.

Was machst du nach der Mantra-Einweihung? Die Einweihung allein reicht nicht aus. Einweihung ist wie das Feuer anzünden. Wir benutzen nur ein kleines Stück Holz, um das Feuer anzuzünden, oder? Gut, angenommen, du entzündest ein Feuer mit einem kleinen Streichholz, aber du hast kein Holz und Papier zur Hand, was passiert? Es wird wieder ausgehen. Dieses Streichholz, die Einweihung, hat dann keinen Wert. Sofort, wenn das Feuer zündet, musst du Papier und Brennstoff dazugeben, damit das Feuer größer und größer wird. Dadurch wird das Feuer riesig. Dann wird es dir genug Kraft und Energie geben; es wird nicht so leicht ausgehen.

Je öfter du dein Mantra wiederholst, desto mehr wird das Feuer wachsen, es wird größer und größer. Dann kommt irgendwann eine bestimmte Ebene, eine sehr hohe Ebene, du meditierst schon fast auf der transzendentalen Ebene. Auf dieser Ebene kommt dein Geist automatisch in die Meditation. In dem Moment, wo du mit *Om Namah Shivaya* beginnst, geht dein Geist direkt in die Meditation und du meditierst auf einer höheren Ebene. Dort gibt es keinen Klang in irgendeiner Form, keine gesprochene oder telepathische Form, der Klang schwingt nur im transzendentalen Stadium. Die Schwingung von *Om Namah Shivaya, Om Namah Shivaya* setzt sich intensiv immer weiter fort. Die Kraft dieser Energie schwingt jetzt auf einer sehr hohen Ebene; das nennt man Meditation.

Du beginnst als Anfänger mit *Om Namh Shivaya, Om Namah Shivaya*. Du beginnst mit Worten, dann gehst du über zur mentalen Wiederholung. Die geistige Wiederholung ist kraftvoller als die gesprochene. Schließlich hört sogar die geistige Wiederholung auf und du betrittst die telepathische Ebene, wo Klang und Name verschmelzen. Dann transzendierst du das und kommst zum unsichtbaren Energiezustand, wo du eins wirst mit der Form, über die du meditierst. Du und Shiva oder du und Krishna, ihr werdet ein und dasselbe. Es gibt in diesem Stadium keine Unterscheidung mehr, der Meditierende und die meditierte Form werden eins. Du wirst das Objekt der Meditation, genauso wie dein Geist die Form der Orange annimmt, um die Orange zu sehen, so wirst du Krishna, um Krishna zu sehen oder du wirst Shiva. Aber es gibt keine verschiedenen Gottheiten, Shiva unterscheidet sich nicht von Krishna, auch ist Krishna nicht verschieden von Rama oder Rama anders als Devi. Sie sind alle eins. Abhängig von deiner Beziehung dazu oder deinem Charakter ist eins davon nur einfacher zu erreichen und einfacher, um darüber zu meditieren.

Wiederhole dein Mantra nach deiner Einweihung. Lass es nicht einfach fallen. Meditiere regelmäßig. Hat das jeder verstanden?

“

Swamiji gab jedem eine Mantraeinweihung, der ihn darum bat. Es gibt keine Aufzeichnungen darüber, wie viele Menschen er persönlich eingeweiht hat, aber es müssen Tausende sein. Er glaubte, dass Mantra einweihung der notwendige erste Schritt zur Gottesverwirklichung war und er war stets gewillt, jedem zu helfen, der diesen ersten Schritt gehen wollte. Zusammen mit der Mantraeinweihung gab er auch einen spirituellen Namen, wenn man wollte. Dieser Name war der Name einer Hindugottheit, ein Aspekt Gottes, der normalerweise in Bezug zu deinem Mantra stand. Es war ein Ideal, auf das man sich hin entwickeln sollte. Wenn dein Name ein Name Gottes war, kamst du Gott einfach näher. Jedesmal, wenn du jemanden in der Gemeinschaft mit diesem spirituellen Namen ansprachst, sprachst du zu Gott. Auf diese Weise ermutigte Swamiji uns, Gott in uns und jedem anderen zu sehen.

Mantraeinweihung hatte auf viele Menschen einen tiefen Effekt. Es war ein symbolischer Übergang von einem Leben zum anderen, von einem weltlichen zu einem spirituellen Leben.

*

Es war im März 1978 im Yogaretreat in Nassau. Unsere Yogalehrer-Ausbildung ging zu Ende und es wurde angekündigt, dass Swamiji für interessierte Schüler Mantraeinweihung geben würde. Ich beschloss, mich nicht daran zu beteiligen, da ich im Laufe des Monats gelernt hatte, dass im direkten Kontakt mit Swamiji die Ereignisse oft eine andere Wendung nahmen, als ich vorher angenommen hatte. Der Kurs hatte mir bereits eine ungeheure Menge zum Grübeln gegeben und ich fühlte mich nicht bereit, noch tiefer zu gehen.

Die Mantraeinweihung kam und ging vorüber und dann kam der Nachmittag, an dem Swamiji nach Indien abreisen wollte. Wir hatten ein wenig freie Zeit. Ich hatte beschlossen, ein wenig zu lesen und mich zu sonnen und setzte mich in Badekleidung und Shorts auf die Terrasse, gegen die untere Wand des Tempels gelehnt.

Einige ganz in weiß gekleidete Personen, die Früchte und Blumen trugen, kamen herein und setzten sich im Tempel hinter mich auf den Boden. Einige Minuten später kam Swamiji herein und fing an zu beten. Ich vermutete, dass diese Zeremonie etwas mit seiner Abreise zu tun hatte und fragte einen der Mitarbeiter, der gerade vorbeikam, was es bedeutete.

Er erklärte mir, dass Swamiji noch einmal Mantraeinweihung gab und zwar für die Schüler, die das erste Mal nicht dabei sein konnten oder sich erst später dazu entschlossen hatten. Swamiji würde sofort danach zum Flughafen fahren, in 20 Minuten. Ich dachte, „Gut. Nun kann ich es selbst sehen und dann entscheiden, ob ich es später selbst machen möchte."

Also drehte ich mich um und schaute über die Wand, um Swamijis Gebete zu hören. Dann kamen die ersten beiden Aspiranten nach vorne und setzten sich direkt zu seinen Füßen. Er begann mit der Wiederholung der ausgewählten Mantras, *Om Namah Shivaya*.

Mein Geist war von der ersten Sekunde an davon erfasst. Mein Atem ging im Rhythmus mit und es schien, als ob ich es gleichzeitig innerhalb und außerhalb meines Kopfes hören würde, in einer sehr kraftvollen und konkreten Weise. Obwohl ich während des ganzen Kurses in meiner Meditation OM benutzt und mir kein Mantra ausgesucht hatte, dachte ich nun, „O.k., das muss mein Mantra sein."

Und dann, eine Sekunde später, „Und das muss meine Mantraeinweihung sein!"

Obwohl Swamiji weiterhin verschiedene Schüler in verschiedene andere Mantras einweihte, hörte ich fortwährend immer nur *Om Namah Shivaya*. Bevor ich realisierte, dass alles vorüber war, stand Swamiji plötzlich auf und verließ den Tempel durch eine hölzerne Tür, die nur einige Zentimeter von der Stelle entfernt war, wo ich in meiner Badehose, an die Wand gelehnt, saß. Er hielt eine Sekunde inne, sah mich direkt an und lächelte. Ich muss völlig verblüfft ausgesehen haben.

5 Minuten später kam eine große Menschenmenge auf die Terrasse, um Swamiji zu verabschieden. Ich ging zu meinem Zelt zurück, machte den Reißverschluß bis oben hin zu und saß einfach nur da.

Medalasa
Ottawa, Ontario, Canada

In den frühen 1980er Jahren hatte ich in Century City in Kalifornien meine eigene Rechtsanwaltspraxis, welche auf Betriebsrecht spezialisiert war. Der Stress und die Frustration begannen mich langsam umzubringen, ich wurde ein nervöses Wrack. Mir war klar, dass ich etwas tun musste.

Nach dem Rat von Freunden und Bekannten begann ich im Sivananda Yogazentrum auf dem Sunset Boulevard mit Hatha Yoga. Es ging mir sofort besser und ich wusste, dass ich „nach Hause" gekommen war.

Kurz nachdem ich begonnen hatte, ins Zentrum zu gehen, wurde Swami Vishnus Besuch angekündigt, bei dem er einen Vortrag halten wollte. Ich beschloss, mir anzuschauen, wie er war und ging zum Vortrag. Nach dem Vortrag wollte Swamiji allen, die gerne bleiben wollten, eine Mantraeinweihung geben. „Warum nicht?", dachte ich. „Vielleicht eine andere interessante Erfahrung; ganz bestimmt etwas, was sich erheblich von der Juristerei unterscheidet."

Alle, die nach Swamijis Vortrag blieben, suchten sich ihr Mantra aus und wurden in Gruppen eingeteilt. Swamiji arbeitete mit jeder Gruppe getrennt und übte mit ihnen die exakten Worte der Mantras, bis sie korrekt ausgesprochen wurden, so schien es jedenfalls.

Dann kam die Lakshmi-Gruppe dran, die ich ausgesucht hatte. Wir saßen auf dem Boden in der Mitte des Meditationsraumes um Swamiji herum und wiederholten mit ihm so lange unser Mantra, bis wir es alle richtig konnten. Es war auf einer gewissen Ebene, die ich nicht verstand, total elektrisierend. Es war einschüchternd, in Swamijis Augen zu sehen, auch nur den kleinsten Kontakt mit ihm aufzunehmen. Es gab dort soviel Energie und Kraft. Es war alles so neu und unbekannt.

Nachdem jeder in der Gruppe es genau verstanden hatte (oder aussprach oder es fühlte oder was auch immer, wer weiß schon, auf wie vielen Ebenen Swamiji lehrte?), schickte Swamiji uns in eine Ecke, um das Mantra 108x zu wiederholen. Als ich mein neues Mantra wiederholte, wusste ich, dass etwas anders war, aber es war mir unmöglich, es zu benennen.

In dieser Nacht schlief ich nicht eine einzige Minute. Ich schien zu vibrieren (ich meine es wörtlich, es war wie ein Prickeln) mit einer seltsamen, neuen Energie. Es war nicht unheimlich oder beängstigend. Als die Sonne endlich aufging, ging ich zur Arbeit, überhaupt nicht müde oder erschöpft, sondern angefüllt mit etwas Aufregendem, einer Schwingung und einer Energie, die so verschieden von der zermürbenden Energie meiner Rechtspraxis war, dass in mir ein neues völlig unbekanntes Gefühl von Freude und Hoffnung aufstieg. Es war der Anfang einer grundsätzlichen Änderung meines Lebens.

Larry Allman
Los Angeles, California

In einem Sommer im Yogacamp in Val Morin entschloss ich mich, Swami Vishnu über ein Mantra zu befragen, das ich benutzte. Einige Jahre zuvor hatte ich einen anderen *guru*, aber ich hatte mit ihm gebrochen. Obwohl ich mittlerweile ganz mit Swamiji und der Sivananda Yoga-Gemeinschaft verbunden war, benutzte ich immer noch das Mantra, das mir mein erster Lehrer gegeben hatte.

Swamiji schlug mir vor, ein neues Mantra auszuwählen. Ich erwog eine Anzahl von Mantras, bis schließlich 2 in die nähere Auswahl kamen. Da ich nicht in der Lage war, mich zu entscheiden, ging ich zu Swamiji.

Er stellte mir einige Fragen und weil ich Yogalehrer war, sagte Swamiji mir, welches der beiden ich benutzen sollte und dass er mich dann einweihen wollte.

Zur verabredeten Zeit wurde ich in Swamijis Haus in seinen eigenen Meditationsraum geführt. Was für eine Überraschung und welche Ehre! Ich trat ein und überreichte Swamiji die Blumen und die Früche, die ich mitgebracht hatte. Er sagte, ich solle sie nicht ihm sondern Gott und Swami Sivananda darbringen. Ich war beeindruckt von diesem Unterschied zwischen Swamiji, der nichts wollte, nicht einmal die symbolischen Früchte und Blumen, und meinem ersten spirituellen Lehrer, der 350$ für die Mantraeinweihung kassiert hatte.

Ich stellte die Gaben auf den Altar und setzte mich Swamiji gegenüber. Was dann passierte, ist wahrhaftig nicht zu beschreiben. Mein Körper löste sich auf. Mein Geist schien sich unendlich auszuweiten. Mein Bewusstsein veränderte sich und anstatt Formen und Farben wahrzunehmen, wurde ich mir reiner Erkenntnis bewusst. Es war kein angesammeltes Wissen wie im täglichen Leben. Es war einfach da und enthüllte sich mir ganz und strahlend.

Einem zufälligen Beobachter würde das Ganze so erscheinen, als würde Swamiji einfach das Mantra rezitieren und mich dann bitten, es zu wiederholen, erst mit ihm und dann allein. Das passierte zwar, aber was eigentlich geschah, war, dass Swamiji meinen Geist und meine Energie mit einer Kraft emporhob, formte und sie zur höchstmöglichen Ebene führte. Ich wurde in die volle Kraft des Mantras eingeführt, versank darin und verankerte sie in meiner Psyche. Das war eine wahre transzendentale Erfahrung und zwar eine, nach der ich gesucht hatte.

Dann ließ Swamiji diese Kraft los und meine Vision begann zu verblassen, weil ich nicht die Fähigkeit hatte, dieses Reich der reinen Wahrheit aufrecht zu erhalten. Ich fühlte einen Stich des Bedauerns, dass diese Erfahrung wieder verschwand und einen Moment lang dachte ich, ich würde alles verlieren. Dann erkannte ich, dass ich nichts verloren hatte. Swamiji hatte die Kraft des Mantras in mir aktiviert. Meine Aufgabe war es, das Mantra oft genug zu wiederholen, so dass mein Geist in diesen Zustand zurückkehren konnte, um mir die Kraft des Mantras direkt zugänglich zu machen, dieses Mal durch meine eigenen Bemühungen.

Swamiji hatte mich in die Kraft und das Geheimnis des Mantras eingeweiht. Er gab mir das Werkzeug und das Zutrauen, diese Kraft und dieses Geheimnis direkt zu erleben. Er gab mir auch Vertrauen. Durch diese Einweihung hatte mir Swamiji die eigentliche Wahrheit der Vedantalehre gezeigt. Alle Zweifel waren ausgeräumt.

Shankara
Ottawa, ON, Canada

Morgen würde Swami Vishnu 50 Jahre alt werden. Ein großes Fest und Dinner waren geplant. Heute wollte er Mantras vergeben und ich sollte meins bekommen. Wir standen schlotternd in einer langen Schlange, knietief im Schnee. Wir hatten seit dem Vortag gefastet. Ich war hungrig, mir war kalt und ich war nörgelig. Die meisten hielten Früchte in den Händen, Geschenke für Swamiji, aber ich hatte nur eine kleine Plastiktüte mit klumpigen Keksen, die meine Kinder gebacken hatten. Ich wollte ihm ein bedeutungsvolles Geschenk geben, ein Geschenk, das von Herzen kam. Und ich vermisste meine Kinder.

Phil, mein Lebenspartner und Yogalehrer, stand mit mir in der Schlange. Er erzählte mir, wie wunderbar es sein würde, wenn ich mein Mantra bekäme und dass etwas Magisches geschehen würde. Wie erhaben ich mich fühlen würde, wie glücklich. Ich war immer zur Hälfte Zynikerin und zur Hälfte Gläubige gewesen. Eine Hälfte von mir glaubte, dass dieser ganze Mantrakram lächerlich war. Die andere Hälfte war aufgeregt, hoffnungsvoll und ein bisschen ängstlich. Phil zeigte mir eine Liste von Mantras in einer Yogabroschüre. Es gab ein bestimmtes Mantra, das mich anzog, aber Phil meinte, ein anderes sei besser. Ich wusste nicht, welches ich wählen sollte. Die Schlange wurde kleiner und kleiner und ich konnte mich einfach nicht entscheiden.

Dann war ich alleine mit Swamiji. Er fragte mich, für welches Mantra ich mich entschieden hätte. Ich sagte es ihm. Er gab mir ein Zeichen, mich hinzuknien. Er wiederholte das Mantra, legte seine Hände auf meinen Kopf und das Mantra wurde lebendig, setzte sich in mein Herz und begann, sich selbst zu wiederholen. Der Klang machte mich ganz krank. Ich drückte ihm die Kekse in die Hand und schwankte aus dem Raum, mir war übel und schwindlig. „Wie war es?", fragte Phil und lächelte sein weites, einladendes Lächeln. Ich konnte noch nicht einmal antworten.

An diesem Abend konnte ich nichts essen. Ich konnte nicht mit Phil die Nacht verbringen. Die ganze Nacht kauerte ich im Badezimmer, ich schluchzte und musste mich übergeben. Das Mantra war wie eine Krankheit, wie eine ungewollte Schwangerschaft. Es hatte sich in meiner Brust festgesetzt, ein fetter, schwarzer Klumpen in meinem Herzen und es hörte nicht auf, sich selbst zu wiederholen.

Der Morgen kam, der Silvestertag und dann der Zeitpunkt für Swamijis Geburtstagsfest. Der Speisesaal war voll mit Menschen aus der ganzen Welt, die in allen Sprachen dieser Welt lächelten. Wir knieten oder saßen auf Kissen an dem langen Esstisch. Swamiji saß am Kopfende des Tisches und lächelte. Nur ich lächelte nicht. Mir war so schlecht, dass ich kaum atmen konnte. Ich konnte noch nicht einmal mein Essen probieren.

Dann war es so, als würde ich mir selber zuschauen, wie ich aufstand, den Tisch entlang taumelte, über die Arme der Menschen, über ihre Köpfe, ihre Kinder hinweg, „Entschuldigung, Entschuldigung, Entschuldigung...", bis ich am Kopfende neben Swamiji angelangt war. „Bitte", flehte ich, „Ich muss Sie sprechen." Er sagte mir, ich solle gegen 2 Uhr in sein Häuschen kommen.

Um 2 Uhr war ich dort. Er hatte noch andere Gäste, eine Familie aus Indien, Mutter, Vater und Sohn. Als ich zu Swamijis Tür kam, sagte er zu dem Jungen, sein Name heiße „Unterscheidungsvermögen" auf Sanskrit und das sei ein sehr bedeutender Name. Er solle über seine Bedeutung nachdenken. Während er sprach, ging Swamiji im Raum herum und reichte von einem kleinen Tablett die Kekse, die meine Kinder gebacken hatten. Die Gäste aßen die Kekse und sagten ihm, wie gut sie seien.

Dann gingen die Gäste und ich war allein mit ihm. „Und?", fragte er mich. „Es ist das Mantra", stammelte ich. „Ich habe das falsche Mantra ausgesucht. Bitte, ich brauche ein neues Mantra."

Swamiji lachte in sich hinein. „Du brauchst kein neues Mantra", sagte er. „Das Mantra hat kein Problem. Du hast ein Problem. Komm hierher." Also kam ich näher und er ließ mich vor sich niederknien. Dann murmelte er einige Worte in Sanskrit und legte seine Hände auf meinen Kopf. Als er das tat, gingen durch meinen Körper kraftvolle Wellen, durch mein ganzes Sein. Als ich aufstand, war mir schwindlig vor Glück.

Eigentlich hatte sich nichts verändert. Das Mantra war noch da, stärker als jemals zuvor. Es wiederholte und wiederholte sich in meinem Herzen, aber anstatt wie ein Parasit fühlte es sich warm an, wie Liebe, die in mir pulsierte. Später traf ich Phil auf dem Weg zum Krishnatempel und schenkte ihm ein breites Lächeln. „Siehst Du?", sagte er zu mir.

Das Mantra hörte nie auf und verließ mich nie. Heute, 15 Jahre später, fast ein Jahrzehnt, seitdem ich Phil das letzte Mal gesehen habe, 5 Jahre nach dem Tod meines Vaters, 1 Jahr nach dem Auszug meines jüngsten Kindes, 6 Monate nach Swamijis Tod, ist es das Einzige, worauf ich mich verlassen kann.

Joan Dobbie
Eugene, Oregon

Ich erhielt meine Mantraeinweihung 1978 auf der Yogaranch in Woodbourne. Ich kann immer noch die Berührung seines Fingers auf meiner Stirn fühlen.

Charlene Gordon
Victoria, British Columbia

Nur noch eine Geschichte

Swamiji war ein Meister im Geschichtenerzählen. Er hatte ein scheinbar endloses Repertoire. Während des abendlichen Satsangs sprach er oft über komplexe philosophische Ideen. Um sicherzustellen, dass wir auch alles verstanden hatten, würzte er seine Vorträge oft mit Geschichten. Bis dahin hatte er manchmal schon mehr als eine Stunde gesprochen, es wurde spät und alle waren müde. Immer wieder sagte er: „Nur noch eine Geschichte…“ Wir lachten jedes Mal, da wir wussten, dass aus der einen Geschichte zwei oder drei werden konnten. Aber das war uns egal. Es war wie in der Kindheit. Vor dem Schlafengehen wurden noch Geschichten erzählt. Man musste nicht einmal nach einer zweiten Geschichte fragen, dass man länger aufbleiben konnte. Swamiji war immer glücklich, wenn er uns diesen Gefallen tun konnte. Hier ist eine seiner Lieblingsgeschichten.

Sie erzählt von einem Schafhirten, der mit seinen Schafen in einem Tal lebte. Eines Nachts kam eine trächtige Berglöwin, um unter den Schafen zu jagen. Als der Schafhirt die Berglöwin sah, begann er, auf sie zu schießen. Die Schießerei jagte ihr Angst ein. Plötzlich gebar sie ihr Löwenbaby, rannte zurück in den Wald und ließ ihr Junges bei den Schafen zurück. Glücklicherweise gab es eine Schafsmutter, die das junge Löwenbaby aufnahm und nährte. Das Löwenjunge dachte, dass das Schaf seine Mutter sei und begann wie ein Schaf blöken – Mäh Mäh Mäh. Es trank Milch, fraß Gras und wurde Vegetarier. So wuchs das Löwenjunge unter Schafen auf und dachte, es sei genau wie die anderen Schafe.

Nach einigen Jahren kam ein großer Berglöwe, der König des Waldes, zum Jagen in das Tal der Schafe. Da sah er unter den Schafen ein Mitglied seiner eigenen königlichen Familie, das wie ein Schaf blökte und Gras fraß. Was für eine Schande! Es war, als ob Prinz Charles unter Hippies lebte. Was würde Königin Elizabeth denken! Der Löwenkönig dachte nur: „Was für eine Schande für unsere königliche Familie!“

Also rannte er zum Schafslöwen und schrie: „Was machst du unter den Schafen? Warum blökst du wie ein Schaf?“

Der Schafslöwe war furchtbar erschrocken. Als er sah, wie der Berglöwe auf ihn zulief, schrie er laut: „Mami, Mami, hilf mir! Dieser Kerl will mich töten!"

Aber die Schafsmutter rannte davon und der Berglöwe holte den Schafslöwen ein: „Hab keine Angst vor mir. Du bist ein Löwe genau wie ich."

„Oh nein, nein! Ich bin kein Löwe. Ich bin ein Schaf. Hier ist meine Mama, meine wundervolle Mami. Lass mich zu meiner Mama!"

„Oh nein! Du bist kein Schaf. Du bist ein Löwe wie ich."

„Lass mich bitte in Ruhe. Ich bitte dich, Löwe, lass mich gehen."

„Nein. Nein. Nein. Ich werde dir zeigen, wer du bist." So schleifte er ihn gegen seinen Willen in die Berge und brachte ihn an einen großen See. „Schau in diesen See. Was siehst Du?"

Seine Augen waren fest geschlossen. „Nein, nein, ich will meine Augen nicht aufmachen. Ich habe Angst."

„Hab keine Angst. Schau einfach hin. Erkenne, wer du bist."

„Ich weiß, wer ich bin. Ich bin ein Schaf. Ich habe eine Mama, drei Brüder und zwei Schwestern, ich lebe im Tal."

„Nein, das stimmt alles nicht. Schau hin! Du hast vergessen, wer du bist." Nach einiger Zeit öffnete der Schafslöwe seine Augen. „Was siehst du?"

„Ich sehe Wellen."

„Warte, bis sich die Wellen beruhigt haben." Bald gab es keine Wellen mehr, der See war glatt wie Glas. Plötzlich sah er sein Gesicht. Er sah nicht aus wie ein Schaf. Er sah das Gesicht des anderen Löwen neben sich. „Hey, ich bin ja wie du. Du bist wie ich. Ich bin du. Du bist ich. Wir sind beide Könige!"

Und der Berglöwe erwiderte: „Blöke nicht wie ein Schaf! Brülle wie ein Löwe! Geh zu deinem Königreich in den Wald und genieße dein Leben."

Und zum ersten Mal in seinem Leben brüllte er. Kein Blöken mehr wie ein Schaf! Er erkannte, wer er war und lebte seitdem glücklich im Wald, in seinem Königreich.

Wer sind die Schafslöwen in dieser Geschichte? Wir alle. Wir blöken von morgens bis abends: Bäh Bäh Bäh ich bin Deutscher, Bäh

Bäh Bäh Ostdeutscher, Bäh Bäh Bäh Westdeutscher, Bäh Bäh Bäh ich bin Russe, Bäh Bäh Bäh Amerikaner, Bäh Bäh Bäh Protestant, Bäh Bäh Bäh Katholik, Bäh Bäh Bäh ich bin Jude, Bäh Bäh Bäh ich bin Araber, Bäh Bäh Bäh ich bin von der PLO, Bäh Bäh Bäh ich bin Kanzler, Bäh Bäh Bäh Premierminister, Bäh Bäh Bäh ich bin männlich, Bäh Bäh Bäh ich bin weiblich, Bäh Bäh Bäh ich bin Swami, Bäh Bäh Bäh. Das ist alles, was wir den ganzen Tag machen.

Die Berglöwen, die großen Meister wie Jesus und Sivananda, kommen zu uns und sagen, „Oh, du blökst wie ein Schaf. Du bist kein Deutscher, Österreicher, Russe oder Amerikaner. Du bist das unsterbliche Selbst. Ich bin in dir. Du bist in mir. Ich bin Er. Ich bin *Brahman*. Auch du bist *Brahman*. Auch du bist Gott. Aber dieser Körper ist nicht Gott. Sieh in dich hinein. Du wirst herausfinden, wer du bist."

„Oh nein, nein! Ich will nicht herausfinden, wer ich bin! Ich weiß, wer ich bin. Ich bin ein Swami. Ich habe 3 Ashrams. Ich habe 10 Schüler. Ich habe 220 Zimmer und 30 Badezimmer. Ich habe Geld, 2 Millionen Dollar auf der Bank. Der Meister sagt, „Hey, das bist Du nicht. Diese Dinge gehören Dir nur." „Oh nein, nein! Ich habe meine Frau und meine Kinder." „Sie werden nicht mit Dir gehen. Sie sind alle Objekte." Oh nein, nein, nein! Ich liebe meine Frau und meine Kinder sehr, ich habe ein wunderschönes Zuhause, eine liebenswerte Familie und Kinder." Und der Lehrer sagt: „Blöke nicht wie ein Schaf. Wenn Du stirbst, wird Deine Frau dann mit Dir gehen? Werden Deine Kinder mit Dir gehen? Kannst Du Dein ganzes Geld mitnehmen?" Er beginnt zu überlegen: „Hey, irgendetwas stimmt hier nicht."

Du wirst ebenfalls sterben. Du kannst deine Kreditkarte nicht mitnehmen. Du kannst noch nicht einmal deinen Körper mitnehmen. Die Bakterien warten auf ihn. Der Tod wartet auf dich, weil du dich mit dem Körper identifizierst. Du bist unsterblich."

„Oh Lehrer, sage mir, wie ich es finden kann, wie ich dem Tod entrinnen kann."

„Ich werde es Dir zeigen, komm mit mir."

Schließe die Augen. Schaue in dich hinein, in diesen Geist-See. Was siehst du? Pizza, Eis, Bananen, Herzschlag, Atmung. Das sind alles Objekte. Das bist nicht du. Du bist nicht das Herz, die Lunge usw. Schließe einfach die Augen und atme sehr sanft. Praktiziere. Mach weiter, praktiziere. Du musst jeden Tag üben, sanft zu atmen. Wenn es keine Gedankenwellen mehr gibt, was siehst du dann? Ich bin Du, Du bist ich. Es gibt weder Schüler noch Lehrer, weder ein Ich noch Gott, wir sind eins. Ich bin in allem, alles ist in mir. Ich bin, der ich bin. Aham Brahma Asmi. Soham. Ich bin Er. Ich bin Er. Soham.

Swamiji versuchte ständig, uns dazu zu bringen, hinter unsere begrenzte Sicht von uns selbst und der Welt zu sehen. Er öffnete unseren Geist, manchmal hitzig, manchmal sanft, immer mit großer Liebe. Egal wie groß unser Widerstand war, er half, uns langsam zu verändern und brachte uns dazu, unsere Vorstellungen darüber loszulassen, wie die Dinge waren oder sein sollten und unser wahres Selbst zu erkennen.

*

Schüler:

Wenn Swamiji sprach, lauschte ich normalerweise hingerissen, da er innere Wahrheiten in Worte kleidete, etwas, wonach ich mich sehnte zu hören, aber über die nie jemand gesprochen hatte. Swamiji hatte jedoch ein Thema, das mich irgendwie störte. Manchmal sprach er über die verschiedenen Rollen von Männern und Frauen in der Gesellschaft. Er sah diese Rollen psychologisch festgelegt und führte das Unglück in vielen Familien auf die Versuche zurück, diese „natürlichen“ Rollen zu missachten. Ich hatte das Gefühl, dass er hier aus einer kulturell konditionierten Perspektive sprach und nicht aus der Perspektive der universellen Wahrheit. Ich konfrontierte ihn nie damit. Normalerweise diskutierte man nicht mit Swamiji.

Eines Tages während eines Vortrages kam Swamiji wieder auf dieses Thema zu sprechen. Während seine Worte über alle anderen Themen ein Gefühl der Freude in mir auslösten, bemerkte ich, wie in mir wieder heftiger Ärger aufstieg, als er seine Sicht der grundsätzlich verschiedenen Psyche von

Männern und Frauen darstellte. Bevor ich noch darüber nachdenken konnte, platzte ich heraus, dass ich ihm hier nicht zustimmen konnte, obwohl ich sonst die Richtigkeit und Wahrheit seiner Worte sah. Ich versuchte, die kulturellen Perpektiven, historischen Ursachen usw. darzustellen, aber Swamiji unterbrach mich sofort.

„Madalasa", brüllte er, „Bist Du Jüdin oder Christin?" Ich war überrumpelt, versuchte aber, achtsam zu antworten. „Na ja, beides. Oder keins. Ich wurde in eine jüdische Familie geboren und auch in dieser Religion erzogen, aber später lernte ich die Wahrheit der Lehre Jesus und seine Herrlichkeit kennen. Allerdings kann ich auch in anderen Religionen die gleiche Wahrheit erkennen, so dass ich mich nicht speziell als Jüdin oder Christin *fühle*."

Swamiji nickte schroff. Er wusste das bereits über mich. Er fragte mich sofort weiter, immer noch recht laut, „Bist Du Amerikanerin oder Kanadierin?"

„Swamiji, ich bin in Amerika geboren, aber ich bin vor über 10 Jahren nach Kanada gezogen und habe die kanadische Staatsbürgerschaft. Ich bin nicht besonders politisch oder patriotisch und fühle mich weder wie eine Amerikanerin oder Kanadierin, eher wie eine Art Weltbürgerin."

Wieder nickte er schroff und fragte weiter, „Bist Du ein Mann oder eine Frau?"

Diese Frage brauchte keine Überlegung. Sofort antwortete ich, „Na ja, Swamiji, natürlich bin ich eine Frau."

Er sagte nichts, setzte sich nur zurück mit einem breiten Lächeln und wartete darauf, dass mir meine eigene Dummheit auffallen würde. Ich war mir durch seine Stille und seinen Ausdruck bewusst, dass ich gerade in eine monumentale Falle getappt war, aber ich konnte sie nicht sehen. Ich war einfach verwirrt.

Nach einem Moment der Stille tadelte er mich: „Du identifizierst Dich nicht mit Deiner Rasse, Religion oder Nationalität. Du weißt, dass das Zufälle der Geburt sind. Du identifizierst Dich mit dem unsterblichen Selbst, welches unveränderlich bleibt. Wenn ich also Witze über Juden oder Hindus, über katholische Priester oder amerikanische Präsidenten mache, bist Du nie erzürnt (das stimmte, musste ich zugeben). Aber immer, wenn es um Männer und Frauen geht, zeigst Du eine heftige emotionale Reaktion und verlierst jede Urteilsfähigkeit. Du kannst nicht zuhören. Und zwar, weil u Dich mit dieser Rolle identifizierst. Du bist keine Frau, genauso wenig wie

Du Jüdin, Buddhistin, Deutsche oder Kanadierin bist. Diese Körper sind nur wie Kleider, die wir angezogen haben, um sie wieder abzulegen, wenn sie aufgetragen sind. Du warst schon Tausende Male sowohl eine Frau als auch ein Mann. Denk daran, identifiziere Dich mit Deinem wahren Selbst, dem Unsterblichen *Atman* und lass Dich nicht so schnell aus der Ruhe bringen!“

Madalasa
Ottawa, Ontario, Canada

*

Für einige von Swamijis Schülern war die letzte Stufe im Prozess ihres spirituellen Wachstums das Ablegen der *Sannyasin* (Entsagte)-Gelübde. Swamiji war ein Mönch des Saraswati-Ordens, der in direkter Linie auf Shankaracharya zurückgeht, dem Philosophen und Weisen des 8. Jahrhunderts. Eine der Pflichten eines *Sannyasins* besteht darin, andere in den Orden einzuweihen.

Wenn jemand die Gelübde eines *Sannyasins* ablegt, gibt er buchstäblich sein bisheriges Leben auf. Er nimmt einen neuen Namen an und wird nie wieder mit seinem alten Namen angesprochen. Er ist nicht länger dieser Körper und dieses Ego. Seine Identität wird während der Zeremonie symbolisch dem Feuer übergeben. Er identifiziert sich nur noch mit dem wahren Selbst, dem unveränderlichen *Atman*. *Sannyasins* tragen orange, die Farbe des Feuers, um sich fortwährend an ihre Entsagung zu erinnern.

Swamiji weihte über 100 Schüler in *Sannyas* ein, erstmals in den frühen 1960er Jahren und zuletzt Swami Jahardhananda, der im Sommer 1993 *Sannyas* nahm, nur einige Monate vor Swamijis Tod. Die Anzahl von Frauen und Männern unter den *Sannyasins* war ungefähr gleich.

Waren diese Menschen alle perfekte Heilige? Waren sie alle wirklich nicht mehr mit ihrem Körper identifiziert? Natürlich nicht. Swamiji sah die *Sannyas*-Weihe als einen weiteren Schritt auf dem Weg an. Die Gelübde waren Schild und Rüstung, um den Aspiranten in seinem oder ihrem Kampf zu schützen. Swamiji hatte die gleiche Einstellung wie sein Lehrer Swami Sivananda, der seinen Schülern sogar die *Sannyas* per Post gab!

„Normalerweise dauert es viele Jahre, um Swami zu werden. Traditionell musste man 6, 7 oder 8 Jahre bei seinem Meister verbringen, ehe man als Swami eingeweiht wurde. Manche Meister sind sehr streng, um zu sehen, ob der Schüler die Stärke besitzt, Swami zu werden. Aber Meister Swami Sivananda hatte eine andere Einstellung. Er dachte, dass die meisten der jungen Leute, die zu ihm kamen, *Sannyasin samskaras* hatten, also Eindrücke aus früheren Leben als Swamis, aber zu ängstlich für die nächsten Schritten waren, da sie dachten, die nötige Stärke nicht zu besitzen.

Eigentlich ist niemand vollkommen genug, um ein reiner Swami zu werden. Es ist in einem Leben einfach nicht möglich, ein vollständig reiner Swami zu werden und jede Regel streng zu befolgen. Das ist in einem Leben nicht möglich. Also dachte der Meister, dass jemand, der kein 100-prozentiger Swami werden konnte, zumindest ein 20-prozentiger Swami sein konnte; das war immer noch viel besser, als gar kein Swami zu sein. So machte er es. Seine Vorstellungen waren ganz anders als unsere. Sowohl die anderen Swamis als auch die anderen Gurus waren nicht begeistert. Sie beschwerten sich: „Swami Sivananda macht jeden zum Swami und das ist nicht richtig. Man braucht besondere Qualifikationen."

Der Meister dachte, es sei besser, auf einen Löwen zu zielen und ihn zu verfehlen als auf einen Schakal zu zielen und ihn zu fangen. Jeder kann einen Schakal fangen, aber um einen Löwen zu fangen, muss man stark sein. Jeder sollte sich ein hohes Ziel setzen. Selbst wenn es zum Schluss missglückt, ist es trotzdem viel besser. Das war die Einstellung des Meisters. In einem Leben kann jemand vielleicht kein 100-prozentiger Swami werden. Aber selbst 20 Prozent ist etwas in diesem Leben, im nächsten sind es vielleicht schon 40, dann 60, so kommt er immer näher, nicht wahr?"

*

Swamiji war auch immer sehr verständnisvoll, wenn sich jemand entschloss, dass das Leben eines Sannyasins nichts mehr für ihn sei:

Als ich meine Gelübde als Sannyasin aufgab, war ich sehr zögerlich, da ich dachte, Swamiji würde versuchen, mich zum Bleiben zu überreden. Zu meiner Überraschung war er sehr verständnisvoll. Er sagte zu mir, dass Namen, Formen und Titel nichts bedeuteten. Das Wichtigste im Leben sei unser *Sadhana*. Wenn du dein *Sadhana* ausübst, wird alles andere von selber kommen.

In diesem Moment sah ich anstelle von Swamiji meinen Vater, der vor 2 Jahren gestorben war. Er sah mich an und lächelte. Dann war es wieder Swamiji, der mich anlächelte. Ich umarmte ihn heftig. Ich erkannte, dass ich immer mein *Sadhana* ausüben und dass Swamiji für immer mein spiritueller Lehrer und Führer sein würde, mein spiritueller Vater.

Neelakanta, Washington, D.C.

*

Viele von Swamijis Geschichten erläuterten klassische Lehren aus der Vedanta und Raja Yoga- Philosophie. Eine seiner Lieblingsgeschichten war die von Himmel und Hölle. Diese Version erzählte er, als er in Südindien mit einer Anzahl von Schülern auf einem Parkplatz saß und auf zwei Busse wartete. Die Busse hatten wie gewöhnlich Verspätung.

” Hier auf dem Parkplatz zu sitzen ist Himmel oder Hölle, je nach dem Zustand des Geistes. Wenn dein Geist glücklich ist, kannst du bequem im Schatten des Baumes sitzen und meditieren. Wenn dein Geist unglücklich ist, kannst du in einem Palast sitzen, aber das macht keinen Unterschied, alles wird dir wertlos vorkommen. Himmel und Hölle gibt es nur im Geist. Ich erzähle euch eine kleine Geschichte.

So viele Leute hatten von Himmel und Hölle gehört. Sie wollten sehen, wie die Menschen dort leben. Wisst ihr, Himmel und Hölle liegen nebeneinander nur durch eine große Wand getrennt, Himmel auf der einen und Hölle auf der anderen Seite. Also machten sich diese Leute auf die Reise.

Zuerst gingen sie in die Hölle. Alle saßen dort beim Essen, das auf einem großen Tisch angerichtet war. Aber ihre Arme waren fest an lange hölzerne Löffel gebunden, so dass sie ihre Ellenbogen nicht beugen konnten. Sie mussten essen, indem sie das Essen in die Luft warfen, um es dann mit dem Mund aufzufangen. Das Essen flog überall hin, ab und zu fiel ein kleines bisschen in ihren Mund.

Die Reisegruppe ging weiter auf die andere Seite der Wand, zum Himmel. Hier war alles genauso, nur dass es hier goldene Teller gab und die Arme mit langen goldenen Löffeln festgebunden waren. Allerdings konnten hier alle ihr Essen genießen, denn sie nahmen die Speisen mit ihren Löffeln auf und gaben sich gegenseitig davon.

“

Himmel und Erde sind keine Plätze oben oder unten. Wir schaffen unseren eigenen Himmel und unsere eigene Hölle durch den Zustand unseres Geistes. Es kommt auf uns an. Wir können den Geist beherrschen und im Himmel sein oder ihn „wie einen wild gewordenen Affen“ rennen lassen, wie Swamiji zu sagen pflegte und sind in der Hölle. Wir können nur an uns denken und uns elend fühlen oder unser Leben damit verbringen, anderen zu dienen und dabei glücklich sein. Die Gedanken gehen den Taten voraus. Wir können wählen, welchen Gedanken wir folgen wollen, welche Taten wir ausüben wollen. Wenn wir lernen, die Gedanken zu beherrschen, nur positiven, erhabenen Gedanken nachzugehen, wird das Leben der Himmel auf Erden sein.

Manche Menschen, die mit Swamiji in Kontakt kamen, waren für seine Lehren nicht bereit. Sie konnten nicht aufnehmen, was er sagte. Sie waren so in ihrer eigenen geistigen Hölle gefangen, dass er sie nicht direkt erreichen konnte. Er versuchte, ihnen trotzdem zu helfen.

”

Eines Tage kam eine Frau mittleren Alters zu mir und bat mich um Hilfe. Ich fragte, was ich für sie tun könnte.

Sie sagte: „Nur Sie können mir helfen, Swamiji.“

„Was ist das Problem?“

„Erstens kann ich nicht schlafen. Zweitens werde ich von einem Priester kontrolliert.“

„Warum können Sie nicht schlafen?"

„Die Klimaanlage in meinem Zimmer ist so laut."

„Dann drehen Sie sie herunter. Sie brauchen meine Hilfe nicht", erklärte ich ihr.

„Warum benutzen Sie in den Bergen eine Klimaanlage?"

„Manche behaupten, es sei gut für meine Arthritis."

Ich erklärte ihr, dass die kühle Luft ihre Schmerzen eher verstärken würden. Sie brauchte mehr Wärme, „Stellen Sie sie aus, dann werden Sie schlafen können."

Aber sie sagte: „Nein, ich habe 1.000 Dollar dafür bezahlt und der Verkäufer sagte, es würde mir helfen."

Sie fuhr mit ihren eigenen Argumenten fort und ich wusste, dass es keine Möglichkeit gab, sie auf intellektuellem Wege zu erreichen. Ich hatte ihr bereits alles vernünftig erklärt: 1) dass die Klimaanlage schlecht für ihre Arthritis sei und 2) dass sie hier in den Bergen keine benötigte. Aber sie wusste, dass sie 1.000 Dollar für ihre Klimaanlage bezahlt hatte und der Verkäufer ihr zugesichert hatte, dass sie ihr helfen würde. Sie konnte sich nicht von dieser Beeinflussung lösen.

Da ich wusste, dass ich sie auf intellektuellem Wege nicht erreichen konnte, so wie ich es versucht hatte, sagte ich ihr einfach, dass ich ihr helfen würde. Ich sagte ihr, dass sie noch einmal kommen sollte, um dann besondere Atemtechniken, Mantras, Meditation und Entspannungstechniken von mir zu lernen, so dass sie schlafen könnte. Sie dachte, ich würde eine Art Zauberei mit ihr veranstalten, weil ich aus Indien kam, aus dem Himalaya. Sie dachte, ich hätte eine Art besondere Kraft, mehr als der Verkäufer.

Ihr zweites Problem war der Priester. Sie erzählte, sie sei zu ihm gegangen und hätte mit ihm gesprochen und jetzt würde er sie die ganze Zeit kontrollieren. Sie wollte sich dieser Kontrolle entziehen. Ich sagte ihr, dass ich ihr mit diesem Problem ebenfalls helfen würde. Damit war die Unterhaltung beendet und das Treffen vorbei.

10 Tage später gab ich gerade eine Privatstunde, als mich meine Assistentin aus dem Zentrum anrief. Sie sagte, dass bei ihr eine sehr aufgeregte Dame sei, die mich sprechen wolle. Die Dame

sagte, dass ich sie behandelt hätte und sie mit mir darüber sprechen wollte. Ich nahm den Anruf an.

Das erste, was sie sagte, war: „Swamiji, ich will Ihre Behandlung nicht mehr."

Ich war schockiert, wusste nicht, um wen es sich handelte, sie hatte sich nicht vorgestellt. Ich fragte: „Wer sind Sie? Wie ist Ihr Name?"

Sie sagte, sie sei die Person, die mich im Camp aufgesucht und mich wegen der Schlaflosigkeit und dem Priester um Hilfe gebeten hatte. Jetzt wollte sie meine Behandlung nicht mehr. Ich wusste sofort, dass es keinen Sinn hatte, ihr vernünftig irgend etwas zu erklären. Ich hatte sie nie behandelt. Also sagte ich nur zu ihr: „Kommen Sie her. Ich werde Ihnen einige *asanas* und *pranayama* beibringen. Dadurch werden Sie in der Lage sein, sich zu entspannen. Und ich helfe Ihnen mit dem Priester, indem ich für Sie bete." Das war alles, was ich sagte.

Ich verstand zu diesem Zeitpunkt, als ich sie „behandelte", nicht, was ich ihr getan hatte. Ihr Geist war wie Kitt. Er ließ sich so formen, dass er alles annahm, was ein anderer ihr sagte. Ein Verkäufer kam und setzte ihr die Idee in den Kopf, dass sie sich ohne Klimaanlage nicht wohl fühlen würde. Also übernahm sie das. Und dann sagte ein Priester, „Du musst das und das tun und Deine Sünden werden Dir vergeben." Also nahm sie das an. Sie ging zu einem Swami, weil sie von dem Priester loskommen wollte. Als ich ihr sagte, dass ich ihr helfen würde, kam ihr Geist unter meinen Einfluß. Ich hatte das bis dahin nicht gewusst. Sie hatte also jetzt das Gefühl, dass ich sie kontrolliere. Sie wusste nicht, an wen sie sich sonst wenden sollte. Wenn sie eine andere höhere Autorität gefunden hätte, wäre sie dorthin gegangen.

In dem Augenblick, wo ich ihren geistigen Zustand erkannte, wusste ich, wie ich sie erreichen konnte. Ich sagte einfach: „Von diesem Augenblick an nehme ich meine ganze Behandlung wieder zurück."

Sie war so glücklich. Von dieser Zeit an hatte sie keine Probleme mehr mit schlaflosen Nächten und dem Priester, und auch nicht mehr mit mir.

Viele Menschen, die Swamiji trafen, lernten klarer zu erkennen, wie ihr Geist arbeitete. Aufgrund des Verständnisses, das dieses Wissen ihnen gab, konnten sie wachsen und ihr Leben etwas „himmlischer" gestalten.

*

Schüler:

Ich traf Swamiji das erste Mal 1986 bei der Yogalehrer-Ausbildung in Vigo in Spanien. Ein kleiner, dynamischer, lustiger und gütiger Mann; er machte schnell einen sehr starken Eindruck auf mich. Wenn ich zurückblicke, erkenne ich, dass ich sehr froh sein kann, Swamiji aus erster Hand als meinen Lehrer erfahren zu haben. Er war sehr intensiv und fordernd. Er trieb uns an, redete uns gut zu und ließ uns bis spät in die Nacht aufbleiben, um seine Botschaft an uns weiterzugeben. Ich glaube, sein Hauptanliegen war, uns aufzuwecken, so dass wir unser wahres Selbst und unsere Verantwortung im Leben erkennen.Eine der besten Lektionen, die ich lernte, war, meine selbst gesetzten Grenzen zu überschreiten. Oft trieb uns Swamiji bis an unsere Grenzen und darüber hinaus. Das brachte unglaublichen Widerstand in mir auf, da ich es hasse, angetrieben und gedrängt zu werden. Aber indem ich diese negativen Gefühle hinter mir ließ und mich einfach auf die Dinge einließ, stellte ich fest, dass ich mehr erreichen konnte, als ich mir jemals erträumt hatte. Die Macht des positiven (und negativen!) Denkens wurde sehr klar.

Shanti
Vancouver, British Columbia

Swamiji lehrte mich während meiner Yogalehrer-Weiterbildung viele Lektionen. Einmal wurde ich sehr wütend auf jemanden aus dem Kurs und war soweit, ihn richtig anzuschnauzen. Am Abend beim *satsang* hatte ich eine sehr starke Vision. Ich sah und fühlte tatsächlich, dass das selbe Licht, welches in Swamiji schien, auch in mir und in jedem anderen strahlte, auch in dieser anderen Person. Das war eine sehr intensive Erfahrung. Mein Ärger verschwand vollkommen und an seine Stelle traten Mitgefühl und Ehrfurcht.

Amba, Val Morin, Quebec

Lernen durch Dienen

Swamijis *guru*, Swami Sivananda, legte großen Wert auf *Karma Yoga*, den Yoga des selbstlosen Dienens für die Menschheit. Er lehrte, dass das der beste Weg sei, das Herz zu öffnen und negative Eigenschaften zu beseitigen. Swamiji lernte viele wichtige Lektionen, indem er beobachtete, wie Swami Sivananda Karma Yoga nutzte, um den Menschen bei ihrem spirituellen Wachstum zu helfen.

„ Eine Frau aus Bombay schrieb dem Meister folgenden Brief: „Ich möchte eine Wohltätigkeitsveranstaltung organisieren, einen besonderen indischen Tanz, um Geld für den Sivananda *ashram* zu sammeln, den *ashram* des Meisters in Rishikesh. Soll ich das Programm so durchführen, Geld in Bombay sammeln und es Ihnen dann schicken? Ich möchte Ihren Segen, Ihren Rat und Ihre Erlaubnis."

Der Meister bekam den Brief, schaute ihn an und rief mir zu: „Vishnu Swamiji, hole Param Swamiji her."

Swamiji Param war der älteste Schüler, der erste Swami, der zum Meister gekommen war, als er in seiner Anfangszeit noch in Swargashram intensiv praktizierte.

Wir riefen Paramanandaji aus seinem Büro herbei. Der Meister gab ihm den Brief. „Paramamandaji, bitte beantworte diesen Brief. Es geht um eine Wohltätigkeitsveranstaltung."

Swami Paramanandaji war ein bisschen so etwas wie ein geschäftstüchtiger Swami. Der Meister hatte keine Ahnung von solchen Sachen, wer gut war in geschäftlichen Angelegenheiten, wer ein Schlitzohr war, wem man vertrauen konnte usw. Daher gab er den Brief Paramanandaji, der ihn nur kurz anschaute. Er kannte diese Dame sehr gut. Sie war nicht wirklich jemand, dem man vertrauen konnte. Sie sammelte vielleicht Geld im Namen des Meisters, ohne es ihm zu schicken oder sie schickte nur ein wenig und behielt den Rest. Man wusste nicht wirklich, was sie tun würde. Also, was sollte er tun? Sie war schon mehrmals im *ashram* gewesen und der Meister wusste, dass Paramanandaji sie nicht leiden konnte.

Seht ihr die Schönheit des Meisters? Er wusste, dass Paramanandaji diese Dame nicht mochte. Also gab er ihm ihren Brief. Es gab so viele andere Swamis, denen er den Brief hätte geben können, aber er gab ihn keinem anderen. Er rief Paramanandaji und sagte zu ihm: „Du beantwortest diesen Brief." Und das war's. Er sagte nichts weiter.

Paramanandaji nahm diesen und andere Briefe und ging in sein Büro, um sie zu lesen. Er beantwortete den Brief mit folgenden Worten: „Mein Segen ist Ihnen gewiss, machen Sie weiter und organisieren Sie diese Veranstaltung." Aber er wusste, dass sie eventuell nicht ehrlich mit unserem *ashram* umgehen würde. Also hätte er eigentlich nicht zustimmen sollen. Angenommen, er hätte abgelehnt und gesagt: „Bitte sagen Sie das Programm ab. Machen Sie es nicht, es ist im Moment nicht nötig." Aber wenn er das geschrieben hätte, dann hätte der Meister denken können, dass er sie nicht leiden kann. Also, was sollte er tun? Er war in einem Dilemma; wenn er zustimmte, war es schlecht, wenn er ablehnte, war es auch schlecht.

Also schrieb er 2 kleine Karten. Auf der einen stand: „Mein Segen ist mit Ihnen, bitte machen Sie weiter." Auf der anderen stand: „Ich glaube nicht, es ist nicht die richtige Zeit." Er tippte beide Karten – eine Karte mit Ja und eine mit Nein – und brachte sie dem Meister zur Unterschrift. Er legte sie auf seinen Schreibtisch, so dass dieser auswählen konnte, welche er wollte. Auf diese Weise hatte er nicht die Verantwortung.

Und was tat der Meister? Er sah Paramanandaji an und betrachtete beide Karten. Er nahm seinen Stift, unterschrieb beide Karten, gab sie Paramanandaji zurück und fragte: „Willst Du beide Karten abschicken?"

So prüfte der Meister seine Schüler und testete ihre Reaktionen. Jeder von uns hat ein anderes Temperament und eine andere Denkweise, verschiedene spirituelle Entwicklung und Stärken. Es sind nicht alle gleich, wenn sie zum Meister kommen. Und der Meister musste sich um sie kümmern. Das Leben war nicht leicht. Nun kann ich zurückblicken und erkenne das. Damals konnte ich nicht sehen, wieviel Kampf und Ärger er zu überstehen hatte, weil ich einfach nur ein Jugendlicher war. Die meisten Menschen dort so wie Paramanandaji usw. waren erwachsen und der Meister musste sich auf alle Arten von Schülern einstellen, sich auseinandersetzen und sich anpassen. Das ist nicht leicht. Heute kann ich das sehen, damals nicht. Nun habe ich mich selbst diesen Problemen zu stellen.

Swamiji legte immer größten Wert auf selbstlosen Dienst. Er sagte, dass nicht daran zu denken sei, den ganzen Tag nur zu meditieren und Asanas zu praktizieren, man müsse andere Dinge tun, um die Zeit sinnvoll zu füllen. Er erzählte oft die Geschichte, wie er Sivanandas Ashram verlassen hatte, um am Ganges zu sitzen und allein in der Wildnis zu meditieren. Nach einigen Tagen intensiver Meditation wurde er ruhelos. Er konnte nicht den ganzen Tag meditieren und es endete damit, dass er Stunden damit zubrachte, Steine übers Wasser hüpfen zu lassen, nur um die Zeit zu füllen. Er realisierte schnell, dass er etwas Nützliches mit seiner Zeit tun sollte und kehrte zum Ashram und dem Leben des aktiven Dienstes zurück. Wie sein *guru* vor ihm machte Swamiji selbstlosen Dienst zu einem der Grundsteine seiner Lehre.

Jeder konnte Dienst leisten, überall und jederzeit. Es gibt unzählige Möglichkeiten, anderen zu dienen. Nicht nur die Tat, auch der Zustand des Geistes bei der Umsetzung war von Bedeutung. Man musste lernen, anderen ohne die Erwartung einer Belohnung zu dienen. Die Arbeit so gut wie möglich und in dem Gefühl, dass jede Handlung Gottesverehrung ist, tun.

Swamiji ließ einen oft etwas tun, was einem oberflächlich betrachtet als eine schlechte Idee erschien, jedenfalls von unserem begrenzten Standpunkt aus gesehen. Es war das Beste, nicht zu diskutieren; er hatte immer seine Gründe, die sehr viel wichtiger waren als unsere.

*

Schüler:

Bevor ich zum Yogaretreat nach Nassau ging, war ich im Bootsgeschäft tätig gewesen. Daher wurde mir die Verantwortung für die Instandhaltung der Boote übertragen. Eines Tages beauftragte Swamiji uns damit, eines der Hausboote (*Ananda Kutir*) aus dem Wasser zu holen, den Boden zu säubern, nötige Reparaturen vorzunehmen und mit Unterwasserfarbe anzustreichen.

Ich hielt das für eine Zeit- und Geldverschwendung, da der Bootsrumpf aus Kunststoff war und daher auch nach langem Aufenthalt im Wasser nichts passieren konnte. Außerdem war es nicht nötig, den Rumpf zu säubern, da Algenbewuchs gewöhnlich nur entfernt werden musste, damit das Boot leichter durchs Wasser gleiten kann. Dieses Boot aber fuhr nie irgendwohin, es war dauerhaft am Dock befestigt. Ich kannte mich in diesen Dingen aus. Ich wusste, was Zeit- und Geldverschwendung war und was nicht.

Aber Swamiji bestand darauf. Je mehr ich argumentierte, desto resoluter bestand er darauf, dass dieses Boot überholt werden sollte.

Also wurde es hineingeholt. Was wir fanden, war etwas, dass niemand, egal wie viel Marineerfahrung er hatte, ahnen konnte. Nachdem wir es aus dem Wasser geholt hatten, sahen wir, dass Jahre vorher der Vorbesitzer in den Kunststoff einen hölzernen Kiel eingebaut hatte, damit das Boot sich unter Kraft besser manövrieren ließ. Über die Jahre hinweg war der Kiel von Meereswürmern stark angegriffen worden und die Bolzen, die den Kiel am Rumpf hielten, waren fast zerfressen. In einem Jahr oder so wären die Bolzen so locker gewesen, dass der Kiel ein wenig gesunken und so Wasser durch die Bolzenlöcher in den Rumpf eingedrungen wäre. Das Boot wäre gesunken.

Swamiji konnte das offensichtlich weder auf Verstandes- noch auf Erfahrungsebene wissen. Er war auf einer höheren, intuitiven Ebene tätig und zeigte uns, wie wir unserer inneren Stimme folgen sollten.

Bharata, Nassau, Bahamas

Irgendwann um 1985 herum, nachdem ich die Yogalehrer-Ausbildung absolviert hatte, hielt ich mich in Grass Valley in Kalifornien auf, wo Swamiji einen Workshop gab. Ich hatte schon öfter mit ihm in rechtlichen Angelegenheiten für die Organisation zusammen gearbeitet, so dass er mich ein wenig kannte. Er pflegte zu sagen, dass Juristen eines der merkwürdigsten *karmas* zu bearbeiten hätten. Ich denke, er schenkte mir ein wenig besondere Aufmerksamkeit, gerade weil ich Jurist war. Er wusste, dass ich versuchte, ein spirituelleres Leben zu führen, obwohl ich zur selben Zeit durch die Jauchegrube von Lügen usw. ging, was Juristen offenbar notwendigerweise in ihrem Beruf tun müssen. Er hatte wirklich mystisches Wissen darüber, wie merkwürdig es in jeglicher spiritueller Hinsicht ist, Rechtsanwalt zu sein.

Im Laufe des Seminars auf der Farm nahm er mich zur Seite, um mit mir und dem Leiter der Farm über die Farm und Grundbesitzrecht zu sprechen. Das Haupthaus mit 1.600 Hektar Land und die 800 Hektar, auf denen Swamijis Haus und der Durgatempel standen, waren durch das 800 Hektar große Land des Nachbarn voneinander getrennt. Über Jahre hinweg waren die Schüler über das Land des Nachbarn marschiert. Es gab sogar einen Trampelpfad.

Swamiji beauftragte mich, das Durchgangsrecht der Schüler für die Organisation zu schützen, da sie es über 10 Jahre hinweg ohne Protest oder Behinderung getan hätten. Als ich ihm sagte, dass das nicht möglich sei, ohne die Rechte formell vom Besitzer zu erwerben und dies offiziell im Grundstücksregister eintragen zu lassen, entgegnete er mir, dass das falsch sei und ich es mir genauer anschauen sollte. Ich würde nie mit Swamiji diskutieren, aber ich wusste, dass ich Recht hatte. Bei meinen Nachforschungen stieß ich auf eine Reihe bisher unbekannter Fälle in Kalifornien, die genau das beinhalteten, was Swamiji für möglich hielt; nämlich ein Recht durch Verjährung. Er hatte grundsätzlich Recht und ich hatte grundsätzlich Unrecht. Allerdings war in diesem Fall per Gesetz die Zahlung der Grundsteuer für die letzten 5 Jahre und ein Zivilprozeß notwendig, um diese Rechte offiziell eintragen lassen zu können.

Ich schickte Swamiji einen Bericht über meine Nachforschungsergebnisse, in dem ich die Meinung vertrat, dass es nicht ratsam sei, dieses Recht einzuklagen, da dies zu Spannungen zwischen den Einheimischen von Grass Valley und der Farm führen könnte. Swamiji schickte mir eine Nachricht zurück, dass er 100% mit mir übereinstimme. Nach diesem Ereignis hatte ich das Gefühl, dass Swamiji mir und meinem Rat in allen Angelegenheiten vertraute. Irgendwie hatte ich seine Achtung gewonnen. Und seit diesem Ereignis wusste ich, dass Swamiji wirklich ein höheres Wissen besaß, ein außergewöhnlich mystisches Verständnis der Dinge, das wir Sterblichen nie ganz erfassen konnten. Wie sonst konnte ein spiritueller Mensch aus Indien solch ein spezifisches Wissen über Grundstücksrecht in Kalifornien haben?

Larry Allman

Karma Yoga zu praktizieren, bedeutete, dass du dich auch dem guru ergeben musstest, da er dich oft mit Dingen beauftragte, die du normalerweise nicht tun wolltest oder die dir keinen Spaß machten.

*

Schüler:

Nachdem ich 6 Monate im Yoga Camp in Val Morin gearbeitet hatte, wurde ich ins Zentrum nach London geschickt. Am Tag vor meiner Abreise gab es einen wunderschönen langen *satsang* und ich war ein wenig traurig darüber, dass ich Swamiji nicht mehr sehen sollte. Swamiji war sehr krank und zog sich mehr und mehr zurück. Zu dieser Zeit wurden Mitarbeiter gesucht, die sich um ihn kümmern sollten. Ich wollte Swamiji vorschlagen, in Kanada zu bleiben und ihm zu dienen.

Nach dem *satsang* zögerte ich, ihn zu fragen, da so viele Menschen um ihn herum standen. Ich rief laut „Swamiji", aber niemand hörte mich. Ich war sogar etwas eifersüchtig auf all die Swamis und die Menschen um ihn herum, da außer ihnen niemand in Swami Vishnus Nähe kam. Der Rollstuhl wurde bereits Richtung Ausgang geschoben.

Gerade als ich das Gefühl hatte, ein Niemand und ein Nichts zu sein und dass es für mich nicht möglich war, Swamiji auch nur eine einzige Frage zu stellen, beauftragte er Swami Kartikeyanda, seinen Rollstuhl Richtung Halle zu drehen und fragte: „Was will Sadasiva?" Mein ganzer Körper erzitterte für einen Moment. „Er spricht zu mir!", dachte ich. Dann fragte ich: „Kann ich bei Dir bleiben und Dir dienen?"

Swamiji antwortete sanft, aber bestimmt: „Indem Du der Menschheit dienst, dienst Du mir!"

Swami Sadasivananda

Eines Tages kehrte ich von einem Bootsausflug nach Nassau in den *ashram* zurück und befestigte das Boot sicher am Dock, zumindest glaubte ich das. Das nächste, woran ich mich erinnere, war, dass mich jemand fragte, ob ich im Bootsdienst sei und als ich mit ja antwortete, hieß es: „Swamiji will Dich sehen." Sie hätten auch sagen können: „Das Exekutionskommando erwartet Dich." Als ich am Steg erschien, war Swamiji bereits mit zwei älteren Mitarbeitern dort und erklärte ihnen lautstark, wie er das Boot gefunden hatte, nur an einem Ende befestigt. Er sah mich noch nicht einmal an, als er plötzlich noch andere falsche Dinge beim Vertäuen und der Sicherung am Dock fand. Er brüllte die älteren Mitarbeiter an, ins Wasser zu gehen und alles in Ordnung zu bringen. Sie machten es sofort. Ich fühlte mich sehr unwohl, da ich die ganze Sache verbockt hatte, aber nichts von dem Zorn abbekam.

An diesem Abend bei der Meditation erzählte Swamiji dieses Vorkommnis und wie er sich selbst anschließend überprüft hatte. Mit Erstaunen in der Stimme und im Blick erzählte er, wie seine Schüler sofort ohne Nachzudenken seinem Befehl gehorcht hätten und in den Nassauer Hafen gesprungen seien, um alles sicher zu vertäuen. „Welch eine Hingabe!", rief er aus. Er sagte, dass noch nicht einmal in Indien solche Hingabe zu finden sei. Er habe keinerlei Kontrolle über diese Schüler. Wenn sie wollten, könnten sie ohne weiteres sagen: „Bye-bye Swamiji" und gehen. Aber sie waren geblieben.

Swami Swyamananda

Oft war die Aufgabe an sich völlig unwichtig. Swamiji benutzte hauptsächlich die gestellte Aufgabe, um dir beizubringen, in einer bestimmten Art zu denken und um dich auf größere Verantwortung vorzubereiten. Er bestand immer darauf, dass man alles, was man machte, wirklich so gut machte, wie man konnte. Er akzeptierte keine Entschuldigung, wenn etwas schlecht oder schlampig gemacht wurde.

*

Schüler:

Swamijis Dynamik kannte keine Grenzen. Er wollte buchstäblich immer alles sofort erledigt haben. Er wollte noch nicht einmal bis zum nächsten Tag warten, egal zu welcher Uhrzeit er etwas verlangte. Etwas Interessantes ereignete sich 1980 im Kibbutz zu Beginn der 1. Yogalehrer-Ausbildung in Israel.

Die Leiterin des Zentrums in München war für 10 Tage zu dieser ersten Ausbildung eingeladen worden. Natürlich änderten sich die Pläne wie eigentlich fast immer bei Swamiji. An einem Freitagabend, nach dem Beginn des jüdischen Sabbats, beauftragte Swamiji mich, sofort einen Flug nach Indien für sie zu buchen. Ich erklärte ihm, dass am Sabbat alle Geschäfte geschlossen seien und die Wahrscheinlichkeit, am nächsten Tag einen Flug nach Indien zu bekommen, äußerst gering sei. Außerdem wusste ich, dass die Beziehungen zwischen Indien und Israel nicht sehr gut waren, so dass es nicht viele Flüge gab. Aber natürlich bestand er darauf, dass ich es versuchte.

Nicht nur, dass alle Geschäfte bis Sonntagmorgen geschlossen waren, es gab auch nur ein einziges Telefon, für das ich auch noch spezielle Münzen brauchte, von denen ich nur wenige hatte. Der Kibbutz war in Negev, meilenweit von Tel Aviv entfernt. Aber ich konnte zu Swamiji nicht nein sagen, also rief ich unsere Reisebüromitarbeiterin zu Hause an (glücklicherweise war sie eine unserer Yogaschülerinnen und verstand die Eile). Aber es gab nicht einen einzigen Flug an diesem Tag und sowieso nur einen pro Woche. Was war mit Transferflügen z.B. über die Türkei? Keine Chance. Also musste ich Swamiji diese Nachrichten mitteilen. Er war erst zufrieden, nachdem ich gründlichst nachgeforscht hatte.

Swami Padmapadananda

Im Herbst 1991 reiste Swamiji nach Indien. Ich hatte gerade damit begonnen, ihn während der Nacht zu betreuen, daher reiste ich mit. Zu dieser Zeit war Swamiji noch immer sehr stark, obwohl er sich oft nicht wohl fühlte. Er nutzte seine ganze Energie, uns geistige Disziplin und Achtsamkeit bei unseren Handlungen beizubringen.

Auf dieser Reise wurde mir die Verantwortung für einen Teil des Geldes übertragen, das wir für die Reise brauchten. Ich verstaute einen Teil des Geldes in meiner Geldbörse, die ich um die Taille trug, den Rest legte ich in einen kleinen Rucksack, den ich überallhin mitnahm. Swamiji hatte mich mehrfach gewarnt: „Wenn Du den Rucksack verlierst, schicke ich Dich zurück nach Kanada." Ich sagte sehr selbstsicher: „Nein, Swamiji, ich verliere ihn bestimmt nicht."

So wurde es auf der ganzen Reise zu meinem besonderen *sadhana*, immer nach der Tasche zu schauen. Das war nicht immer eine leichte Aufgabe. Swamiji bewegte sich blitzschnell. Besonders die Augenblicke, wo wir von einem Ort wegfuhren oder irgendwo ankamen, bedurften spezieller Aufmerksamkeit. Swamiji musste von seinem Rollstuhl auf den Rücksitz des Autos gehoben werden. Seit dem Schlaganfall konnte Swamiji nur noch die rechte Körperhälfte bewegen. Es ist also unnötig, zu erwähnen, dass diese Aktion volle Aufmerksamkeit verlangte, um eine Verletzung Swamijis zu vermeiden und es ihm so angenehm wie möglich zu machen. Da ich Swamiji jedesmal sehr nah halten musste, musste ich den Rucksack von meinem Rücken nehmen. Sehr oft, wenn ich meine Arme fest um seinen Rücken nahm und dabei auf seine linke Hand aufpasste, so dass sie nicht irgendwo anschlug, auf seinen Kopf achtete und ihm half, sich umzudrehen und sich zu setzen, sagte Swamiji plötzlich zu mir: „Wo ist Deine Tasche? Pass auf Deine Tasche auf!“ Ich antwortete: „Ja, Swamiji, sie ist bei dem und dem.“

Eines Tages in Gangotri saß Swamiji auf seinem Lieblingsplatz vor seiner Höhle und betrachtete den Fluss. Ich hatte frei und aß auf einer Felsplattform, einige Meter unterhalb der Höhle, zu Abend. Plötzlich hörte ich, wie Swamiji meinen Namen rief. Ich sprang auf, rannte hoch zu ihm und fragte: „Ja, Swamiji?“ Er sah mich an und sagte: „Atmaram, wo ist Deine Tasche?“ Ich war bestürzt. Ich hatte die Tasche direkt neben mir, als ich gegessen hatte, aber als Swamiji mich rief, war ich hierhergestürzt und hatte sie zurückgelassen. Ich erkannte, dass Swamiji mir zeigen wollte, dass mein Geist jederzeit Zeit abgelenkt werden konnte.

Swami Atmaramananda

Eine meiner ersten persönlichen Begegnungen mit Swami Vishnudevananda war im April 1977 vor der Yogalehrer-Ausbildung, die ich bei ihm im Camp machen wollte. Swamiji konzentrierte seine immense Energie auf sein Buch ‚Meditation und Mantras‘. Hier transferierte er seine lebendigen Lektionen und sein unermessliches Wissen in das geschriebene Wort. Er wusste genau, was er sagen wollte, aber nicht genau, wie er es sagen sollte. Zwei seiner Schüler arbeiteten bereits Tag und Nacht mit ihm daran. Als ich sagte, dass ich Schriftstellerei an der Universität studiert hatte, fragte er mich sofort, ob ich mithelfen wolle. In seiner Achtsamkeit auf die Details prüfte Swamiji uns, ob wir auch vollständig verstanden hatten, was er sagte. Er nutzte auch die Gelegenheit, uns logisches Denken zu lehren und uns als Testleser einzusetzen.

Für Swamiji war das Potential eines Menschen wichtig, nicht seine Schwächen. Ein wenig Kenntnisse auf irgendeinem Gebiet reichte aus, um zu einer Aufgabe berufen zu werden.

Srinivasan
Val Morin, PQ, Canada

*

Karma Yoga beschränkte sich nicht nur auf Mitarbeiter in den ashrams und Yogazentren, sondern bezog sich auf alle Schüler Swamijis, überall. Egal, was du machtest, das Konzept des selbstlosen Dienstes konnte immer angewandt werden.

Ich hatte ziemliche Schwierigkeiten damit, meine betagte Mutter zu versorgen. Swamiji half mir, diese Zeit zu überstehen und spirituell zu wachsen, indem er mir am 17. Dezember 1961 in mein Buch schrieb:

„An Sri Annette,

Diene, liebe, gib, reinige Dich, meditiere, verwirkliche. Gott ist Wahrheit. Gott ist Liebe. Denke immer an Gott. Es gibt kein größeres Glück als den Armen, Kranken und Alten zu dienen. Möge Gott Dich segnen."

Annette Celine Mizne
New York, NY

Ein wahrer Heiliger

Swamiji gab niemals vor, jemand anderes zu sein als er war, ein Mann, der darum kämpfte, Gottesverwirklichung zu erreichen und der versuchte, dem zu folgen, was Swami Sivananda ihn gelehrt hatte. Ständig betete er auf seinem Weg um Gottes Hilfe. Er stellte sich niemals zur Schau, bis spät in seinem Leben hielt er jeden davon ab, ihn zu verehren. In aller Demut wies er darauf hin, dass er alles in seinem Leben nur durch die Gnade Gottes erreicht hatte. Er wollte den Menschen verständlich machen, dass alles, was sie erreichen wollten, ebenso nur durch ihre eigenen Bemühungen möglich war und dass er sie nur auf ihrem Weg begleiten, aber sie nicht dorthin bringen konnte.

" Ich benutze nicht irgendwelche Zauberpillen, um euch alle her zu bringen. Ich lehre nur harte Disziplin, Selbstdisziplin; das ist der einzige Weg, den ich kenne. Ich habe mein ganzes Leben praktiziert. Ich habe keine magischen Formeln, keine Geheimnisse. Ich habe keine geheimen magischen *mantras*. Was ich gelernt habe, ist harte, selbstlose Aufopferung. Sogar als ich erst 4 Jahre alt war, musste ich morgens 4 Meilen zur Schule gehen und 4 Meilen zurück, 8 Meilen musste ich gehen. Oft konnte ich meine Bücher nicht tragen oder zu Mittag essen, weil ich mehrere Flüsse und Ströme überqueren musste, die durch den Regen angeschwollen waren. Ich führte ein hartes Leben. Ich kannte nie etwas anderes, als dass das Leben Disziplin ist.

2 Jahre lang war ich beim Militär. Wieder Disziplin. Ich ging zum *ashram* des Meisters und auch dort lernte ich Disziplin. Das ist alles, was ich euch geben kann. Ich kann euch zeigen, wie ihr euch diszipliniert, wie ihr euer eigenes Schicksal meistert.

Euer Schicksal ist weder in meiner Hand noch in der von jemand anderem. Euer Schicksal ist in euren eigenen Händen. Ich kann euch zeigen, wie ihr auf dem Kopf steht, aber ich kann es nicht für euch tun. Das gleiche ist mit euren Füßen. Ihr selbst müsst auf euren eigenen Füßen stehen. Nur dann könnt ihr anderen helfen. Das ist der Grund, warum ihr hier seid, diese Disziplin zu lernen, dieses Wissen zu erlangen. Das großartigste Wissen des Yoga ist das der Disziplin.

Disziplin bedeutet, dieses wilde Pferd zu beherrschen, diesen wilden Geist. Da ist nichts Geheimnissvolles dabei. Ihr müsst nicht irgendwo hingehen, um zu lernen, dass der Feind in euch ist. Der Feind, den ihr bekämpft, ist nicht irgendwo außerhalb. Wo ist er? Er ist in eurem eigenen Geist. Der Geist allein ist der Grund eurer Knechtschaft. Der Geist allein ist der Schlüssel zu eurer Befreiung. Das Ergebnis wird davon bestimmt, wie ihr den Geist einsetzt.

Ich werde euch auf jegliche mir mögliche Art führen. Das Einzige, was ich von euch will, ist, dass ihr den Lehren Swami Sivanandas folgt. Er kümmert sich wirklich um euch. Ich habe mit ihm gelebt und sein Leiden gesehen. Er hat nichts von irgendjemandem erwartet. Alles was er tat, war geben, geben, geben. „Diene, liebe, gib" war sein Motto. Folgt diesem selbstlosen Prinzip. Diene, liebe, gib, reinige dich, meditiere. Ich kann seine Lehre weitergeben und ein wenig deuten, mit meinen eigenen Schwächen. Ich kann euch einige Methoden zeigen, den Geist mit eigener harter Arbeit zu kontrollieren. Ich kann euch versichern, dass ihr, wenn ihr diesen Lehren zur Kontrolle eures Geistes folgt, einen friedlicheren Zustand erreichen werdet, als ich es je beschreiben kann.

Wenn ich zu euch komme, bete ich zum Meister und ändere meine Schwingungen: „Mache mich nicht egoistisch, lasse nicht zu, dass ich glaube, mehr als diese Menschen zu wissen, lass mich nur als ein Instrument spechen, als dein Instrument, nimm dieses Ego ‚Ich bin' von mir." Das ist alles. So bete ich, bevor ich zu euch komme. Ich bringe Blumen auf dem Altar dar, ich opfere Shiva, dem *guru*, meinem Lehrer, Krishna, Devi und natürlich den Schülern und euch allen; ich komme zu euch und verbeuge mich geistig vor euch. Ich halte euch einfach nur für Schüler.

Es gibt ein Ziehen der Sinne, des Geistes und der Emotionen hin zur Mitte. Ich BIN das große Ich BIN, nicht das kleine Ego. Das kleine Ego ist identifiziert mit dem physischen Körper: „Oh, ich wiege 155 Pfund, der große Swami Vishnu." Aber das Selbst, *Atman*, die zentrale Kraft ist unendlich. Wenn man also das kleine Ego wegnimmt, kann man sich mit dem großen Ich identifizieren. Das wird Gott genannt. Das ist alles, was Yoga ist.

Ich habe nicht die Absicht, eine äußere Show aufzuführen; jeder kann sich eine äußere Erscheinung zulegen. Es ist ganz einfach, es ist eine Illusion. Sobald ich erscheine, würden sich alle Schüler vor mir verbeugen und rufen: „Ooh ahh!" Jedesmal, wenn ich erscheine, kommt plötzlich: „Aahh!" Ich kann diese Show aufführen, aber mein Geist wird davon nicht besser, er wird eher schlimmer. Gurudev Sivananda hat diese äußere Show zu keiner Zeit zugelassen. Er versuchte, dieses Showgeschäft zu beseitigen, diese religiöse Heuchelei. Andere gehen mit Pfauenfedern umher und berühren andere damit, die Schüler stehen Schlange und jeder wird mit der Feder berührt. Was für eine Heuchelei ist das? Als ob jemand die Macht hätte, jeden zu berühren, Wissen weiterzugeben, indem sie jemanden mit einer Pfauenfeder schlagen! Versteht ihr die Motive dieser Leute?

Ich komme nicht mit einem Ego. Nur das zu sagen, ist auch schon Ego. Wenn ihr sagt, „Ich komme nicht mit einem Ego", ist das auch schon Ego. Aber ich muss Worte gebrauchen, wisst ihr, ich gebrauche die Wörter, weil ich ein Ego habe. Wenn ich kein Ego hätte, könnte ich nicht zu euch sprechen. Aber ich bringe auch dieses Ego Gott dar. Bringt alles Gott dar. Das nennt man Hingabe. Ohne diese Hingabe werdet ihr keinen Schritt auf dem spirituellen Pfad weiter kommen, ihr könnt euch überhaupt nicht bewegen; alles ist Gottes Gnade.

*

Schüler:

Viele Heilige erscheinen deshalb heilig, weil sie ihre menschlichen Schwächen verstecken. Swamiji zeigte uns sein Menschsein und seine Fehler. Er versteckte seine Heiligkeit und zeigte uns damit, was „normale" Menschen erreichen können.

Neela Devi
Washington, D.C.

*

Es war diese besondere Normalität, die viele Schüler zu Swamiji hinzog. Er versuchte nicht, das Gefühl zu vermitteln, dass er etwas Besonderes sei. Er erwartete keine Verehrung, vielmehr versuchte er das aktiv zu verhindern. Man konnte in gewissem Sinne mit Swamiji einfach ‚abhängen' und ganz normal mit ihm in Alltagssituationen zusammensein. Mal abgesehen davon, dass diese Zeiten immer etwas Besonderes waren, sie hatten ein ‚Anderssein', das sie irgendwie zu etwas Außergewöhnlichem machten.

Vor fast 3 Wochen, am 8. April 1985, kam Swamiji für einen Tag nach Ottawa. Er hatte einen Termin an der Klinik für Sportmedizin, um sein Knie untersuchen zu lassen. Ein kleiner Unfall im Jeep auf dem Weg zurück von Gangotri hatte eine alte Verletzung reaktiviert.

Ich habe die Ereignisse dieses Tages nicht aufgezeichnet, da sie auf eine gewisse Art so weltlich erschienen. Es war nichts Besonderes geschehen. Nach einigen Wochen bemerkte ich jedoch, dass die Ereignisse dieses Tages sehr nachhaltige Eindrücke hinterlassen hatten.

Es war das erste Mal, dass ich Swamiji nach seinem Winter in der Höhle in Gangotri wiedersah. Er erschien mir schlanker, zarter und sehr sanft.

Swami Kartikeyananda und Sitaramananda begleiteten ihn nach Ottawa. Es war ein kalter, regnerischer Tag und ein lustiges Bild von Swamijis Füßen auf der Matte im Flur wird in mir lebendig. Sie steckten in schweren weißen Baumwollsocken in großen rot-braunen Halbschuhen, einige Nummern zu groß für seine Zehen, die sich noch von Frostbeulen erholten.

Ich chauffierte Swamiji und seine Begleiter in unserem Auto zur Klinik, dann zum Indischen Oberkommissariat, dann am Nachmittag zurück zur Klinik. Jedesmal, wenn er ins Auto stieg, berührte er das Bild des Meisters auf dem Armaturenbrett, dann berührte er seine Stirn mit seinen Fingern und sprach einige Gebete. Dies geschah 6x. Beim letzten Mal unterbrach er sich und sagte zu mir: „Starte den Wagen!" Ich hatte gedacht, dass ich warten sollte, bis er seine Gebete beendet hätte.

Kurz nach seiner Ankunft wollte Swamiji ein Sandwich. Während er aß, quollen das Fruchtfleisch und die Kerne der Tomaten heraus und fielen auf seinen orangefarbenen Sweater. Es war ein ziemlich großer Fleck, aber er beachtete ihn nicht weiter, bis wir zur Klinik aufbrechen wollten. Da nahm Swami Kartikeyananda eine Serviette und versuchte, den Fleck wegzuwischen. Swamji lächelte nur und sagte: „Sieh nur, sogar die Tomaten finden mich anziehend. Sie wollen bei mir sein."

Madasala
Ottawa, Ontario

In der Anfangszeit im Sivananda Ashram in Val Morin nahm Swami Vishnu-devanandaji für gewöhnlich an allen Ashramaktivitäten teil: Abend- und Morgen*satsangs*, Asanakurse, schweigende Spaziergänge usw. Er sagte immer, wir sollten, wenn wir in den *ashram* kämen, völlig in den Aktivitäten des *ashrams* aufgehen, ohne unsere Energie nach außen zu verschwenden. Dann fügte er noch besonders hinzu: „Geht nicht hinunter ins Dorf zum Essen, es ist nicht der beste Platz der Welt und es ist ein bisschen zu weit weg vom *ashram*."

Eines Sonntags waren ein Mitbewohner und ich nicht besonders glücklich mit dem Frühstück im *ashram*, um 10 Uhr Porridge und Brot. Also entschlossen wir uns, außerhalb zu essen und dieses berühmte Restaurant zu besuchen. Ganz unauffällig entfernten wir uns vom Haupteingang und eilten dann zu dem Restaurant, glücklich, frei zu sein und freuten uns schon im Gedanken an das wunderbare Essen in dem Restaurant.

Wir öffneten die Tür, traten ein und AAAAAARRGHHH!

Swamiji saß dort, passend angezogen in T-Shirt und kurzen Hosen mit 2 oder 3 Mitarbeitern und beantwortete die Post. Er aß Pommes Frites, Kuchen mit Eiskrem und trank Tee. Sobald er uns sah, lud er uns ein, uns zu ihm zu setzen und fragte uns sofort mit großer Fürsorge und einem leicht schelmischen Blick: „Wollt ihr Pommes Frites und Eis?" Wenn wir eine vorgefasste Meinung oder naive Vorstellung davon gehabt hätten, wie ein *guru* zu sein hatte, wäre diese jetzt natürlich vollkommen erschüttert gewesen.

Sein Blick hieß: „Nur weil ich keinen Swami-Umhang trage und hier sitze und Pommes und Eis esse, heißt das, dass ich kein *guru* mehr bin?"

Schau nicht auf Äußerlichkeiten. Schau auf den Geist und die Motivation dahinter.

Swami Mahadevananda

Eines Tages saßen wir im Wiener Yogazentrum. Swamiji saß im Asanaraum, der an diesem Tag von Sonnenlicht durchflutet war, eine Ausnahme in Wien. Wir hatten einen hübschen Lehnstuhl und einen Tisch für Swamiji besorgt, wo er morgens sitzen und seine Zeitung lesen konnte.

Er rief mich zu sich. Als ich den Raum betrat, sah er mich an und sagte: „Du siehst heute so strahlend aus. Du musst gerade etwas Richtiges tun."

Ich war sehr verwirrt und alles, was ich denken konnte, war: „Was hatte ich gemacht, um das Richtige zu tun?"

Swami Durgananda

Eines Tages ließ Swamiji die Stunden ausfallen und wir stiegen alle in Autos, Busse und Transporter und fuhren ein langes Stück. Dann mussten wir einen Weg hinunterwandern, der zu einem Wasserteich und Wasserfällen führte. Wie gewöhnlich flog er buchstäblich den Weg hinunter, während wir uns ganz schön ranhalten mussten, um mit ihm Schritt zu halten.

Er ließ uns alle schwimmen, er schwamm ebenfalls und dann saßen wir unter den Wasserfällen. Sie waren ungefähr 8 Meter hoch und einige Mutige sprangen von hier ins Wasser hinunter. Dann hielt er uns einen Vortrag darüber, wie sehr wir diesen Tag gebraucht hätten, da unser Geist genug hätte von seinen Lektionen und der heißen Sonne.

Cathleen Clark
San Francisco, Kalifornien

Während eines Yogaretreats im Frühling lag ich auf der Strandplattform unter den hohen Pinien schlafend auf meiner Matte. Ich erwachte mit einem Ruck, da ich plötzlich Licht und Wärme auf mir fühlte. Dort stand Swami Vishnu auf der Plattform und warf mir sein strahlendes Lächeln zu. Nervös stand ich auf wie ein Kind, das dabei erwischt worden war, etwas Falsches getan zu haben. Er legte seine Hände zum Gruß zusammen, verbeugte sich und ließ mich damit wissen, dass alles in Ordnung war. Ich fühlte mich vollkommen glückselig und sank zurück auf meine Matte.

Silvia Goldsmith
New York City, New York

Vor einigen Jahren lehrte ich Swami Vishnu, wie man ein Ultraleichtflugzeug steuert. Das war, bevor er bei einer seiner Friedensmissionen über die Berliner Mauer flog. Swamiji war ein toller Schüler. Er hörte sich aufmerksam und mit voller Konzentration alles an, was ich ihm sagte. Er nahm alles auf, lernte schnell und ließ sein gesamtes voriges Wissen über das Steuern größerer Flugzeuge beiseite.

Eines Tages konnten wir nicht fliegen, weil die Winde zu stark waren, also saßen wir auf dem Flugfeld herum, redeten einfach nur und warteten. Es war einer der schönsten Tage meines Lebens und ich werde mich immer daran erinnern.

Ted Young
Ellenville, New York

*

Swamiji reagierte auf Situationen, die andere Menschen für normal hielten, oft ganz anders als andere Menschen um ihn herum. Er erlebte die Dinge, besonders stark emotionale oder gewalttätige Dinge, sehr viel intensiver als andere in seiner Umgebung. Er erzählte oft die folgende Geschichte von Mohammed Ali:

„Ich fuhr nach Miami, um etwas zu erledigen und hörte, dass Mohammed Ali hier trainierte. Ich wollte mir anschauen, wie Boxer trainierten. Er war stark. Sein Sparringpartner musste einige Schläge einstecken, sehr starke Schläge. Ali teilte einen nach dem anderen aus. Gelegentlich lehnte er sich gegen das Seil. Warum? Er ruhte sich aus. Seine Atmung war sehr flach, er bekam nicht ausreichend Sauerstoff und einige seiner kraftvollen Schläge raubten ihm enorme Energie.

Nach dem Kampf gab ich ihm eine signierte Kopie meines Buches und sagte zu ihm: „Wissen Sie, Ihre Atmung ist sehr flach. Sie können nicht lange kämpfen, wenn Sie Ihre Atmung nicht verändern." Ich gab ihm auf eine freundliche Art Ratschläge, brachte ihm bei, wie er atmen solle und sagte zu ihm: „Steigern Sie Ihre Atemkapazität, wenn Sie überleben wollen."

Einige Zeit später war ich in Kalifornien. Es war gerade ein Boxkampf ausgeschrieben zwischen Mohammed Ali und Joe Frazier. Es gab eine riesige Leinwand, wo man sich den Kampf anschauen konnte und einige Schüler fragten mich: „Swamiji, möchtest Du Ali kämpfen sehen?" Ich antwortete, dass ich mir anschauen wollte, wie er atmet.

Also schaute ich mir auf der Leinwand an, wie sich Ali und Joe Frazier schlugen. Joe Fraziers Blut strömte und Mohammed Alis Gesicht war aufgedunsen. So viele Schläge, so oft! Jedesmal, wenn sie sich schlugen, hatte ich das Gefühl, als würde ich selbst geschlagen; ich war das Opfer dieser Hiebe.

Dieses gegenseitige Schlagen, Schlagen, Schlagen dauerte eine Stunde. Endlich war der Kampf vorbei. Ali hatte gewonnen. Das Licht in der Halle wurde angeschaltet. Alle gingen hinaus. Aber ich saß einfach auf meinem Sitz; ich konnte mich nicht bewegen. Ich konnte mich überhaupt nicht bewegen. Mein Magen war angefüllt mit Säure, noch nie in meinem Leben hatte ich Säure wie diese in meinem Magen brennen gefühlt. Meine Beine schmerzten. Mein Körper war wie gelähmt. Ich saß dort wie ein Zombie. Alle waren gegangen außer den zwei oder drei Schülern, die mit mir gekommen waren. Sie warteten darauf, dass ich rauskam; sie dachten, ich würde meditieren. Aber ich meditierte nicht; ich war gelähmt. Ich konnte einfach nicht aufstehen und gehen. Damals war mein Körper sehr stark und gesund, aber 15 oder 20 Minuten lang konnte ich mich nicht bewegen. Danach musste ich 2 oder 3 Gläser Milch trinken, um die Säure in meinem Magen zu neutralisieren. Es dauerte mindestens 3 Stunden, bevor ich mich entspannen oder schlafen konnte.

Swamiji lebte die Idee, mit allen lebenden Wesen eins zu sein. Er war für alle offen und litt, wenn die Menschen um ihn herum Schmerzen oder Sorgen hatten.

Beziehungen

Auch wenn Swamiji nie verheiratet war und sein Leben überwiegend als *Sannyasin* im Zölibat verbrachte, besaß er ein einmaliges Verständnis dafür, wie Menschen in einer festen Beziehung miteinander umgehen sollten. Er sprach offen und frei über Liebe und Sex. Er verhalf den Menschen zu einem klareren Verständnis über diese Themen in Bezug auf ihre spirituelle Praxis.

" Ihr solltet euch wegen sexueller Gefühle nicht schuldig fühlen. Das ganze Universum ist abhängig von sexuellen Gefühlen. Sonst würde es keine Welt mehr geben. Gegen sexuelle Gefühle anzugehen, ist ungefähr so, wie die Niagarafälle hochzuklettern. Es ist diese große Energie, die sich seit ewigen Zeiten nach unten bewegt. Wenn man sie zwangsweise verschließt, wird sie stärker und braust herab. Und die Wasserfälle hinaufschwimmen? Es gibt nur wenige, die das können! Das ist nicht nur durch eigene Anstrengung zu erreichen. Wir brauchen Gottes Gnade.

Versucht nicht, das sexuelle Gefühl zu unterdrücken. Das geht nicht. Aber wir können es sublimieren. Wie Wasser, das normalerweise von oben nach unten fließt, aber beim Erhitzen nach oben steigt, so kann die Sublimierung die sexuelle Energie wie Dampf werden lassen. Dieser Dampf wird *ojas* genannt, spirituelle Energie. Er steigt zu den höheren Energiezentren auf, anstatt zum unteren Energiezentrum, dem Sexualzentrum, hinunter zu gehen. Wenn sexuelle Gefühle kommen, sind unsere eigenen Bemühungen gewöhnlich nicht ausreichend, um sie zu stoppen. Wenn ihr *asanas* und *pranayama* übt, wenn ihr regelmäßig *Japa* (Mantrawiederholung) ausführt und euch richtig ernährt, ohne Zwiebeln, Knoblauch und bestimmte Wurzeln, welche die Nerven überstimulieren, dann wird die Sublimierung ganz allmählich eintreten. Das ist der Fall, wenn die Energie beginnt, sich zu den oberen *Chakras* (psychische Energiezentren) zu bewegen und dann das Gehirn erreicht. Die gleiche sexuelle Energie wird nun zu einer kreativen Kraft, einer positiven spirituellen Kraft. Das ist der Grund, warum man Heiligenscheine um die Köpfe von

Weisen und Heiligen sehen kann, das ist die Austrahlung von *ojas shakti*. Wenn ein Mensch auch nur einen Teil seiner sexuellen Kraft kontrollieren kann, ist sein Gesicht anders. Er wird keine Falten bekommen. Die Haut wird trocken und voller Falten, wenn zuviel Energie im sexuellen Akt verschwendet und grobstofflich wird.

Sowohl Männer als auch Frauen haben diese psychische Energie, die vom Gehirn herunterfließt und dann grobstofflich wird. Wenn ihr einmal gelernt habt, diese Energie umzuwandeln und in die entgegengesetzte Richtung umzuleiten, ist es nicht länger etwas Sexuelles. Erinnert ihr euch an die Geschichte von Krishna und den 16.008 Frauen? Alle lernten, ihre Energie zu kontrollieren und zu sublimieren. Jede erreichte die Einheit mit Krishna, aber es war keine physische Einheit sondern Einheit auf einer höheren Ebene.

Die *gopis* waren wunderschöne Kuhhirtinnen, die Krishna so sehr liebten, dass sie ihre Augen nicht von ihm nehmen konnten, nicht einmal für eine Minute. Die *gopis* wurden geprüft, um zu sehen, ob sie fähig waren, diese Energie zu sublimieren.

Eines kalten Morgens gingen sie zum Fluss Yamuna und beteten: „Lass Krishna meinen Gatten sein." Dann badeten sie im Fluss. Krishna kam, nahm alle ihre Kleider, die sie am Ufer zurückgelassen hatten und legte sie auf die Spitze eines Baumes. Dann begann er mit seinem Flötenspiel. Die Mädchen sahen alle nach oben, um ihn zu sehen und entdeckten, dass er jedes ihrer Kleidungsstücke ordentlich befestigt hatte, jedes an einem anderen Zweig. Ihnen war kalt und sie konnten nicht zu lange nackt im Fluss bleiben. Sie mussten herauskommen, also baten sie ihn: „Oh Krishna, gib uns unsere Kleider. Warum bist Du ungezogen? Warum machst Du das?" Er sagte: „Wenn ihr sie wollt, kommt heraus und holt sie euch. Ich werde hier bleiben und euch eure Kleider geben. Kommt einfach aus dem Wasser." Aber sie weigerten sich. „Gut, dann müsst ihr halt im kalten Wasser bleiben." Als sie es zum Schluss nicht mehr aushalten konnten, kamen sie heraus und bedeckten ihre Blöße mit den Händen. Aber Krishna sagte:, „Nein, nein. Ihr müsst die Hände wegnehmen." Als sie ihm drohten, es seinem Vater und seiner Mutter zu erzählen, sagte er: „Erzählt es ihnen, wenn ihr wollt.

Das wird euch eure Kleider nicht zurückbringen." Zum Schluss ergaben sie sich Krishna, hoben ihre Hände und kamen heraus.

Krishna wollte damit nicht irgendetwas Unrechtes tun. Die *gopis* wollten Krishna zu ihrem Ehemann, aber Krishna ist kein menschliches Wesen. Wenn Krishna ihr Ehegatte sein sollte, dann durften sie nicht denken, dass sie Frauen waren und er ein Mann. Sie mussten ihr körperliches Bewusstsein vergessen. Sie mussten das körperliche Bewusstsein transzendieren. Männlich und weiblich ist nur eine Vorstellung. Heute bist du ein Mann und morgen nach einer Operation kannst du eine Frau sein. Das passiert jeden Tag. Aber der *Atman* ist das unsterbliche Selbst, mit dem ihr euch verbinden sollt.

Die *saguna* Form von *Brahman* (Gott mit Formen oder Attributen) ist Krishna oder Rama, und wenn ihr euch mit Gott vereinen wollt, könnt ihr nicht denken: „Ich bin ein Mann" oder „Ich bin eine Frau." Ich komme zu dir und du musst mein Ehemann sein." Also sagte Krishna, als er das Gebet der *gopis* hörte: „Ihr seid noch nicht soweit." Jeden Tag kamen die Gopis und meditierten morgens in der Kälte. Krishna wusste, dass sie ihren Körper transzendierten, aber sie hatten immer noch ein kleines Ego, ihr weibliches Ego existierte immer noch. Solange sie dieses weibliche Ego nicht zurück-nahmen und solange sie weiterhin dachten, dass er als ihr Ehemann nur ein Mann sei, waren sie nicht so weit, sich mit ihm zu vereinigen.

Das ist der tiefere Sinn dieser Geschichte. Als sie ihr Körperbewusstsein verloren, sagte Krishna: „Bei Vollmond werdet ihr meine Flöte hören. Ihr werdet nach Vrindavan kommen und den kosmischen Tanz mit mir tanzen."

Also, sexuelle Gefühle sind schwierig zu überwinden, solange ihr dieses Gefühl nicht in Hingabe an Gott verwandelt. Nonnen zum Beispiel bleiben allein, aber sie glauben, dass sie mit Jesus verheiratet sind. Das ist keine sexuelle Heirat, es ist eine göttliche Heirat. Sie verbinden sich mit Jesus, so dass sie in der Lage sind, diese Energie zu sublimieren.

Sexuelle Gefühle kommen zu jedem. Schuldgefühle zeigen euch, dass ihr etwas tut, wovon ihr denkt, dass es nicht richtig ist.

Wenn ihr Schuldgefühle habt, wiederholt den Namen Gottes und gebt euch ihm wieder hin: „Dein Wille geschehe, oh Gott. Ich habe mein Bestes gegeben und nun ist es an dir. Ich kann mir nicht helfen. Ich kann nichts tun."

Es ist das Gleiche mit dem Leben der Swamis, wisst ihr. Es ist sehr schwierig, diese Energie zu überwinden. Jeder Heilige, Weise und Yogi im Himalaya hatte Probleme. Nicht nur ihr habt diese Probleme. Meint ihr, dass dieses Problem verschwindet, nur weil sie in die Höhlen des Himalayas gehen? Es wird eher stärker.

Also sorgt euch nicht um dieses Gefühl, sondern sublimiert es. Wiederholt jedes Mal euer Mantra und wenn es trotzdem kommt, bringt es Gott als Opfer dar. Das ist der einzige Weg, wie wir euch helfen können, es gibt keinen anderen. Wenn jemand behauptet, er habe Sex überwunden, ist er weder ehrlich zu sich noch zur Welt. Es dauert bis zum letzten Atemzug. Man weiß nie, wann Maya zuschlägt. Selbst wenn man 100 Jahre alt ist, kann es das Denken überwältigen.

"

Swamiji gab niemals vor, besser als andere zu sein oder über bestimmten Problemen zu stehen, nur weil er *sannyasin* war und das Gelübde der Enthaltsamkeit geleistet hatte. Er akzeptierte seine vielen Schüler, die im Familienleben standen und stieß sie niemals vor den Kopf, weil sie nicht fähig oder interessiert waren, dem von ihm gewählten Weg zu folgen.

*

Schüler:

Als ich das erste Mal überhaupt mit einem persönlichen Problem zu Swamiji ging, kämpfte ich mit dieser ganzen Idee des Zölibats. Ich war irgendwie in meinem Geist zu dem Punkt gekommen, dass ich nur dann spirituell fortschreiten könne, wenn ich *Brahmacharya* annehmen würde (den Eid des Zölibats), aber ich war überhaupt nicht darauf vorbereitet. Ich erzählte Swamiji, dass ich mich schuldig fühlte, da ich nicht den „richtigen"

Weg ginge. Swamiji lächelte mich nur sanft an und sagte: „Sogar die großen *Rishis* (Seher) hatten Ehefrauen und Sex mit ihnen." Er fuhr fort, mir zu erklären, dass als Familienmensch kein Zölibat von mir erwartet wurde. Wichtiger sei die Haltung zu meiner Frau. Ich solle sie nicht nur als eine Frau sehen sondern als eine Inkarnation der Göttin. Ich sollte immer an sie denken und sie anbetungswürdig behandeln. Wenn ich das tat, würde es keinen Unterschied in meinem spirituellen Fortschritt machen, wenn ich ein Familienleben führte.

Gopala Krishna
Ottawa, Ontario, Canada

Als ich versuchte, meine sexuellen Beziehungen zu spiritualisieren, riet Swamiji mir: „Sex und Yoga sind zwei verschiedene Dinge. Wenn Du Sex hast, genieße es, aber versuche nicht, Yoga daraus zu machen." Also versuche ich es nicht und es geht wunderbar.

Sarabess Forster
Silver Springs, Maryland

*

Swamiji unterstützte aktiv seine Schüler, die in Beziehungen lebten, ermutigte sie und erinnerte sie an ihre gegenseitigen Pflichten. Er war immer aufrichtig an dem Wohlergehen aller Familienmitglieder interessiert.

*

Mein Mann Jim und ich wurden von Swamiji getraut. Er leitete persönlich eine wunderschöne Feuerzeremonie. Er hielt einen Vortrag über den Nutzen und die Schönheit des Familienlebens. Unsere Verwandten, die sich wegen der Fremdheit der Zeremonie zu Beginn ein wenig unbehaglich fühlten, waren bewegt und berührt von Swamijis Liebe und Enthusiasmus.

Eines Tages, als ich während einer zweistündigen Fahrt Swamiji vom New Yorker Zentrum zur Yogaranch fuhr, fragte ich ihn, ob er mir bei einem Problem behilflich sein könne. Ich hielt einen langen Vortrag darüber, dass Jim sich nicht so wie ich als Mitarbeiter auf der Ranch verpflichten wollte und dass das Spannungen erzeugte usw. usw. Obwohl ich am Anfang schüchtern war, konnte ich nicht mehr aufhören, als ich einmal angefangen hatte. Als ich endlich aufhörte, drehte sich Swamiji zu mir um und fragte: „Entschuldigung, was hast Du gesagt?“ Ich war etwas bestürzt, aber dann erkannte ich, dass es mir schon besser ging und dass ich die Situation nun präziser schildern konnte. Danach riet Swamiji mir, mich nicht zu sorgen und zu Gott zu beten.

Als wir in die Straße zur Ranch einbogen, stand Jim dort und Swamiji begann sofort, ihn zu ermutigen und zu lieben. Die ganze Zeit, die Swamiji auf der Ranch war, schenkte er Jim besondere Aufmerksamkeit. An einem *satsang* rief er Jim nach vorne und ließ ihn „Die Regeln für menschliches Seins“ aus einer früheren Ausgabe von *„Yoga Life“* vorlesen. Nach jeder Regel drehte Swamiji sich um und wandte sich direkt an Jim, als er darüber sprach, das Leben vollständig und wunderbar zu leben, ohne Gott zu vergessen. Weder schimpfte er, noch ermahnte er ihn. Er verströmte nur reine Liebe und Anteilnahme. Nach dem *satsang* sagte er zu Jim, er solle mit dieser Ausgabe von *„Yoga Life“* unter seinem Kopfkissen schlafen. Das tat Jim. Später legten wir es unters Bett. Jetzt nach 7 Jahren liegt es immer noch da.

Die ganzen Jahre hinweg vergaß Swamiji nie, mich zu fragen: „Wie geht es Jim?“ Als ich einmal den *ashram* in Val Morin besuchte, wollte ich Swamiji begrüßen, der allein auf einer Picknickbank saß. Er praktizierte *mouna*, also würde er nicht sprechen, aber er begann, einige Buchstaben auf die Bank zu zeichnen. Nach einigem Zaudern erkannte ich, dass er E-h-e-m-a-n-n buchstabierte. Eine andere Erinnerung an Pflichterfüllung bekam ich, als Swamiji einmal die Ranch nach einem kurzen Besuch wieder verließ. Swamiji lag auf der Rückbank des Wagens und ich beugte mich hinein, um seine Füße zu berühren und mich zu verabschieden. Er sagte etwas zu mir, aber das Ganze geschah nach seinen Schlaganfällen und er war schwer zu verstehen. Ich riet: „Bleib dran an Deinem *sadhana*?“ Swami schüttelte seinen Kopf. „Arbeite hart im *ashram*?“ Nein, das war es auch nicht. Ich riet und riet, bis Swamij Kartikeyananda ins Auto stieg und übersetzte: „Wo ist Jim? Ist er zur Arbeit gegangen?“ Wieder erinnerte mich Swamji daran, an meinen Mann zu denken! Das war die fortwährende Botschaft.

Das letzte Mal, als Swamiji auf die Ranch kam, war er recht schwach, aber wie gewöhnlich wunderbar für alle erreichbar und interessiert an allen. Jim und ich hatten darüber nachgedacht, Kinder zu bekommen, aber wir hatten doch noch einige Zweifel. Ich wollte unbedingt mit Swamiji darüber sprechen und ich wusste, dass wir befolgen würden, was immer er uns riet. Ich erzählte Swamiji unsere Bedenken darüber, Kinder zu bekommen. Swamiji antwortete sofort: „Warum nicht?“ Ich antwortete, dass sich unser *sadhana* verändern würde und dass ich nicht mehr viel im *ashram* helfen könnte. Es würde sich alles um das Kind drehen. Ich war mir nicht sicher, da es so eine große Umstellung wäre. Swamiji aber antwortete mir: „Sogar Rama hatte Kinder. Das höchste Gut ist es, Kinder sorgsam zu erziehen, und sie in einem *ashram* aufzuziehen, ist ein großer Segen.

Lisa
Woodbourne, NY

Am 22. September 1992 besuchten meine Frau und ich Swamiji in seinem Haus in Val Morin. Obwohl er nicht deutlich sprechen konnte, erkundigte er sich mit Hilfe von Zeichensprache und seinen Augen nach meinen Kindern. Er betete für uns alle, so als könne er sehen, dass bald etwas mit uns geschehen würde. Früh am Morgen des 26. September starb mein Sohn Sandeep bei einem Autounfall.

Shambu Das
Toronto, ON, Canada

Die physische Präsenz

Es ist etwas Besonderes, wenn man sich in der Gegenwart von Menschen befindet, die auf dem spirituellen Weg fortgeschritten sind. Einfach im selben Raum mit ihnen zu sein, auch wenn sie nichts sagen oder tun, hat oft eine tiefe Wirkung auf Menschen. Warum haben große Yogis und Weise einen so mächtigen Einfluss? Swamiji erklärte es folgendermaßen.

” Es gibt einen Zusammenhang zwischen der Flexibilität des Körpers, besonders der Wirbelsäule und der Flexibilität des Geistes. Flexibilität des Geistes bedeutet Anpassungsfähigkeit. Das Gegenteil davon, die Starrheit des Geistes, wird Ego genannt. Da das Ego Spannung ans Nervensystem abgibt, schafft es einen starren Körper. So sagt Yoga, dass Flexibilität des Geistes und der Wirbelsäule zusammenhängen. Wenn ihr die Wirbelsäule flexibel haltet, habt ihr einen flexiblen Geist und ihr werdet feststellen, dass der flexible Geist mehr arbeiten kann als der unflexible.

Habt ihr jemals einen Baum am Strand stehen sehen? Solche Bäume sind sehr stark, sie stehen noch nach 70, 80 oder 90 Jahren. Wenn eine plötzliche Flut kommt, werden sie vollständig entwurzelt und weggespült, weil sie sehr starr sind. Wenn die Flut zurückgeht, steht das hohe Gras immer noch. Die kraftvolle Flut konnte es nicht wegspülen. Warum? Weil es sich einfach dem Fluss des Wassers beugte, anstatt sich zu widersetzen. Das Wasser konnte ihm nichts anhaben. Der kräftigere, aber starrere Baum jedoch wurde entwurzelt.

Gräser beugen sich im Wind und erheben sich wieder zur Mittagssonne. Die stolzen Giganten des Waldes bleiben steif, rühren sich keinen Zentimeter, nur um unsanft entwurzelt zu werden. Der demütige Diener verbeugt sich vor allen und dient bis ins hohe Alter, während sein unbeugsamer Herr beneidet wird, nur um irgendwann als Premierminister oder Senator abgewählt zu werden oder der sogar in Ungnade fällt und ins Gefängnis gehen muss. Aber der einfache Diener macht weiter.

Besonders für einen spirituellen Aspiranten ist Flexibilität notwendig. Wenn das Prana einmal wächst, verhindert jeder Widerstand seine freie Bewegung. Daher solltest du jeden Morgen *asanas* (Yogastellungen), *pranayama* (Atemübungen) und *mantra japa* (Wiederholung des Namens Gottes) praktizieren. Flexibilität der Wirbelsäule lässt die Energie richtig fließen, so dass sie nach oben anstatt nach unten fließt. Es ist wie beim Wasser, welches in einer groben Form abwärts fließt, aber in subtiler Form (als Dampf) aufsteigt. Auf gleiche Weise wird eine flexible Wirbelsäule deiner Energie erlauben, von den unteren Zentren zu den oberen aufzusteigen. Das ist gemeint mit dem „Aufstieg der *kundalini shakti*".

Die *shakti*, die Energie, welche sich in den unteren *chakras* befindet, wird *kundalini* genannt. Sie ist wie die Feder in einer Uhr, eng aufgerollt durchs Aufziehen, so dass sich die Uhrzeiger bewegen. Die Energie hat sich verdichtet, ist latent geworden. Die *Kundalini* ist zusammengerollt und liegt bei den meisten von uns im schlafenden Zustand. Mit der Praxis von *asanas* und *pranayama* entrollt sie sich, befreit sich und steigt auf in die höheren Zentren. Wenn die einzelnen Zentren (*chakras*) stimuliert werden, geben sie eine bestimmte Wellenlänge von Energie ab, die so wie in Batterien in ihnen liegt. Während des Aufsteigens vermehrt sich die Spannung. Die unteren *chakras* haben, sagen wir einmal, 6 Volt, aber wenn wir höher kommen, sind es 10, 50, 100 oder 1.000 Volt.

Für die spirituelle Entwicklung ist es also wichtig, die Energie zu den oberen Zentren zu ziehen. Nun könnt ihr die Wechselbeziehung zwischen dem physischen Körper und der physisch-mentalen Flexibilität sehen. Wir führen die körperlichen Übungen aus, um mentale Flexibilität zu bekommen und die Energie dazu zu bringen, sich richtig zu bewegen, so dass Blockaden in den Zentren gelöst werden können.

Primär ist Yoga eine spirituelle Disziplin mit einer äußeren körperlichen Komponente. Die Praxis des Yoga ist wie eine Blume. Was wir sehen können – den physischen Prozess und seine Auswirkung auf den Körper – ist sehr schön. Aber diese Schönheit wird von den starken, unsichtbaren Wurzeln der Blume gestützt. Durchtrenne die Wurzeln und die Blume wird schnell austrocknen und sterben. Ähnlich ist es, wenn die körperliche Praxis des Yoga von seinen spirituellen Wurzeln getrennt wird, sie wird entstellt und somit bedeutungslos.

Was ist der Nutzen, wenn man sich nicht nur auf den physischen Prozess konzentriert sondern auf das spirituelle Fundament des *yoga sadhana*? Zuerst müssen wir uns daran erinnern, dass das Wort Yoga selbst Einheit bedeutet, das Zusammenkommen des höheren Selbst, der Seele und Gottes. Der Zustand der Einheit mit Gott hat viele verschiedene Namen in verschiedenen Traditionen, *nirvana*, *samadhi*, Christus-Bewusstsein. Alle Traditionen stimmen darin überein, dass es das Ziel des Lebens und die erste Pflicht aller menschlichen Wesen ist, diesen Zustand zu erreichen, wie auch immer der Name lautet.

Was geschieht, wenn wir diesen Zustand der Einheit mit Gott erreichen? Swamiji sagte gewöhnlich, dass diese Frage zu beantworten genauso sei, wie jemandem, der noch nie Honig probiert hat, zu beschreiben, wie Honig schmeckt. Wir können sagen, dass er süß ist wie Zucker. Er ist in seiner Beschaffenheit wie Maissirup, aber ohne den Maisgeschmack usw. Egal wie sehr wir uns anstrengen, wir können niemandem, der noch nie Honig probiert hat, erklären, wie Honig schmeckt. Gibt man dieser Person jedoch einen Tropfen Honig auf die Zunge, ist es nicht mehr notwendig, irgendetwas zu erklären. Sie „weiß“ es jetzt einfach ohne die Notwendigkeit einer Erklärung. Genauso ist es mit *samadhi*. Wir können verbal um die Idee kreisen, wir können Analogien benutzen, aber es kann nicht wirklich erklärt werden. Es kann nur erfahren werden.

Warum ist es so wichtig, dieses spirituelle Ziel zu erreichen? Es hört sich so wischi-waschi und vage an. Was soll da schon gut dran sein, in diesem Zustand zu sein, wenn wir es nicht verstehen können, da es so irrational ist? Wenn wir es schon intellektuell nicht verstehen können, dann sollten wir vielleicht die Wirkung nach außen bei jemandem anschauen, der die

Gottesverwirklichung erreicht hat. Was hatte Swamiji über die äußeren Ergebnisse dieses inneren Prozesses zu sagen?

„Wenn die Energie sich richtig bewegt, wirst du gesund, stark und friedvoll und strahlst Stärke und Vitalität auf andere aus, auf deine Familie, diejenigen, die du liebst, deine Freunde. Dann werden alle Menschen Energie durch dich bekommen, egal wohin du gehst und wem du begegnest. Du wirst das Zentrum der Aufmerksamkeit und jeder wird dich berühren, dir die Hand schütteln und mit dir zusammen sein wollen. Sogar deine einfache Präsenz wird anderen Energie und Stärke bringen.“

Wenn du jemals in der Gegenwart von jemandem gewesen bist, der die Gottesverwirklichung erreicht hat oder auf dem Weg dahin ist, wirst du sofort verstehen, was Swamiji hier meint. Du erfährst ein unbeschreibliches Gefühl von Frieden und Wonne, wenn du mit jemandem zusammen bist, der diese spirituelle Energie ausstrahlt. Dieses Gefühl von Einssein mit Gott ist etwas, wonach jeder sucht und was jeder braucht. Es ist die einzige Quelle des Glücks in dieser Welt.

Swamiji hat mit Sicherheit diese Stärke und Vitalität auf andere ausgestrahlt. Einfach im selben Raum mit ihm zu sein, hatte oft eine starke Wirkung auf die Menschen. Sogar wenn er freiwillig schwieg (früher hatte er oft Zeiten von *mouna*) oder später nach seinem Schlaganfall (als er wenig oder gar nicht sprach), berührte er die Menschen in einer unbestimmbaren, aber tiefen Art und Weise. Er lehrte nicht durch das, was er sagte, sondern dadurch, wer er war.

*

Aus den Aufzeichnungen einer Schülerin von der Sivananda Jahrhundert Tour 1987:

Heute war ein wundervoller Tag. Wir konnten fast den ganzen Tag im Sivananda Ashram der Divine Life Society verbringen. Wir nahmen heute morgen gleich den ersten Bus. Swamiji brachte uns zur Bibliothek, wo wir einen kurzen *satsang* hatten. Sogar in der Bibliothek, die nicht unbedingt eines der heiligsten Gebäude ist, war der Frieden intensiv spürbar. Wenn man einmal seine Augen geschlossen hat, mag man sie nicht mehr aufmachen. Wenn man sie öffnet, umgibt einen die physische Manifestation von Meister Sivananda: große Fotografien, Sinnsprüche, die an der Wand hängen – „Hasse niemanden – Verletze niemanden." „In allem sieh Gott."

Egal ob die Augen geschlossen oder offen sind, der Meister ist immer da. Der ganze Raum ist mit dem Meister erfüllt. Einfach nur unter dem Baum zu sitzen, unter dem der Meister oft gesessen hat und das Leben im *ashram* rundherum zu betrachten, gab uns das Gefühl, auf einen Teil der persönlichen Geschichte gestoßen zu sein. Zum ersten Mal seitdem wir in Indien angekommen waren, hatte ich das Gefühl, zu Hause zu sein. Auf den Straßen und in den Städten haben wir viele Dinge gesehen, die mir völlig unbegreiflich waren. Hier ergab alles einen Sinn. Natürlich hing das auch mit der ganzen Zeit zusammen, die wir im *ashram* von Val Morin mit Swamiji verbracht hatten. Er hatte uns gut vorbereitet und uns viel über die Wege des Meisters erklärt.

Um 3 Uhr begann der *kirtan* (Mantrasingen) im *mahasamadhi* Schrein. Ich ging hinein und sang eine Stunde lang. Ich konnte gleichzeitig die Hingabe all dieser Menschen spüren, die durch das Singen deutlich wurde und die Liebe des Meisters, die vom Schrein zurückkam wie überschwappende Wellen, elektrisierend.

Nach Einbruch der Dunkelheit gingen wir für das Ganga *arati* (Lichtzeremonie am Ganges), das Swamiji vorbereitet hatte, hinunter zum Ganges. Swamiji hatte alle im *ashram* eingeladen, daran teilzunehmen und es war auch in der Halle angekündigt worden, so dass es ein riesiges Hin und Her gab, vielleicht tausend Menschen, die alle die engen Wege und die krummen Treppen zum Fluss hinuntergingen. Alle sangen *Om Namo Narayanaya*.

Es war ein wunderschöner Anblick, die Boote, auf denen Mantras gesungen wurden, den Fluss hinunterschwimmen zu sehen, erst eins nach dem anderen als einzelne Lichtpunkte, dann weiter weg als ein kontinuierliches Band von Licht.

Es war jedoch keine Zeit, stehen zu bleiben und all das aufzunehmen und in das Gefühl des *arati* einzutauchen. In dem Augenblick, wo es gelang, mit dem Boot anzulegen, musste man sich mit Hilfe seiner Ellenbogen den Weg zurück die Stufen hinauf erkämpfen oder man ging das Risiko ein, geradewegs mit den Booten im Ganges zu landen, da hinter einem bereits die nächste Welle von Menschen mit Booten ankam.

Diese Erfahrung ließ mich die Intimität unseres kleinen *satsangs* zu würdigen wissen, den wir in Val Morin oft mit Swamiji hatten, wenn die Sommerzeit einmal vorbei war. Wie viele Menschen haben die Möglichkeit, ihren Lehrer so persönlich zu erleben und das über Jahre hinweg? Es ist wirklich ein Geschenk.

12., 13. und 14. September 1987
Sivananda Guha, Gangotri

Es ist wie ein einziger Tag, der nicht zu Ende geht, seit wir hier an diesem magischen Platz angekommen sind, an dem die Zeit von allem abgeschnitten ist. Die meisten Teilnehmer der Reise wohnen in dem kleinen Ort Gangotri, der ungefähr 15 Minuten zu Fuß von der Höhle entfernt ist. Eine kleine Gruppe, fast alles Mitarbeiter von verschiedenen Zentren, wohnt auf dem Höhlengelände. Sie schlafen entweder in Zelten oder in einer der beiden kleinen Höhlen.

Ich habe noch nie in einer Höhle gewohnt. Es ist erstaunlich, wie gut sich die Augen anpassen können. Wenn man zuerst hineingeht, ist es pechschwarz, aber wenn man die Augen schließt und sie dann wieder öffnet, kann man viele Details deutlich erkennen. Hier zu schlafen, gibt einem ein ungeheures Gefühl von Kraft und Sicherheit. Man fühlt sich wirklich geborgen und die Wände könnten nicht stärker sein.

Swamiji hatte viel Pranayama und eigene Meditation während unseres Aufenthaltes hier geplant und es konnte wirklich kaum einen dienlicheren Platz für beides geben. Die Höhe, die frische Luft, die Wälder und das eiskalte Wasser des Ganges ergaben eine natürliche Umgebung voller *prana*. Dazu kamen noch die vielen *ashrams*, nicht nur die Höhle von Swamiji sondern auch all die kleinen Höhlen, Hütten und Schreine entlang des Gangesufers.

Ich kann nun viel besser die Verschmelzung von spirituellem und praktischem Handeln verstehen, die einen so wesentlichen Teil der hinduistischen Mentalität ausmacht. Es gibt hier wirklich keinen Unterschied. Man wacht morgens auf und geht hinunter zum Ganges, um sich zu waschen. Vor dem Waschen betet man zum Fluss. Das Bad ist gleichzeitig Verehrung und Reinigung. Dann werden einige Kleidungsstücke gewaschen und auf den Felsen zum Trocknen in der Sonne ausgelegt. Man muss warten, bis sie trocken sind, also gibt es keinen besseren Zeitpunkt, sich in der Nähe einen glatten Felsen auszusuchen und Pranayama zu üben. Die Meditation kommt von selbst, das Brausen des Ganges übertönt jeden anderen Laut.

Da die meisten anderen auf einer Wanderung bis morgen unterwegs sind, kommt einem der ganze Tag wie ein einziger *satsang* vor. Swamiji ist oft draußen, unterhält sich ein wenig mit uns und hat hier draußen auch sein Mittagessen mit uns zusammen eingenommen.

Am Ende der Mahlzeit, als wir in sehr gehobener Stimmung waren, hatte Swamiji ein *chapati* auf seinem Teller übrig gelassen. Er fragte: „Wer möchte das essen?" Bevor jemand antworten konnte, drehte er sich zu mir um und sagte zu mir: „Biete es allen an." Ich nahm das *chapati* und bot es auf einem Teller allen an, die da waren. Die verschiedenen Reaktionen waren interessant. Einige sahen ein kaltes, fettiges *chapati* und sagten: „Danke, ich bin satt." Andere sahen *prasad* (gesegnete Nahrung) darin, brachen sofort ein Stück ab und aßen es.

Danach drehte sich Swamiji einfach auf die Seite und legte sich hin, um auf einer großen Steinplatte in der Sonne zu dösen. Es ist schwer für mich, zu verstehen, aber Swamiji muss überhaupt nichts tun oder sagen. Einfach ruhig in einem bestimmten Radius dieses Körpers zu sitzen, bedeutet, herrlichsten Frieden zu spüren.

22. September 1987
Hotel Indraprastha, Palghat

Nach 12 Stunden Busfahrt erreichten wir unser Hotel in Palghat, gerade nach Einbruch der Dunkelheit. Es gab keinen Strom, da dieser am Abend öfters ausfiel. In den fensterlosen Hotelgängen konnte man die Zimmernummern an den Türen nicht erkennen, also erfühlten wir uns gewissermaßen den Weg hinaus aus der Halle zum 2. Stock und ertasteten die Nummern wie Braille, bis wir bei Nr. 206 angelangt waren.

Wir zogen uns rasch um und gingen direkt wieder los, um Swamiji am Abend im Sivananda Ashram in Palghat zu treffen. Swamiji sprach bereits, als wir eintrafen und einige von unserer Gruppe gaben eine improvisierte Asana-Vorführung. Die Halle war mit über 600 Menschen gefüllt, die auf dem Boden saßen oder an den Wänden standen. Viele waren auch noch draußen. Der Swami des Ashrams hielt eine Rede auf Malayalam, was für diejenigen, die es verstanden, anscheinend sehr lustig war – irgendetwas vom fliegenden Swami, der nun bodenständig geworden war.

Swamiji sprach kurz über das Konzept des Meisters vom integralen Yoga und endete mit einem sehr spirituellen *kirtan*. Nach dem *arati* kam die Menge, um seine Füße zu berühren, als er am Rand der Bühne stand. Es sah erst aus, als würde es sehr emotional werden, aber Swamiji glich die Situation aus, indem er ständig ruhig *Om Namo Narayanaya* sang, mit geschlossenen Augen, während eine Welle von Menschen nach der anderen zu ihm kam.

Madasala
Ottawa, Ontario, Canada

*

Aus einem anderen Tagebuch auf der gleichen Reise:

Draußen braust der Ganges schnell vorbei, kracht über Fels brocken in die Schlucht unter unserem Hotel. Hier haben wir nur das Allernotwendigste und das beste Essen, wie durch ein Wunder von den Mitarbeitern des Hotel Interlok zubereitet, auf etwas, was wie ein tragbarer Herd aussieht und mit dem Wasser, das vom Fluss heraufgebracht wird.

An diesem Morgen, unserem ersten Morgen hier, waren viele von uns krank. Einige waren einfach zu alt, um die Höhe zu vertragen. Einige konnten sich nicht mit der rauhen Unterkunft abfinden. Sieben kehrten nach Rishikesh zurück. Ich tat, was ich konnte, um den Kranken zu helfen. Dann nach dem Frühstück ging ich den Fluss hinauf zu Swamijis *kutir* (Hütte). Ich hoffte, dass er mich mein *sadhana* bei seiner Höhle machen lassen würde.

Auf dem Weg kam ich an ca. 20 Leuten vorbei, die die Nacht entweder in den Höhlen oder in Zelten verbracht hatten. Sie sagten mir, ich solle umkehren, da wir eine Gruppenwanderung zu einigen Wasserfällen machen würden, aber ich ignorierte sie. Endlich erreichte ich Swamijis Höhle. Ich fand ihn auf einer Bank vor der Höhle sitzend. Er verbeugte sich zum Gruß mit einem wunderbaren, liebvollen Lächeln. „Geh und iss Dein Frühstück", sagte er.

Es scheint, dass er mir immer sagt, dass ich etwas essen soll! Aber ich sagte ihm, dass ich bereits gegessen hätte. „Swamiji, ich möchte baden."

„Ja, ja – meditiere, ruhe Dich aus, genieße die Sonne." Und so badete ich mit seinem Segen in dem eiskalten Fluss und verbrachte anderthalb Stunden damit, draußen auf einem Felsen im Ganges *pranayama* und Meditation zu praktizieren.

Als ich meditierte, hatte ich das Gefühl, der Ganges würde direkt durch mich hindurchfließen. Anschließend saß ich im Schutz eines großen Felses und aß einen Apfel. Ich fühlte mich wie ein kleines Kind, sicher geborgen im Mutterschoß, ohne irgendeine Sorge auf dieser Welt. Ich war mir einfach nur der göttlichen Liebe bewusst, die von den Bergen, vom Himmel, vom Ganges und von Swamiji durch mich strömte. Er hatte mir eine besondere Erlaubnis erteilt, geliebter *guru* und ließ mich in der Nähe seiner Höhle bleiben, während alle anderen außer ein paar engen Mitarbeitern abwesend waren.

Saraswati
New York, NY

Für mich war das interessanteste Merkmal bei Swamiji, dass er niemals aufhörte, das beste Beispiel dafür zu sein, wie die Dinge getan werden sollten. Allein durch die Weise, wie er agierte, wurde Yoga zu einem Lebensprinzip.

Ich erinnere mich deutlich an den Neujahrstag 1993 im *ashram* in Val Morin. Der Morgen war sehr klar, mit strahlendem Sonnenschein, aber es war eiskalt. Beim Frühstück kündigte Swamiji an, dass er eine kleine Pilgertour machen wollte, einen Spaziergang durch den *ashram*, um Blumen, Räucherwerk und Gebete in den verschiedenen Tempeln darzubringen. Jeder war eingeladen, daran teilzunehmen. Das war Swamijis Art, Gott um Segen für das neue Jahr zu bitten. Wie immer in den letzten Jahren war Swamjis Gesundheit sehr schlecht, selbstverständlich saß er in einem Rollstuhl.

Ich muss zugeben, dass ich nie daran gedacht hätte, an diesem eiskalten Morgen im Schnee spazierenzugehen, um Gott um Segen zu bitten, aber glücklicherweise saß Swamiji dort in seinem Rollstuhl, unfähig seinen Körper zu bewegen. Mir kam sofort der Gedanke: „Wenn er es kann, wenn es ihm nicht zu kalt ist…"

Swamiji war dementsprechend angezogen. Er saß auf einer Decke, dann noch eine extra Decke unter ihm, zwei Decken, die ihn zudeckten, zwei Mützen auf dem Kopf, Handschuhe und zwei Paar Socken. Er wurde mehrfach gefragt, ob er wirklich gehen wolle. Er bestand darauf. Also gingen wir los, und natürlich war es der beste Anfang des Jahres! Ich hätte ohne Swamiji diese wundervolle Möglichkeit verpasst.

Auf eine Weise fühlte ich mich beschämt. Ich war gesund, konnte laufen und war 20 Jahre jünger als Swamiji, aber ich hatte das Gefühl gehabt, es sei zu kalt, um auf diese Pilgertour zu gehen. Einmal mehr hatte Swamiji mir gezeigt, dass äußere Bedingungen, physische Bedingungen eingeschlossen, keine Hindernisse sein dürfen und können, um seinen Pflichten nachzukommen, sei es die tägliche Arbeit oder die Verehrung Gottes. Ich kann nicht ausdrücken, wie dankbar ich bin, dass ich den Segen habe, von Swamiji zu lernen, meistens nur dadurch, dass ich ihn und die Art seiner Handlung beobachte.

Swami Yajnavalkyananda

Ich war gerade dabei, im Nassau *ashram* das Eingangshäuschen zu betreten, als Swami Vishnu auf einem der Wege erschien. Er spazierte herum, beobachtete alles genau, grüßte alle und gab Anweisungen. Ein Mitarbeiter begrüßte mich und erklärte ihm, dass Kanti Devi mich aus Uruguay geschickt hatte. Er antwortete: „Ah, Kanti Devi, Kanti Devi…“ Ich sprach kein Englisch. Es war nicht nötig. Seine Präsenz, seine Augen, seine Gesten und seine Schwingungen reichten vollkommen aus.

Das Yogalehrertraining wurde von ihm geleitet, Vorträge und Meditationen begleiteten den Unterricht. Eine intensive erste Woche, in der Swamiji uns auf Spaziergängen begleitete, mit uns lachte, spielte und alles auskundschaftete. Am Samstag beim Bunten Abend war er wie ein Daddy, der mit uns eine tolle Zeit verbrachte.

Die Tage gingen vorbei. Swamiji war das Zentrum, die Verbindung und die Präsenz, obwohl er nicht immer in unserer Mitte war. Dann kam die Zeit des Abschieds. Die Erinnerung an seine Worte ist immer noch in meinem Herzen. „Der *ashram* ist in Euren Herzen; wenn ihr die Augen schließt, werdet ihr hier sein, wenn ihr es wollt.“ Ich brauchte nie mit Swamiji selbst zu reden. Ihn zu sehen, reichte aus, um zu verstehen und zu begreifen, was er sagte. Hier und jetzt schließe ich meine Augen und er ist in meinem Herzen.

Vishnu
Montevideo, Uruguay

Als ich an einem Wochenende auf der Yogaranch ankam, war ich sehr erschöpft und aufgewühlt, müde von einer langen hektischen Woche im New Yorker Zentrum. Ich schritt durch die Halle des Haupthauses, als Swami Kartikeyananda aus dem Essraum herausschaute und mich hineinzog, wo Swamiji sich hingelegt hatte. Sofort wurde mein Geist vollständig leer. Es war, als ob Swamiji mit einem Radiergummi meine ganzen Gedanken weggewischt hätte. Ich musste überhaupt nichts tun, um wieder aufgerichtet zu werden, sondern einfach nur da sein!

Swami Gajananmananda

Swamiji schaute mich an und sah alles, was unvollkommen war. Ich konnte mich nicht verstecken. Aber er schaute nicht mit Augen des Vorwurfs auf mich. Sein Blick machte mich nicht nieder oder ließ mich klein oder begrenzt fühlen. Sein fester Blick war auch nicht nachsichtig. Er war ohne Wertung, einfach sehend, was war.

Swamijis Augen inspirierten mich, es besser zu machen. Ich konnte in ihnen den Unterschied zwischen Vollkommenheit und Unvollkommenheit sehen und den Weg, Vollkommenheit zu erreichen.

Swami Sitaramananda

Hingabe

Swamiji ermutigte jeden, seine Hingabe zu Gott auszudrücken, indem er die religiösen Regeln praktizierte, mit denen er sich am wohlsten fühlte. Er sagte immer, dass Yoga selbst keine Religion sei sondern eine Lebensform, die sich dem religiösen Glauben eines jeden angleichen kann. Er war der festen Überzeugung, dass alle Religionen in ihren Ursprüngen grundsätzlich das Gleiche sagen, dass es nur einen Gott gebe und dass die Unterschiede in den Religionen sich nur in der Form der Verehrung ausdrückten. Er betonte auch, dass keine Religion besser sei als die andere, dass nicht eine einzige Religion für alle das Richtige sei und dass man darauf achten müsse, in keine fanatische oder ausschließende Art und Weise des Denkens und Handelns hineingezogen zu werden.

" In diesem Leben kann die natürliche Entwicklung in einer sehr kurzen Lebensspanne gesteigert werden und wachsen. Wir bewegen uns alle in dieselbe Richtung und diese Richtung ist Gott entgegen oder der Gottheit entgegen, wie auch immer ihr es ausdrücken wollt.

Es regnet heute und der Regen fällt auf eine weite Fläche, von der Spitze zum Fuß der Berge und überall dazwischen, auf die Bäume, die Seen und die Wiesen. Dieses Wasser sammelt sich langsam, ganz langsam und wird zu kleinen Bächen, die Ströme werden schließlich zu größeren Flüssen. Die Flüsse tragen dasselbe Wasser langsam zu den Stromschnellen, durch Gebirge und Felsen, durch schwierige Pfade, neue Wege durchbrechend, um Hindernisse herum. Der reißende Fluss mündet im unermesslichen Ozean. Seine Reise ist zu Ende; keine Turbulenzen mehr, kein Fließen mehr wie in der ganzen Zeit, seit er die Berge verlassen hat, um Tausende von Meilen in vielen verschiedenen Formen verschiedenste Geländeformen zu durchqueren und viele Hindernisse zu überwinden. All dies hat der rastlose Fluss überwunden und ist ständig unterwegs gewesen, seiner Quelle entgegen, woher er ursprünglich kam. Das ist der Ozean. Der Ozean wird zum Wasserdampf und formiert sich zu Wolken und wenn diese zu Regenwolken werden, verteilen sie sich auf verschiedene Erdteile und kommen als Regen zur Erde zurück.

Das Wasser war nicht glücklich, weder am Himmel noch auf der Spitze des Berges; es war rastlos. Es wollte zu seinem Ursprung zurück, dem Ozean. Erst wenn der Fluss seine Quelle erreicht hat, wird er wieder majestätisch, universell. Er verliert seinen Namen und seine Form. Dieser Fluss, der vom Himalaya kommt und Ganges genannt wird, erreicht nach einer Reise von 3.000 Meilen den östlichen Teil von Indien und wenn er sich mit dem Ozean vereint, verliert er sowohl seinen Namen als auch seine Form. Er wird nicht länger Ganges genannt, er hat auch keine Form mehr. Er vereint sich mit dem riesigen Ozean, sein Name, seine Form und seine Eigenschaften sind verloren. So ergeht es auch dem Colorado River, dem Mississippi und dem Nil, alle Flüsse erreichen den Ozean, und wenn sie ihn erreichen – egal, woher sie kommen – verlieren sie alle Namen und Form. Niemand nennt ihn nun noch Colorado River oder Mississippi oder Ganges. Es ist einfach ein einziger Ozean. Niemand behauptet: „Oh, das ist mein heiliger Ganges. Ich liebe ihn. Ich verehre meinen heiligen Ganges." Andere verehren andere Flüsse und lieben sie. Aber hier behauptet niemand: „Er gehört mir." Er ist allumfassend geworden.

Im Yoga und Vedanta wird diese universelle Erfahrung Gottesverwirklichung genannt oder, wenn ihr nicht an Gott glaubt, Selbstverwirklichung. Mit dem gewöhnlichen menschlichen Verstand, dem gewöhnlichen menschlichen Intellekt können wir den unendlichen Ozean nicht erfassen, wie groß er ist, wie lang er ist, wie tief er ist und wie weit entfernt. Mit seinen gewöhnlichen Sinnen kann der Mensch das Ende des Ozeans nicht sehen, wie weit und wie tief er ist, wieviele Millionen und Millionen Kreaturen in ihm leben und welche Stürme toben. Nichts von alledem können wir mit unseren Sinnen erfassen, wenn wir auf das Meer schauen. Wenn es also schon so schwierig ist, den gewöhnlichen Ozean mit unseren Sinnen, unserem Verstand und Intellekt zu ergründen, wie können wir dann Gott erfassen?

Gottes unendliche Natur geht weit über unser Verständnis hinaus. Sogenannte religiöse Führer, besonders die fanatischen, sprechen von Gott, als wäre er auf ihrer Seite; sie verstehen seine unendliche Natur nicht. Gott ist weder auf der Seite der Russen oder der Amerikaner noch auf der der Moslems, Israelis oder Hindus. Gott ist ein unendlicher Ozean der Liebe, des Mitgefühls, der Gnade, der Wahrheit, der Freude und des Friedens. Wir können nicht ermessen, wie groß er ist, wie mitfühlend dieses höchste Wesen ist. Noch können wir die unendliche Schöpfung ermessen, die er erschaffen hat.

Obwohl ihr gebildet seid, denken die meisten von euch immer noch, dass Gott nur den Planeten Erde erschaffen hat, vielleicht noch die Sonne und den Mond. Und auf diesem Planet Erde nahm er sich viel Zeit, um euch Menschen zu erschaffen. Er erschuf Adam und Eva und sie benahmen sich nicht rechtmäßig. Sie aßen den Apfel und dann bevölkerten sie diesen Planeten Erde. Dann kamen einige Millionen Juden, einige Millionen Christen, einige Millionen Hindus, Araber, Amerikaner, Russen usw. So gibt es jetzt ungefähr 5 Milliarden Menschen auf diesem Planeten Erde. Und dann teilen wir diesen Gott in verschiedene Sektionen auf: den Gott der Hindus, Gott der Christen, Gott der Katholiken, Gott der Protestanten, Gott der Israelis, Gott der Moslems, Gott der Buddhisten. Das ist nicht Gott. Wir teilen dieses Höchste Wesen und machen aus ihm ein endliches Objekt.

Dieser Gott, dieses unendliche Wesen, das wir nicht durch unseren Intellekt oder durch unseren Verstand erkennen können, wird so aufgespalten, dass er in unseren geistigen Zustand passt. Wir pressen dieses Höchste Wesen in einen schmalen, winzigen Umschlag. Ein Hindu denkt: „Gott ist nur da, um mich zu beschützen, weil ich ein Hindu bin. Ich verehre Gott Krishna, also wird Krishna nur mir helfen, einem Hindu, der Krishna verehrt und vielleicht auch den Hare Krishna Leuten. Auch sie verehren Krishna." Aber Krishna wird nicht den Christen, Moslems, Juden, Arabern, Russen, Gläubigen oder Ungläubigen helfen, weil sie ihn nicht Krishna nennen. Und die Moslems: „Oh nein! Nein, nein!

Der Name Gottes ist Allah, nicht Krishna. Euer Krishna ist ein Nichts. Unser Allah ist der Höchste Gott. Er wird nur Moslems beschützen oder diejenigen, die ihn Allah nennen und ihn so verehren, wie Moslems es tun. Sonst wird Allah euch nicht helfen. Er wird euch zerstören. Also seid bei uns dabei." Und Israelis und Juden sagen: „Oh nein, nein, nein! Gott ist auf unserer Seite. Solange ihr nicht diesen besonderen Weg geht, wird Gott euch keinerlei Erlösung geben." Protestanten sagen: „Oh nein, nein. Nein! Das stimmt nicht! Wir haben einen Höchsten Vater, und Jesus kam und nur durch ihn werdet ihr Gott erkennen. Kommt zu uns."

Jeder Religionsführer kam und sagte: „Gott ist Eins und er ist auf meiner Seite." Jede Religion – Christentum, Judentum, Islam, Hinduismus – ganz egal. Sie sagen alle, dass es nur einen Gott gibt. Aber wenn du diesen Gott verehrst, heißt es: „Oh nein! Wir sind gespalten. Es gibt nicht nur einen Gott. Der Gott der Hindus ist verschieden vom Gott der Christen oder der Juden." Das ist Ignoranz. Das ist nicht das Ziel von Yoga und Vedanta.

Erinnert euch an den Fluss. Der Ganges vereint sich mit dem Ozean und dieser Ozean enthält das Wasser von Tausenden von Flüssen auf der ganzen Welt. Nicht nur das Wasser des heiligen Ganges erreicht diesen Ozean sondern auch das Wasser aller Flüsse, die nicht verehrt werden, die zum Fischen benutzt werden und auch die, die verschmutzt und nicht heilig sind. Wenn sie zum Ozean kommen, macht er keinen Unterschied bei dem heiligen Hinduwasser. Der verschmutzte und der heilige Fluss werden eins. Das ist der Weg der Gottesverwirklichung.

Unterscheidung ist im Yoga und Vedanta ein Widerspruch. Wenn ihr die Vorstellung auflöst: „Ich bin von dir verschieden, meine Religion ist von deiner verschieden, mein Gott ist von deinem verschieden", dann habt ihr Yoga und Vedanta. Weil die Menschen nicht in der Lage sind, diese Unterscheidungen aufzulösen, sind wir in unserem gegenwärtigen Zustand auf diesem Planeten Erde, in dieser speziellen Phase der Geschichte. Der Mensch hat einen Zustand erreicht, in dem er fast tot ist. Die Schlinge liegt um seinen

Hals. Er steht ganz oben auf seinen Zehenspitzen. Der Tisch unter ihm ist sehr wackelig. Jeden Moment kann er sich erhängen. Die menschliche Rasse ist verdammt, bis uns eine göttliche Macht rettet. Und diese göttliche Macht wird nicht kommen, um nur Hindus zu retten oder Juden oder Christen oder Moslems oder irgendeine andere Gruppe. Diese göttliche Macht wird uns alle aufnehmen wie der Ozean.

“

Swamiji lehrte uns immer die Gleichheit aller Religionen und die Notwendigkeit der hingebungsvollen Praxis. Obwohl er von Geburt Hindu war, begrenzte er sich nicht auf irgendeine bestimmte religiöse Praxis. Zu Weihnachten und Ostern wurden oft katholische Messen gefeiert. Ein Baptistenchor kam regelmäßig zu den Yogaretreats in Nassau, um dort zu singen. Rabbi Shlomo Karlbach kam, um uns singen und tanzen zu lehren. Auf der Yoga Ranch in Woodbourne wurden oft typische uramerikanische Schwitzhütten abgehalten.

Menschen sind von Natur aus emotional und müssen diese Seite ihrer Persönlichkeit ausdrücken können. Swamiji ermutigte uns, unsere emotionale Natur, welche wir anderen gegenüber ausdrückten, in *bhakti* (Hingabe) umzuwandeln, in den Ausdruck der Liebe zu Gott. Zweimal am Tag im *satsang* sangen wir Mantras und damit den Namen Gottes. Religiöse Feiertage wurden mit besonderen *pujas* (Ritualen) gefeiert. In den *ashrams* waren überall Schreine und Tempel.

Swamiji zögerte niemals, seine eigene Hingabe auszudrücken. Er brach oft in Tränen aus, wenn jemand das *Bhagavatam* sang oder wenn Schüler Stücke über das Leben von Krishna, Rama oder anderen Charakteren aus den Schriften aufführten. Swamiji ging auch regelmäßig auf Pilgertouren, besonders als er älter wurde und seine Hingabe an die Göttliche Mutter immer stärker wurde.

Pilgerfahrt in den Himalaya

*

Schüler:

„Der Zweck einer Pilgerfahrt ist Reinigung", sagte Swamiji, als er auf seinem Lieblingsplatz auf der linken Seite neben dem Eingang seiner Höhle „Sivananda Guha" saß, mit dem Gesicht zu dem tosenden Ganges und den gigantischen felsigen Bergen. „Ich habe alle Möglichkeiten auf dieser Welt, Nassau, New York, Kanada usw., aber nichts ist vergleichbar mit diesem Ort hier", rief Swamiji aus. „Ich muss den ganzen Weg hierhin kommen, um am Ufer von Mutter Ganges zu sitzen!"

Reinigung. Unsere Vorstellungen loslassen, unsere Anhaftungen, all diese kleinen Würmer und Insekten unserer Gedanken, die uns lebendig auffressen, Tag und Nacht. Loslassen und Frieden finden. Diese wundervolle, magische Energie einatmen, die uns kräftigt und uns jeden Moment als einzigartig und ewig fühlen und schmecken lässt.

Einzigartig und ewig ist dieses kleine Dorf Gangotri, tibetisch anmutend mit seinen alten Stein- und Felshäusern, seinen engen Dorfstraßen, die gesäumt sind mit winzigen Hütten, Bazaren und Läden, die religiöse Gegenstände, Süßigkeiten, Opfergaben und Flaschen mit Gangeswasser verkaufen. Einzig und ewig der alte Tempel von Mutter Ganges, wo Swamiji uns zuerst hinbrachte, sich vor der Mutter niederwarf, vom *pujari* (Priester) *Prasad* bekam und ein bis dreimal um den Tempel herumging, um ihren Segen zu erhalten. Einzig und ewig dieser Spaziergang am Ufer des Ganges, an den blanken Felsen entlang, auf ihrem (sehr heiligen wie Swamiji sagte) grauen Sand, im kühlen Wind des Himalaya.

„Alle Sünden werden abgewaschen, wenn man einmal in Gangotri (das letzte Dorf auf dem Weg hoch zur Gangesquelle) in Mutter Ganges eintaucht", so heißt es. „Wie ist es dann mit einem Bad in Gomukh (die Quelle des Ganges, 15 Meilen von Gangotri entfernt und nochmal 5.000 Fuß höher)?" – vielleicht sogar alle Sünden und die der vorigen Leben, da das Wasser eiskalt ist und direkt aus dem Gletscher kommt.

„Ihr müsst ein sehr gutes Karma haben, dass ihr von so weit hierher kommen könnt, um ein Bad im Ganges zu nehmen", sagte Swamiji. „So viele Menschen träumen davon und können nicht kommen, auch wenn sie in

Indien leben. Was wollt ihr noch? In den Schwingungen von Heiligen und Weisen verweilen. In ihren Fußstapfen laufen. In ihrer Gegenwart sein. Man fühlt sich so winzig und unbedeutend, wenn man diese heiligen Plätze besucht, diese heiligen Tempel."

Tempel zu besuchen, ist wie mit unseren physischen Augen die Herrlichkeit, die Farben und das Licht unseres inneren Tempels zu sehen. Ihre Hügel hinaufzusteigen und ihre Stufen zu erklimmen, ist wie der Aufstieg, das Erklimmen der inneren Stufen zum Tempel unseres Herzens. Durch dunkle Labyrinthe und erhabene Innenhöfe der Tempel zu gehen, ist wie sich vorzubereiten, das Innere zu erreichen und den *darshan* (Vision) Gottes zu erfahren! Von Angesicht zu Angesicht in seiner Herrlichkeit!

Geleitet von mystischen Kräften, ohne große Planung im voraus, erreichte Swamiji unerwartet Kedarnath via GauriKund, wo der Fluss Mandakini sein Lied singt und wo es keine Autos mehr gibt. Wir brauchten 5 Stunden mit den Pferden, um an der Spitze anzukommen. Wir mussten 1.800 Meter hoch auf der 17 km langen Strecke.Wir ritten auf Pferden und diese gingen langsam in einer Reihe, den jungen Männern und ihren Führern folgend.

„Welch ein Karma, so ein Pferd zu sein, nicht wahr, Swamiji?", fragte C.R., unser Begleiter. „Es ist alles Gottes Wille", antwortete Swamiji. Und er fuhr fort: „Der eine oben, der andere unten und der eine vorne sind eins. Wer trägt wen und wer führt wen?"

Nach einigen Teebuden näherten wir uns langsam der Stätte Shivas. Das Schauspiel war sehr erhebend. Die Berghänge waren mit üppiger tropischer Vegetation bedeckt, durchzogen von Flüssen und Wasserfällen. Endlich erreichten wir Kedarnath und gingen zum Tempel.

Was die Augen im Herzstück des Tempels sehen, ist eine dreieckige Form eines schwarzen Felsens, der vom Boden nach oben ragt. Was der Geist erkennt, ist der heilige *Shivalingam*, der einst von Sri Adi Shankaracharya aufgestellt wurde. Was das Herz fühlt, ist sofortige Hingabe, die Augen wollen diese liebliche Erscheinung verschlingen, die Ohren sind erfüllt von überirdischen Liedern und Hymnen. Swamiji saß für die *Puja* direkt neben dem *Shivalingam*. Er saß mit gekreuzten Beinen und meditierte, während wir eine Verehrungszeremonie durchführten. Sein Körper zitterte und er weinte und schluchzte. Seine Hände waren zum Gebet und demütigen Gesten gefaltet. Was er sah, können wir niemals erahnen und er kann es niemals beschreiben. Alles, was wir sahen, war dieser wonnevolle und fremde Ausdruck auf seinem Gesicht, als er versuchte, es uns zu beschreiben: „Ich brauchte 60 Jahre meines Lebens, um diese Vision zu haben. Es ist unbeschreiblich, diese Vision von Shiva und Parvati in einer Einheit zu sehen, der kosmische Vater und die kosmische Mutter. Es ist als ob Mutter und Vater auf mich gewartet haben, um mir in diesem Moment diese Vision zu geben."

2 Tage später während der frühmorgendlichen *Puja* in Badrinath, im heiligsten der heiligen Tempel Indiens, geschah Swamiji das Gleiche. Er sprach nicht viel darüber, außer dass er dem 1. Priester des Tempels, dem Rawal, einem Mann aus Kerala, der seit 25 Jahren seinen Dienst tat, erzählte, wie wunderschön Gott Badri Narayan sei. Er wurde königlich behandelt. Der Rawal gab ihm eine große Tasche voller *Prasad* (gesegnete Opfergaben) direkt vom *Abishekam*, außerdem das goldene Tempeltuch selbst.

Badrinath ist im Gegensatz zu Kedarnath mit dem Auto erreichbar. Der Tempel hat einen wunderschönen, majestätisch dekorierten Eingang mit einer großen Glocke. Unten am Eingang gab es zwei natürliche, sehr heiße Quellwasserbecken (Napta Kund), wo wir vor der *Puja* ein reinigendes Bad nahmen.

„Als 19jähriger habe ich Badrinath zum ersten Mal besucht", sagte Swamiji. „Gott erlaubt mir, es 40 Jahre später noch einmal zu sehen. Nun bin ich ein 60 Jahre alter Mann." Er erzählte uns Geschichten von seiner ersten Pilgerfahrt, wie er barfuß und ohne Essen auf den Bergwegen von Rishikesh nach Badrinath unterwegs war, mit dem Gelübde, kein Geld anzurühren.

„Narada, Sarada, Sri Shankaracharya, alle haben sie hier meditiert! Sie kamen alle hierher!", rief Swamiji mit leuchtenden Augen, während er die Straße den Hügel hinunterging.

Swamiji hat buchstäblich seine eigenen Fußspuren in dieser Region des Himalaya hinterlassen. Er blieb mit seinen Füßen im geschmolzenen Asphalt an der Seite der Straße stecken. Es dauerte einige Zeit, den Asphalt von seinen Füßen zu entfernen, selbst mit Benzin!

Später im Auto, als wir herunterfuhren, lachte er von ganzem Herzen. „Sitaramananda! Erzähl jedem, dass Du der erste Schüler bist, der *padapuja* (rituelle Verehrung der Füße des Gurus) mit Benzin gemacht hat!"

Swami Sitaramananda

*

Swamiji ermutigte jeden, der eine bestimmte Religion praktizierte, bei dieser zu bleiben. Priester, Mönche und Rabbis waren regelmäßig Gäste und Redner in den Ashrams. Die Feiertage der verschiedenen Religionen wurden geehrt und gefeiert. Er sagte immer, dass die Philosophie des Yoga den Lehren anderer Religionen nicht widerspreche und dass die Yogapraxis die persönliche religiöse Praxis nur stärken würde. Gleichzeitig zögerte er nicht, den Schülern die wahre Bedeutung der Lehren ihrer jeweiligen Religion nahe zu bringen.

Schüler:

Ich war erst seit kurzem Mitarbeiter im *ashram* und war in Swamijis Haus damit beschäftigt, den Weihnachtsbaum aufzustellen. Swamiji war mit im Zimmer. Ich hatte immer noch Scheu vor ihm und war nervös, so zwanglos mit ihm zusammen zu sein.

Ich hatte meine Aufgabe fast beendet, als Swamiji sagte: „Jaya, mach den Weihnachtsbaum feuersicher." Ich sah mir den Baum an. Die Lichter waren alle sicher und er stand 6 Meter vom Kamin entfernt. Es erschien mir sicher genug, also machte ich einfach mit meiner Arbeit weiter.

Einige Minuten später sagte Swamiji wieder: „Jaya, mach den Weihnachtsbaum feuersicher!" Diesmal war er etwas eindringlicher. Ich sah mir den Baum an und konnte immer noch nichts Falsches entdecken. Ich sagte Swamiji, dass ich ihn so, wie er wäre, gut finden würde. Da wurde Swamiji noch erregter: „Nein, nein. Argumentiere nicht. Mach den Weihnachtsbaum feuersicher!", schrie er.

Ich war sehr verwirrt. Ich verstand nicht, was er wollte. Ich zeigte ihm, dass die Kabel alle unversehrt waren und der Baum weit entfernt vom Kamin aufgestellt war. Er wurde noch aufgeregter: „Nein! Nein! Jaya. Du musst ihn mit dem Feuerschutzspray einsprühen. Mach den Weihnachtsbaum feuersicher!"

Ich wusste überhaupt nichts von einem solchen Spray. Ich sagte: „Swamiji, ich bin Jude, was weiß ich von Weihnachtsbäumen!“ Er antwortete: „Ich bin ein Hindu, was weiß ich von Weihnachtsbäumen!“ Dann lachten wir beide und ich fühlte mich ihm näher als je zuvor.

Jaya
Atlanta, Georgia

Als Swamiji zu unserem Haus kam, um meine Yogaschüler zu treffen, war gerade das Passahfest, der jüdische Feiertag, der an die Befreiung der Juden aus der Sklaverei in Ägypten erinnert. Meine Herkunft ist für meine Familie und mich wichtig und Swamiji bemerkte unsere religiösen Feierlichkeiten.

Also sprach er an diesem Abend über die Teilung des Roten Meeres, als die Juden flüchteten und die gesamte Armee des Pharaos dabei ertrank. „Freut Euch nicht darüber, dass die Ägypter gestorben sind“, mahnte er. „Glaubt Ihr, dass Gott sie weniger geliebt hat als Euch? Auch sie waren seine Kinder.“

Als Jüdin und Yogini lehrte er mich, meine Feinde zu lieben und jeden Menschen als einen Botschafter Gottes zu sehen.

Sarabess Forster,
Silver Springs, Maryland

*

Swamiji ermutigte jeden, zu beten, ob er nun einer bestimmten Religion angehörte oder nicht. Gebete waren ein regelmäßiger, täglicher Bestandteil bei jedem satsang und vor und nach jeder Yogastunde.

Schüler:

Eines Tages, gerade als wir vom Ashram wegfuhren, kam Swamiji den Weg entlang. Wir hielten an, um uns zu verabschieden. Er wies uns an, das *Om Tryambakam* jedesmal 3x zu singen, wenn wir den Wagen starteten. Dieses Gebet würde uns auf unserer Reise beschützen. Natürlich beteten wir sofort mit ihm zusammen und fuhren dann los.

Als ich später über diese Situation nachdachte, erkannte ich, dass Swamiji uns mehr als eine Ebene gelehrt hatte. Oberflächlich gesehen glaubte er aufrichtig daran, dass uns das Sprechen des Gebetes vor der Abreise beschützen würde. Auf einer subtileren Ebene aber half er uns, immer an Gott zu denken. Er nahm eine weltliche, alltägliche Handlung wie das Starten eines Autos und machte daraus etwas Spirituelles.

Swamiji betonte immer, wie wichtig es sei, sich unaufhörlich an Gott zu erinnern und immer zu versuchen, Gott im Geist zu bewahren. Indem er eine einfache Aktion wie das Starten eines Autos mit der Erinnerung an Gott verband, half er uns, den Geist zu disziplinieren. Anstatt einfach in den Wagen zu springen und loszudüsen, sollten wir uns regelmäßig einige Augenblicke Zeit nehmen und nachdenken.

Die Aktion, die er auswählte, um sie mit den Gedanken zu verbinden, war nicht so wichtig. Was er wirklich bei uns erreichen wollte, war ein regelmäßiges Innehalten und Erinnern an Gott. Es kann alles sein, was wir normalerweise tun, mit dem Bus fahren, den Herd anschalten oder sogar die Toilettenspülung betätigen. Jede Aktion kann ein spiritueller Akt werden. Alles, was du tun musst, ist, dich an Gott zu erinnern, wenn du etwas tust.

Gopala Krishna

Eine besondere Erinnerung hat ihre Spuren hinterlassen und wurde mit der Zeit immer bedeutungsvoller. Swamiji hatte mich gebeten, ihm bei der Herausgabe seines Buches „*The Complete Illustrated Book of Yoga*" zu helfen. Bevor ich mit meiner Arbeit begann, musste ich mit aller Ehrlichkeit klarstellen, dass ich nicht an Gott glaubte und dass ich schon lange diesbezüglich meinen Frieden mit der Entscheidung gemacht hatte, dass ich selbst Gott sei. Wenn ich für irgendetwas beten musste, sollte ich besser zu mir selber beten, wenn ich etwas dafür tun wollte. Swamijis sanftes „Das ist genau das, woran wir Yogis glauben", blieb an mir haften und es brauchte Jahre, um zu reifen und Früchte zu tragen.

Sylvia K
New York, NY

I have one word for
all aspirants:
Meditate.

Ich bin nicht dieser Körper

Der folgende Text ist ein Auszug einer Rede, die Swamiji in den späten 1980er Jahren in Berlin hielt, daher die ganzen Hinweise auf Deutschland.

" Um die Yogaphilosophie zu verstehen, sind 2 Dinge wichtig: alles verändert sich – man kann diesen Prozess noch nicht einmal für einen Moment aufhalten – und Materie wird nicht zerstört. Diese Prozesse der Veränderung nennt man Geburt und Tod. Der Tod der Tomate in meinem Mund ist die Geburt meines Körpers, der Tod meines Körpers ist die Geburt von neuen Würmern, Keimen, Bakterien oder Pflanzen. Materie kann nicht erschaffen oder zerstört werden, aber sie bleibt nicht im selben Zustand, sie verändert sich.

Der Körper verändert sich jetzt in diesem Moment. Schaut genau auf meine Haare. Seht ihr irgendein neues graues Haar wachsen? Seht ihr genau in diesem Moment irgendwelche neuen grauen Haare? Oder erscheinen meine Haare so, als blieben sie jeden Moment genau gleich? Kann dieser Prozess der Veränderung zu einer bestimmten Zeit aufgehalten werden? Wenn ich irgendeine Lösung auf meine Haare auftrage, wird dieser Prozess dann aufgehalten? Ob ihr es nun seht oder nicht, der Prozess geht immer weiter. Schaut euch die Bilder im *„Großen Illustrierten Yoga Buch"* an. Das sind alles Bilder von mir, als ich 30 Jahre alt war. Jetzt bin ich 60. Der Körper, den ihr hier seht, ist nicht derselbe wie der, als ich aus Indien kam. Man sieht den Unterschied im Körper.

Aber diese Veränderung geschieht nicht über Nacht oder einmal pro Jahr. Geschieht sie wirklich? Plötzlich ist euer Geburtstag und euer Körper ist 1 Jahr älter. Wie geschieht diese Veränderung? Von Augenblick zu Augenblick. Dieser Prozess hört nicht auf, er hat nie aufgehört. Wenn ich in 10 oder 15 Jahren wieder hierher kommen würde, hätte sich mein Körper verändert. Aber diese Veränderung, die ihr in 10 oder 15 Jahren bemerken würdet, findet bereits in diesem Moment statt. Aber vergesst nicht, ihr verändert euch gleichzeitig auch. Ihr denkt: „Gut, klar, Swami Vishnu wird alt, aber wir bleiben ewig jung." Auch ihr verändert euch jetzt gerade in diesem Moment. In 30 oder 40 Jahren werdet ihr die ganzen Veränderungen sehen. Dieses Gebäude verändert sich, der Planet Erde, die Sonne, der Mond, die Sterne und die Galaxien – nichts bleibt auch nur für einen Moment im selben Zustand. Das ist die Philosophie des Yoga.

Veränderung ist unvermeidlich. Könnt ihr irgendetwas finden, was sich nicht verändert? Ah, jetzt kommt die Antwort, die nur Yoga geben kann. Alle Objekte, alle Materie verändert sich, aber das Subjekt wird sich nie verändern. Nun, was ist das Subjekt? Das Subjekt ist „Ich bin" und das Objekt ist etwas, was ich nicht bin. Was immer nicht „Ich" ist, muss Objekt sein, versteht ihr das? Also, was bin ich? Subjekt. Und ihr seid alle? Objekte.

Ist die Blume Subjekt oder Objekt? Natürlich ein Objekt. Was ist die Eigenschaft von Objekten, von Materie? Was ist die Eigenschaft aller Dinge? Alle Dinge verändern sich jeden Moment und alle Objekte können abgegeben und auch wieder zurückgenommen werden. Das ist ein einheitliches Gesetz, ein Grundgesetz für Objekte. Dieses Gewand ist es ein Objekt oder ein Subjekt? Auch wenn ich dieses Gewand trage, wird es kein Subjekt werden, oder? Es verändert sich, oder? Und ich kann dieses Gewand weggeben. Also ist es offensichtlich ein Objekt. Es verändert sich und es kann weggegeben werden.

Aber nun ist dieser Finger ein Problem. Ist er ein Objekt oder ein Subjekt? Es gibt Menschen, die sagen, er ist ein Subjekt. Das ist das Problem im Westen. Also, dies ist ein indischer Finger, oder nicht? Es ist auch ein hinduistischer Finger und auch ein Swamifinger. Also ist dieses Subjekt Hindu, Swami und indisch. Aber morgen sagen mir meine Schüler: „Swamiji, ich arbeite in Paris und es gibt jede Menge zu tun, also brauche ich noch einen Finger." Also gehen wir zum Arzt, der meinen Finger nimmt und ihn an seiner Hand anbringt. Und nun, welcher Finger ist es? Ist er immer noch mein Finger, obwohl er jetzt auf seiner Hand ist? Wem gehört der Finger? Wer benutzt ihn? Er benutzt ihn, als sei es sein eigener. Es gibt eine Eigenschaft eines Objekts, ihr könnt es abgeben oder es zurücknehmen.

Die nächste Frage ist: „Verändert sich dieser Finger?" Schaut einfach auf euren Finger. Als ihr ein Baby wart, konnte er sich ganz zurück krümmen. Nun steht er gerade wie ein Stahlrohr, aber eure Finger waren einmal sehr flexibel. Dann kommt die Arthritis und die Hand ist steif und krumm. Habt ihr schon einmal Menschen mit arthritischen Händen gesehen? Diese Hände haben nicht so angefangen und sie haben sich nicht auf einmal verändert. Es ist im Laufe der Zeit passiert. Wenn ihr es nicht glaubt, schaut eure Hände in 30 Jahren an. Sie verändern sich. Also können sie kein Subjekt sein. Wenn ihr mir das nicht glaubt, gebe ich euch noch ein anderes Beispiel.

Am Samstag spürte ich Schmerzen in der Brust und im Herzen. Ich rannte zum Arzt. „Doktor! Doktor! Ich bekomme einen Herzinfarkt!"

Der Arzt sagte: „Ok Swamiji, ich werde alles gründlich untersuchen. Hmm, ja. Ein Herzanfall, ich kann Ihren Herzanfall sehen."

„Was soll ich machen, Doktor?"

„Keine Sorge. Ich habe ein scharfes Messer. Ich schneide Ihr Herz heraus und werfe es weg. Und ich gebe Ihnen ein Affenherz."

„Vielen Dank, Doktor. Sie sind klasse."

Also verschwand mein süßes Herz im Papierkorb und ich bekam ein neues Herz, ein Affenherz. Jetzt mit einem Affenherz, wer ist das Subjekt „Ich bin?" Wer bin ich? Werdet ihr meine Botschaft anhören, wenn ich ein Affenherz habe? Werdet ihr denken, dass ein Affe zu euch spricht? „Hi Affe! Wir wollen nicht, dass dein Affenherz so zu uns spricht." „Er ist ein Affe!" Würdet ihr mir immer noch kostbare Geschenke bringen? Werdet ihr mir Blumen bringen, wenn ich ein Affenherz habe? Seid vorsichtig, ich habe ein Affenherz und Affen fressen Blumen. Aber das Subjekt ist immer noch das Gleiche, oder nicht? „Ich bin" ist derselbe geblieben.

Gut, wenn das so ist, was ist dann mit der Leber? „Doktor, Doktor! Meine Leber tut mir weh!"

Der Doktor untersuchte mich, nahm Blut ab und sagte mir: „Swami Vishnu, Sie haben sehr wenig Blut in Ihrem Alkoholfluss!"

„Was soll ich tun, Doktor?"

„Ich gebe Ihnen eine Schweineleber."

Ein Mann in Amerika lebte 15 Tage mit einer Schweineleber. (Ich erzähle euch nicht irgendeine Story, wirklich. Er lebte 15 Tage mit einer Schweineleber.) Am nächsten Tag brauche ich neue Nieren, weil sie ausgefallen sind und ich bekomme die Nieren einer Ziege.

Als nächstes ist mein Blut völlig vergiftet. Wieviele Arten von Blut gibt es? Gut, lasst uns überlegen. Es gibt deutsches Blut, englisches Blut, russisches, amerikanisches, Hindublut, afrikanisches Blut, protestantisches Blut, Ostberlinerblut, Westberlinerblut... Wie viele Sorten von Blut gibt es? 4: A, B, AB und O. Ihr könnt diese 4 Sorten Blut überall in der Welt finden. Mein Hindu A-Blut ist nicht gut, also sagte mir der Arzt, er kann mir eine Transfusion mit neuem Blut geben, aber es gäbe nur einen Hindu hier und er hat die Blutgruppe B, „Oh Swami, ich bin Hindu, ich gebe Ihnen mein B-Blut."

Dann sagt jemand anderes: „Nein Swamiji, ich habe Blutgruppe A, deutsches Blut Gruppe A."

Oh nein, nein, nein! Ich möchte kein deutsches Blut. Ich bin ein indischer Hindu. Ich werde nur Hindublut nehmen."

Aber wenn es Hindu B-Blut ist, werde ich sterben. Dem Körper ist es egal, ob es Hindu oder amerikanisches Blut ist, solange es Blutgruppe A ist. Also nahm der Arzt mein ganzes Hindu A-Blut und gab mir deutsches A-Blut.

Nun habe ich ein Affenherz, eine Schweineleber, Ziegennieren und deutsches Blut. „Was ist mit Ihrer Religion, Swamiji, und Ihrer Nationalität?" Gut, ich war vorher Inder, aber seit 30 Jahre lebe ich in Kanada, ich habe einen kanadischen Pass, ich reise als ein Kanadier. Wenn dieser Körper einen indischen Pass hätte, wäre es mir nicht möglich gewesen, die deutsche Grenze zu überqueren, auch wenn der Körper derselbe ist. Einfach die Tatsache, dass sie einen indischen Pass sehen – nur der Ausdruck Indien auf einem Stück Papier – „Oh nein! Sie brauchen ein Visum." Wenn ich hier einen Monat bleiben möchte, brauche ich 3 Monate, um ein Visum zu bekommen. Mit einem kanadischen Pass gehe ich einfach durch. Also bin ich Kanadier. „Und was ist mit Ihrer Religion, Swamiji?" Gut, ich wurde Swami, ein hinduistischer Mönch. Das können die Menschen verstehen, es ist wie ein Priester, Vater Johannes. Und was ist mit dem Geschlecht? Eine kleine Operation mit Hormonen und ich werde eine Frau. Das passiert häufig.

Also, nun bin ich hier mit einem Affenherz, einer Schweineleber, Ziegennieren, deut-schem Blut, mit Plastiknase und Plastikaugen, Frau Vater Johannes. Wer bin ich? Wer bin ich? Ich komme hierher. Ich habe all diese verschiedenen Teile in mir, ich habe sie nun in diesem Körper, genau wie ich sie beschrieben habe und ich spreche zu euch. Wer bin ich? Habe ich mich verändert? Hat sich meine Persönlichkeit verändert? Bin ich das? Bin ich das? Bin ich das?

Ich bin, der Ich bin. Ich bin nicht Vishnu. Ich bin kein Kanadier. Ich bin kein Deutscher. Ich bin nicht dieser Körper. Ich bin nicht die Hand, das Herz, die Leber, die Füße, die Nieren. Ich bin nicht der kausale Körper. Ich Bin. „Ich Bin." Das ist die Antwort zu „Wer bin Ich?" Das ist die zentrale Philosophie des Yoga und das Ziel des Lebens ist, dieses Ich zu finden.

"

Im Januar 1991 erlitt Swamiji einen Schlaganfall. Die linke Seite seines Körpers war von da an gelähmt und er konnte nur minimal sprechen. Einige Monate später setzten seine Nieren aus und er musste sich täglich einer Dialysebehandlung unterziehen. Bis zu diesem Zeitpunkt hatte uns Swamiji viele Jahre im *satsang* erzählt: „Eines Tages werde ich alt und verkrüppelt sein, in einem Rollstuhl sitzen und so aussehen." Dann beugte er sich vor und verzog sein Gesicht in Falten. Wir lachten alle. Damit hatte er uns nur demonstriert, dass der Tod eines Tages zu uns allen kommen würde.

Es war, als wollte uns Swamiji auf diese Zeit vorbereiten. Bis zu seinem *mahasamadhi* im November 1993 brauchte er ständige Pflege und Betreuung. Viele seiner Schüler verbrachten ihre Zeit damit, ihn während dieser Phase zu pflegen. Für alle war es eine anschauliche Lektion in „Ich bin nicht dieser Körper."

*

Schüler:

Im Sommer 1991 fuhr ich für 2 Wochen in den *ashram* nach Val Morin. Ich wollte gerne aushelfen und etwas Karmayoga machen. Da ich ziemlich geschickt war, vermutete ich, in die technische Crew zu kommen und bei den üblichen sommerlichen Bauprojekten mitzumachen. Sehr zu meiner Überraschung wurde ich gefragt, ob ich die ‚Nachtschicht' übernehmen wollte, um bei der Pflege Swamijis zu helfen. Ich nahm das freudig an, obwohl ich nicht viel darüber wusste, was auf mich zukommen würde.

Fast die ganze erste Woche war Swamiji im Krankenhaus in Montreal, wo er wegen des Nierenversagens behandelt wurde. Ich fuhr gegen 18 Uhr ungefähr eine Stunde in die Stadt und begann meine Schicht um 19 Uhr. Ich war mit einem, manchmal auch mit zwei anderen Mitarbeitern zusammen. Wir schliefen auf dem Fußboden neben seinem Bett, immer bereit, alles zu tun, was Swamiji von uns brauchte. Viel schlafen konnten wir nur selten.

Swamiji hatte sehr große Schmerzen und körperliche Beschwerden. Da er auf der ganzen linken Seite gelähmt war, konnte er sich ohne unsere Hilfe nicht umdrehen, aufsetzen, hinlegen, auf die Toilette gehen oder irgendetwas anderes tun. Wir massierten ständig seine Beine und seinen Rücken, um die Schmerzen und die Anspannung zu lindern. Er mochte das Krankenhausessen nicht und wurde zu den seltsamsten Stunden hungrig. Oft endete es damit, dass wir ihm mitten in der Nacht etwas zu essen oder zu trinken gaben. Er war oft rastlos und wir mussten ihm aus dem Bett in seinen Rollstuhl helfen und ihn die Krankenhausflure entlang fahren. Jedesmal, wenn wir ihn bewegten, mussten wir die Arme um ihn legen und ihn hochheben. Wir mussten sehr vorsichtig sein, dass wir nicht an die Dialyseschläuche stießen, die aus seinem Nacken heraushingen.

Es war wunderbar. Ich umarmte Swamji jede Nacht mehrere Male. Ich liebte es, einfach meine Arme um ihn zu legen, ihn zu fühlen und für ihn die Kontrolle über seinen Körper zu übernehmen. Ich wusste, dass es ihn jedesmal schmerzte, wenn ich ihn bewegte, aber er beschwerte sich nie. Stattdessen sagte er jedesmal „Ram", wenn ich ihn hochhob.

Früh am Morgen gegen 5.30 Uhr oder so, noch bevor die täglichen Aktivitäten des Krankenhauses anliefen, hatten wir unseren eigenen kleinen *satsang*, meditierten und sangen leise, um die anderen Menschen im Krankenhaus nicht zu stören. Ich bekam jedesmal einen riesigen Energieschub durch diesen privaten *darshan*, oft nur ich und Swami Kartikeyananda wie wir uns am Bettrand gegenübersaßen mit Swamiji liegend oder halb sitzend auf dem Bett.

Gegen 7 Uhr kam die „Tagesschicht" und ich fuhr zurück in den *ashram*, wo ich gegen 8 Uhr ankam. Ich berichtete alles dem dienstältesten Mitarbeiter und kroch dann in mein Zelt, um bis zum Brunch um 10 Uhr ein paar Stunden zu schlafen. Nach dem Brunch war es im Zelt zu heiß, also wickelte ich mich in eine Decke und tat mein Bestes, auf dem Rasen unter einem Baum zu schlafen, mitten im Betrieb des *ashrams*, wo die Leute hin und her liefen und die Glocken läuteten. Ich stand gegen 14 Uhr auf, um zu schwimmen und in die Sauna zu gehen, Asanas und Pranayama zu machen, ein schnelles Abendessen zu mir zu nehmen und dann zurück nach Montreal zur nächsten Schicht zu fahren.

Ich schlief wahrscheinlich höchstens 4 Stunden täglich und auch das war immer nur ein Dösen und kleine Nickerchen. Es erstaunte mich sehr, dass ich mich so unglaublich gut fühlte. Oft beendete ich meine Schicht und konnte kaum einschlafen, weil ich durch das Zusammensein mit Swamiji so energetisiert war. Ich fragte mich oft, wer sich eigentlich um wen k ümmerte. Es wurde mir klar, dass ich zwar Swamijis Körper diente, er sich aber um mich kümmerte und mir die Energie gab, die ich zum Durchhalten brauchte.

Ich erinnere mich an einen sonnigen Morgen, wie ich nach dem Ende meiner Schicht herumstand und mich mit einigen Leuten unterhielt. Ich war richtig high, voller Energie. Ich war auch aufgeregt und sagte zu den anderen: „Er ist nicht dieser Körper! Es ist mir wirklich klar, dass sein Körper nichts mit dem zu tun hat, was er wirklich ist." Sie lächelten alle nur.

Trotz seines eigenen Schmerzes und Unbehagens nutzte Swamiji seine körperliche Verfassung einfach als einen zusätzlichen Weg, um mich die Lektionen zu lehren, die ich lernen musste. Ich verstand endlich ganz konkret, was Swamiji uns die ganzen Jahre über gesagt hatte.

Gopala Krishna

*

Im Oktober 1992 unternahm Swamiji eine *Ganga parigrama*, eine Pilgerfahrt den heiligen Ganges in Indien entlang, von seiner Quelle in Gomukh im Himalaya bis zur Mündung in Kalkutta.

Schüler:

Am Tag als wir Gangotri verließen, war die Reise hinunter aus den Bergen für Swamiji sehr beschwerlich, er musste sich oft übergeben und hatte Durchfall. Nach einem besonders schlimmen Anfall hielten wir den Wagen an, um ihn sauberzumachen. Swami Kartikeyananda, Gayatri und Prahlad standen an Swamijis Füßen und versuchten, seinen beschmutzten *dhoti* und seine Tücher zu wechseln. Ich hob sehr behutsam seinen Kopf, da ich befürchtete, dass ihn sein kürzlich gebrochener Wirbel schmerzen könnte. Als ich seinen Kopf hochhob und versuchte, etwas von dem Schmutz auf seinem Kopf abzuwaschen, sah Swamiji mich an und sagte: „Kamala, geht es Dir gut?“ Ich starrte diesen armen, gebrochenen Körper an, der in solch einen Schmutz eingehüllt war und sagte: „Ja Swamiji, mir geht's gut.“ Ich sah zu den anderen hinunter, die sich vor Lachen ausschüttelten. Sie waren Swamijis Art gewöhnt. Er fragte mich nach meiner Migräne, an der ich vor 5 Tagen gelitten hatte, völlig blind gegen sein eigenes Leid.

Kamala
Katomba, Australien

Swamijis *guru* Swami Sivananda hatte in seinen späteren Lebensjahren auch Probleme mit den Beinen. Eine lange Zeit konnte er überhaupt nicht laufen, außer unter Einsatz größter Willenskraft. Ein Beispiel war das 1. Parlament der Religionen, das von Sivananda in den 1950er Jahren organisiert wurde. Es war eine Zusammenkunft der religiösen Führer aus vielen verschiedenen Glaubensrichtungen, um die Einheit aller Religionen zu demonstrieren. Swamiji konnte sich gut daran erinnern:

» Es war während des 1. Parlaments der Religionen. Es war die größte Feier überhaupt. Alle großen Führer aus unterschiedlichen Ländern kamen aus diesem Grund zusammen und der Meister war der große Gastgeber, der alle diese großartigen Menschen von überall her eingeladen hatte, aus Japan und anderen Ländern. Der Meister hatte Rückenschmerzen und Arthritis. Ausgerechnet einige Tage vor dem Eröffungstag hatte der Meister mitten in den intensiven Vorbereitungen schreckliche Rückenschmerzen. Er konnte sich noch nicht einmal aus dem Bett bewegen. Die Ärzte sagten, dass er die nächsten Monate nicht aufstehen könne. Der Meister konnte nicht aufstehen, aber immer noch befolgte er seine strenge Routine. Zu einer bestimmten Zeit machte er eine bestimmte Sache. Jeden Tag, wenn es an der Zeit war, sein Buch zu schreiben, schrieb er sein Buch. Da er nicht aufstehen und schreiben konnte, schrieb er liegend, aber trotzdem hielt er seine Routine ein.

Wir waren alle beunruhigt, da das ganze Parlament der Religionen ohne ihn nichts wäre. Seine Gegenwart war notwendig, aber er konnte sich noch nicht einmal bewegen. Viele Minister und große Politiker trafen inzwischen ein. Der Meister wollte eigentlich am Einführungstag die Begrüßungsrede halten. Aber wie sollte er das machen? Seine Hütte war ganz unten am Fuß des Hügels direkt am Ganges gelegen. Ganz oben auf dem Hügel waren der Hauptashram und die Yogahalle, wo alle großen Veranstaltungen stattfinden sollten. Das bedeutete, dass er von unten vom Ganges bis zur Spitze des Hügels hinaufgehen musste. Aber er konnte noch nicht einmal seinen Rücken bewegen, er lag seit einigen Tagen im Bett und die Ärzte hatten gesagt, dass er eine sehr lange Zeit nicht in der Lage sein würde, sich zu bewegen.

Und eine halbe Stunde, bevor die Veranstaltung anfangen sollte, stand er einfach auf und ging den Hügel hinauf. Genau auf die Minute stand er da und hielt seine Begrüßungsansprache. Er sprach über eine Stunde lang in stehender Haltung, ging dann den Hügel hinunter und legte sich wieder ins Bett. Er konnte sich anschließend nicht mehr bewegen. Er konnte einfach den Schmerz von sich weisen, wenn er das wollte. Weise können den Schmerz überwinden, wenn sie wollen, aber nur zu diesem entscheidenden Zeitpunkt hat er seine Willenskraft benutzt, um den Schmerz zu besiegen. Danach lag er einige Monate nur im Bett.

Das nennt man *prarabdha karma*, das Karma, was wir in diesem Leben erfahren müssen. Sogar Weise und Heilige versuchen nicht, das zu umgehen, da es der Zweck dieses Körpers ist, dieses *karma* zu erfahren.

66

Obwohl Swami Vishnu-devananda linksseitig gelähmt war und auch ernsthafte Probleme mit seinem rechten Bein hatte, überwand er das, wenn es notwendig war und spiegelte auf eine gewisse Weise damit die Geschichte wider, die er über Sivananda erzählte.

*

Schüler:

Im April 1991 wurde ich gefragt, ob ich einen Monat helfen wollte, Swamiji zu pflegen. Mein Herz war schwer, weil ich nicht wusste, in welcher Verfassung ich ihn finden würde. Ich kannte Swamiji nun seit 25 Jahren, seit meinem 15. Lebensjahr. Er war eine Mann ohne Begrenzungen, voller Liebe, Kreativität und großem Respekt für die Menschheit. Wie konnte er sich jetzt ausdrücken, ohne die Fähigkeit zu sprechen, zu gehen, Asanas zu machen, zu fliegen, all seiner Bewegungsfähigkeit beraubt?

Zu meiner großen Überraschung vermisste Swamiji seinen Körper nicht. Ich war nun in der Gegenwart eines weiseren, heiligeren Swamijis – voller Anmut, Frieden und Liebe. Er machte immer Späße über seinen

Zustand, sagte: „Ich bin nicht dieser Körper, dieser Körper ist nicht ich." Ich habe ihn nicht einmal über seine Verfassung klagen hören. Er betete und meditierte mehr als vorher und niemals, auch nicht für einen Moment, ließ er davon ab, zu dienen und sich in alles mit einzubeziehen, was um ihn herum geschah.

Wenn ich in der Nachtschicht allein war, hatte ich Angst, einzuschlafen, seine undeutliche Sprache nicht zu verstehen oder nicht zu wissen, was ich tun sollte. Es war ein wenig so, als würde man sich um ein Baby kümmern. Ich kannte mich aus mit Babies, aber ich hatte mich noch niemals um einen kranken Swami gekümmert sondern er sich um mich.

Eines Tages zog ein dicker Nebel auf, so dass die Sicht praktisch gleich null war. Swamiji wollte trotzdem zu seiner üblichen nächtlichen Fahrt aufbrechen. Ich rief das Hauptbüro und Hanuman an (einen Schüler, der neben dem *ashram* wohnte und der oft bei Swamiji aushalf), doch niemand nahm den Hörer ab. Ich ging zu Swamiji und erklärte ihm sanft, dass die Mitarbeiter sehr müde seien und dass es ziemlich gefährlich sei, bei diesem Wetter hinauszugehen. Swamiji sagte „OK". 10 Minuten später bat er wiederum um eine Autofahrt. Ich rief wieder jeden an, mit dem gleichen Erfolg. Diesmal sagte Swamiji: „Ok, dann lass mir ein Bad ein." Das würde für mich auch sehr problematisch werden. Swamiji war in der unteren Etage. Ich wusste, dass es für mich allein unmöglich war, ihn die Treppen hinauf ins Bad zu bringen.

Trotzdem sagte ich: „Ja, Swamiji." Ich ging nach oben, bereitete das Bad und als alles fertig war, bat Swamiji mich, Swami Kartikeyananda zu wecken. Ich ging zu ihrem Zimmer und bat sie um Hilfe bei Swamiji. Sie war zu müde, um mir überhaupt zu antworten, geschweige denn aufzustehen.

Das war das erste Mal, dass ich mich nicht beeilte, als Swamiji mich rief. Aber ich konnte ihm diese Bitte auch nicht abschlagen, also gab ich mir einen Ruck. Er nahm meinen Arm und sehr langsam gingen wir Richtung Treppe. Ich betete inständig, dass es klappen würde. Swamiji bemühte sich gewaltig, seine Beine zu bewegen, aber er konnte es nicht und bat mich um Unterstützung. Ich weiß nicht, wie lange es dauerte, aber endlich erreichten wir das Bad oben an der Treppe. Er lag dann sehr lange in der Badewanne.

Kanti Devi
Montevideo, Uruguay

Ich traf Swamji 1991 während einer Yogalehrer-Ausbildung in Kanada. Ich wusste bereits, dass er an einer schmerzhaften Krankheit litt, die ihn in den Rollstuhl zwang. Am ersten Abend des Kurses gingen Gerüchte um, dass Swamiji zur Yogahalle kommen würde. Alle Schüler waren aufgeregt, da sie die Möglichkeit hatten, Swamiji zu sehen. Ich selbst hatte ihn nie zuvor gesehen.

Als er erschien, sah ich einen Mann, deutlich als Inder zu erkennen, der auf seinen eigenen beiden Beinen ging! Zwei Männer waren die ganze Zeit äußerst um ihn bemüht. Swamiji machte ihnen gegenüber einige Gesten, dass sie nicht so viel Aufhebens machen sollten.

Mein erster Eindruck von Swamiji war sehr kraftvoll. Er erschien ‚wild' wie ein Löwe, physisch unglaublich stark – ein Mensch weit ab vom Gewöhnlichen. Niemals zuvor hatte ich solch ein Gefühl verspürt. Ich weinte, wie ich nie vorher in meinem Leben geweint hatte. Dieser ungestüme Mann lehrte mich, bis zum Schluss Mut und Standhaftigkeit zu zeigen.

Brahmaswaroop
Madrid, Spanien

Vollendung

In den letzten Jahren seines Lebens erfüllte Swamiji eine weitere große Aufgabe, den Bau eines neuen Tempels im Val Morin *ashram*, der Subramanya und Ayyappa gewidmet war. Subramanya war die Gottheit von Swamijis Familie. Ayyappa ist eine Gottheit, die in Südindien verehrt wird. Der Tradition nach war Vavar, der größte Verehrer Ayyappas, ein Moslem gewesen. Das war wichtig für Swamiji, der sich permanent gegen die Hindu-Moslem Gewalt in Indien aussprach. Warum war es so wichtig, diesen Tempel zu bauen? Dazu sagte Swamiji:

» Ohne Hingabe, ohne Gottes Gnade sind all unsere Bemühungen bedeutungslos. Wir können die Spitze nicht erreichen. Egal, wie sehr wir danach streben, maya wird uns überwältigen und herunterziehen. Hingabe ist sehr wichtig auf dem spirituellen Weg. Gottes Gnade muss dabei sein. «

*

Wie viele von Swamijis Projekten begann der Tempel als ein Gedanke in seinem Geist. Dann konzentrierte er all seine Energie darauf, diesen Gedanken zu manifestieren. Einer seiner Schüler erinnert sich daran, wie alles begann:

Im Juli 1992 war ich Mitarbeiter im *ashram* in Val Morin. Ich hatte viel Glück, da ich unten in Swamijis Haus war. Wir trugen ihn zu den Plätzen ums Haus herum, machten kleine Pilgerfahrten, sangen und brachten Blumen dar. Wie aus heiterem Himmel sagte Swamiji, dass er auf den Hügel hinter dem *ashram*, den wir Mount Kailas nannten, eine größere Pilgerfahrt unternehmen wolle, um einen Platz für einen neuen Tempel zu suchen. Swami Kartikeyananda fragte ihn, wie wir ihn den Hügel hinaufbringen sollten, da es keinen Weg gab und der *ashram* ganz unten an diesem Hügel lag. Swamiji bestand darauf.

Tatsächlich schoben wir ihn in seinem Rollstuhl den Berg hinauf und sangen *mantras* dabei. Es war eine Tortur, ihn dort hochzuschieben. Er war schwer. Wir nahmen jeder eine Seite des Rollstuhls und schleppten ihn hoch. Es gab überall Moskitos und wir wurden alle gestochen, versuchten aber aufzupassen, dass Swamiji nicht gestochen wurde. Das Lustige daran war, dass sich anscheinend niemand über die Schierigkeiten Sorgen machte. Es war wirklich sehr heiß und wir schwitzten alle, aber wir wollten natürlich alles tun, was Swamiji wünschte.

Als wir auf der Spitze des Hügels ankamen, waren wir dort von vielen Bäumen umgeben. Er wählte einen Platz für den Tempel aus, einen einfachen Felsen zwischen den Bäumen. Wir legten einen *kaavadi*, den wir mitgebracht hatten und die Blumen, die wir unterwegs gepflückt hatten, auf den Felsen. Ich fühlte mich sehr belebt.

Als ich hörte, dass hier wirklich ein Tempel entstehen sollte, dachte ich sofort an den kleinen (ca. 1 Quadratmeter) Shivatempel auf dem Hügel der Yoga Ranch in Woodbourne. Als ich im folgenden Jahr zurückkehrte, war der Platz gerodet und der Felsen freigelegt worden. Es gab Statuen der zwei Gottheiten Subramanya und Ayappa und einen indischen Baldachin. Es war sehr friedlich. Schüler vollzogen bereits *pujas* und erhöhten damit die Energie. Jetzt, 2 Jahre später, gibt es dort einen riesigen Tempel. Er ist wunderschön und die Menschen kommen von überall her, um zu beten. Als wir Swamiji den Hügel heraufbrachten, wusste ich nicht, dass das daraus entstehen würde, was es heute ist. Ich fühle mich sehr geehrt, dass ich daran teilnehmen durfte.

Uma
Chicago, Illinois

Während des Sommers 1993 verschlechterte sich Swamijis Gesundheit. Er saß nur noch selten im Rollstuhl. Stattdessen wurde er mit Hilfe einer Liege überall hingetragen. Er konzentrierte seine ganze Energie auf den Bau des Tempels.

*

Verschiedene Male im September und Oktober ließ Swamiji von Swami Kartikeyananda Tickets nach Indien buchen. Dann musste er die Reise absagen. Er schien hin- und hergerissen zwischen der Vollendung seines karmas – dem Bau des Tempels – und seinem Wunsch, in Indien zu sein, wenn er seinen Körper verlassen würde. Schließlich, am Morgen des 17. Oktober, erhielten alle leitenden Mitarbeiter, Swamijis Seniorschüler, einen Anruf: „Swamiji möchte, dass ihr sofort zu ihm kommt." Jeder von uns eilte von seinem jeweiligen Platz zu ihm, da wir dachten, er würde seinen Körper verlassen. Als wir ankamen, schien Swamiji aber stark und lebhaft zu sein. Er teilte uns mit, wie wichtig der Tempel für ihn sei und dass er die physische Manifestation seines Lebenswerks darstellte. Wir erkannten, dass dies Swamijis letzter Wunsch war. Jeder von uns gab das Versprechen, dass der Tempelbau vollendet werden würde.

Es schien, dass Swamiji jetzt erst das Gefühl hatte, dass seine letzte Bürde von ihm genommen wurde. Am 22. Oktober reiste er nach Indien ab.

Swami Sankarananda

*

Der Tempel wurde im Sommer 1994 fertiggestellt, ein wunderschönes 18 qm großes Gebäude. Die Statuen wurden am 10. Juli aufgestellt.

Sofort nach seiner Ankunft in Indien ging Swamiji auf Pilgerreise. Sein erster Halt war der Mookambika Devi Tempel in Kollur in Südindien, wo er vorher bereits viele Male gewesen war und sich eins mit der Göttlichen Mutter fühlte. Als er am 1. November spät abends am Tempel ankam, hatte sich sein körperlicher Zustand soweit verschlechtert, dass er am nächsten Tag in ein Krankenkaus im nahegelegenen Manipal eingeliefert werden musste. Es wurde immer schlimmer, so dass er am 4. November auf die Intensivstation kam, angeschlossen an ein Beatmungsgerät. Obwohl es ihm wirklich sehr schlecht ging, erschien er sehr losgelöst und friedlich. Am Morgen des 9. November verlor er das Bewusstsein. Die Ärzte stellten das Beatmungsgerät ab und sein Körper hörte auf zu atmen, nach dem Totenschein um 12:28 Uhr.

Swamiji hatte immer gesagt, dass sein Körper nach seinem Tod dem Ganges übergeben werden sollte, neben seinem kleinen *ashram* bei Uttar Kashis in Nordindien. Seine Wünsche wurden erfüllt.

*

Swami Sankarananda beschreibt den Tag von Swamijis jalasamadhi (Versenkung des Körpers im Wasser):

Swamijis Körper lag in einem ganz einfachen Sarg aus Sperrholz, der gerade groß genug für ihn war, im Sivananda Yoga Vedanta Nataraja Zentrum in Neu Delhi. Das Mantra *Om Namah Shivaya* war mit der Hand in blauer Tinte auf den Deckel geschrieben worden und das Wort TOP zeigte an, wo sich sein Kopf befand. Der Frachtaufkleber der Indian Airlines war immer noch an den Seiten befestigt. Swamiji war nach seinem *Mahasamadhi* per Flugzeug von Südindien nach Neu Delhi gekommen.

Der Sarg mit Swamijis Körper befand sich in dem großen Raum im Erdgeschoss der Tanzschule von Uma Shama. Die Mitarbeiter des Zentrums von Neu Delhi, welches in der oberen Etage lag, saßen zu seinen Füßen. Es war Donnerstag der 11. Novemver, sehr früh am Morgen. Donnerstag ist Guru Tag, also war das ein guter Tag für *Jala Samadhi*, das Versenken seines Körpers in Mutter Ganga, so wie er es gewünscht hatte. Darüberhinaus war dieser besondere Donnerstag der Tag, an dem Krishna in seinem *lila* als göttlicher Kuhhirte die Kühe „vom Wald nach Hause" gebracht hatte.

Der Deckel wurde für kurze Zeit geöffnet, so dass die Anwesenden Swamiji anschauen konnten, der abgesehen von seinem Gesicht in ein weißes Gewand eingehüllt war. Sein Bart war im Krankenhaus abrasiert worden und er hatte dieses friedliche Lächeln, das er immer dann hatte, wenn alles gut war. Wir verbeugten uns, legten Blumen nieder, berührten seine Füße, verschlossen den Sarg und setzten uns nieder, um zu singen.

Genau um 4 Uhr morgens verließ eine kleine Gruppe Neu Delhi, um nach Uttar Kashi zu reisen, zum Sivananda Kutir *ashram* am Ufer des Ganges in Nettala, ca. 10 km nördlich von Uttar Kashi an der Straße nach Gangotri. Dort hatte Swamiji in seinen späteren Jahren einen *ashram* errichtet und wiederholt gesagt, dass er nach Verlassen seines Körpers von uns dort „in den

Ganges geworfen“ werden wollte. Seine Wünsche wurden erfüllt, in der gleichen subtilen und seltsamen Art wie alle seine Aktionen und Taten.

Als wir den Sarg vorsichtig in einen kleinen Krankenwagen luden, sangen wir dieselben Mantras, die wir immer sangen, wenn Swamiji um die Hauptgebäude im Yogacamp pilgerte. Swami Hariomananda und Prahlad stiegen gleich neben dem Sarg ein, um ihn auf der langen turbulenten Fahrt, die vor uns lag, sicher festzuhalten. Potti Swami, ein Brahmanenpriester, der sofort von Trivandrum in Südindien heraufgekommen war, nachdem er von Swamijis *Mahasamadhi* gehört hatte, stieg vorne ein. Der Rest der Gruppe fuhr in einem Bus.

Die Fahrt am frühen Morgen war recht angenehm und die meisten dösten ein, da wir teilweise mit der Zeitverschiebung zu kämpfen hatten. Bald kam der Ganges bei Haridwar in Sicht und um 9.30 Uhr wanden wir uns durch die geschäftigen Straßen von Rishikesh in Richtung des Sivananda *ashrams* außerhalb Rishikeshs, wo Swamiji die Erlaubnis von Swami Sivananda bekam, in die Regionen des Himalaya zu reisen.

Ein riesiger Empfang wartete auf Swamiji. Ein Teppich und ein langer, weiter, gelber Baldachin bedeckten ein 45 Meter langes Stück der Straße am Ganges entlang neben Meisters Kutir. Swami Adhyatmananda von der *Divine Life Society* führte den Krankenwagen über das bedeckte Straßenstück, welches auf beiden Seiten von Hunderten und Hunderten von Swamis und anderen Menschen gesäumt war, die ihren Respekt zum Ausdruck bringen und Swamijis Segen erhalten wollten.

Der Sarg wurde vorsichtig aus dem Wagen herausgeholt und auf eine Bank in der Mitte der Straße gelegt, wo er sofort von einer großen Menge umlagert wurde. Der Deckel wurde geöffnet und die Menschen drängten nach vorne, um Swamiji mit einer *Mala* (Blumengirlande) nach der anderen aus großen orangefarbenen und gelben Ringelblumen zu schmücken. Für Swami Krishnananda, einem der ältesten Schüler von Swami Sivananda und Gefährte von Swamiji in seiner Zeit in Rishikesh, wurde ein Weg freigemacht. Mit fester, sanfter Stimme hielt er eine bewegende Rede, um Swamiji, seine Hingabe zu Swami Sivananda und seine Arbeit zu preisen. Er sagte, dass Swamiji ein wahrer *sannyasin* gewesen sei, der nichts besaß. Es wurde ein Fax von Swami Chidananda, dem Leiter des *ashrams*, vorgelesen und dann ein *arati* abgehalten. Der Sarg, der wieder verschlossen war, wurde in den

Krankenwagen gehoben und wir machten uns auf das letzte Stück unserer Reise nach Nettala. Zwei weitere Autos mit 10 Swamis von der *Divine Life Society* unter der Leitung von Swami Adhyatmananda begleiteten uns.

Die Küche der *Divine Life Society* hatte Essen für uns vorbereitet, welches wir auf die Fahrt mitnahmen. Nach einer Stunde hielten wir an der Straße an, um schnell etwas zu essen und Tee zu trinken. Es war wichtig, Uttar Kashi vor dem Abend zu erreichen. Die lange kurvenreiche Straße durch die Garwhal Himalayas lag noch vor uns. Nach der Kreuzung in Tehri führte die Straße am Ganges entlang, der hier als Bhagirathi bezeichnet wird. Es war ein unglaublich klarer, blauer Tag (nachmittags ist es oft neblig und dunstig) und wir hatten die ganze Zeit einen wunderbaren Blick auf Mutter Ganga, dieser Strom des Bewusstseins auf der Erde, durch den Swamiji vom Meister vor vielen Jahren seinen ersten Einblick in das Unendliche bekommen hatte und zu dem er an diesem heiligen Tag, an dem Krishna die Kühe heimbrachte, zurückkehrte.

Die Fahrer beeilten sich, ans Ziel zu kommen, sie spürten die Eile oder wurden von Swamijis Wille angetrieben. Die Sonne begann bereits hinter den großen Gipfeln unterzugehen und man konnte die friedliche Atmosphäre der Dämmerung spüren. Wir hielten kurz in Uttar Kashi an, um Swami Chaitanyananda von unserer Ankunft zu informieren, aber es wurde uns mitgeteilt, dass er in Nettala bereits auf uns wartete. Wir passierten den Kutir von Swami Premananda, sahen ihn dort warten und winkten ihn zu uns. Als wir uns der Straße zum *ashram* näherten, wurde das Gefühl von einem Zusammenströmen auf einen Punkt hin erschreckend mächtig. Swamis, Sadhus und Dorfbewohner machten sich zielstrebig auf den Weg zum Ganges am *ashram*.

Der Krankenwagen fuhr hinunter um die Hängebrücke herum und setzte zurück in Richtung Swamijis *kutir*. Swamiji wurde in den *kutir* gebracht und im Hauptraum auf ein Bett gelegt. Ein Jeep mit einem großen massiven Holzsarg wartete bereits. Er war von den Swamis der Umgebung Swamiji zu Ehren hergerichtet worden. Das Holz war sehr gut und zwischen den Brettern gab es Löcher für das eintretende Wasser. Es waren zwei Särge bereitgestellt worden, einer für den Fall, dass Swamiji sitzen würde, der andere für eine liegende Position. Es wurde der letztere ausgewählt und Swami Chaitanyananda und Swami Umananda vom Kailash *ashram* wiesen die jüngeren Swamis an, diesen wundervollen Sarg zu dem hohen Felsenvorsprung zu tragen, der in einer Kurve herausragt und wo das Wasser ein großes, ruhiges und tiefes Becken bildet.

Menschen strömten von überall her und die Intensität der Atmosphäre stieg sehr schnell an. Im *kutir*, in Swamijis Zimmer, begann Potti Swami damit, Meister Sivananda um Erlaubnis zu bitten, sich zum Ganges zu begeben. Harihara Chaitanya fing an, eine Glocke zu läuten.

Von nun an übernahm Gott. Niemand sagte oder fragte noch irgendetwas. Gesang und der Klang der Glocke und der Muschel erfüllten die Luft. Der Sarg wurde hochgenommen und Swamiji wurde in einer Prozession vom *kutir* zum Ganges getragen. Die Energie war unbeschreiblich. Staunen, Geheimnis, Ruhe und Kraft, Stille und Lärm, Licht und Zwielicht und Dunkelheit, Klarheit und Verwirrung, Freude und Sorge, Ritual und Vermeidung von Ritual – alles war gegenwärtig. Alles war genau vorbereitet und fand nach einem göttlichen Skript statt, das nur Gott kannte. Es war der *jala samadhi* eines wahren Yogis.

Mehr als 400 Menschen hatten sich auf dem glatten Felsvorsprung zusammengedrängt. Der neue Sarg wartete direkt an der Ecke auf dem höchsten Punkt 2 Meter über dem Ganges. Swamiji wurde direkt unterhalb zu einer Felsplatte getragen, aus dem alten Sarg geholt und mit dem Rücken an die Felsplatte gelehnt. Das Timing war perfekt. Wenn wir eine halbe Stunde später gekommen wären, wäre es zu spät gewesen.

Jetzt erschien alles gleichzeitig zu geschehen: Mehrere Swamis sangen verschiedene *Mantras* und *Slokas*, große Bündel von Räucherstäbchen wurden geschwenkt, Glocken läuteten und die Muschel erklang immer und immer wieder. Die vielen Blumenkränze und Swamijis Kleider wurden aufgehoben und in den Ganges geworfen. Dort lag er nackt auf dem Felsen, sein Gesicht ruhig, sein Lächeln lieblich und voll, vielleicht direkt unter seinen Augenlidern zuschauend. Seine Arme lagen neben seinem Körper, die Handflächen nach unten. Demut und Herrlichkeit waren gleichzeitig gegenwärtig.

Dann begann das rituelle Bad mit Milch und Gangeswasser. Alle die um Swamijis Körper herum saßen, übergossen ihn damit. Es gab ein großes Gerempel, als jeder der Himalaya *mahatmas* sich zu Swamiji durchdrängte, um Swamiji mit Milch aus einer Muschel zu baden. Potti Swami versicherte sich, dass alle anwesenden langjährigen Schüler und Mitarbeiter ebenfalls die Gelegenheit dazu hatten. Hände reichten wunderschöne neue saubere Kleidung – orange, rot, gelb und weiß – und Hände begannen, Swamiji von Kopf bis Fuß einzuhüllen und ihn vollständig zu bedecken. Blumenkränze wurden um seinen Hals, auf seine Brust, zu seinen Füßen und überall hingelegt. Alles geschah mit solch einer Energie und Intensität, dass es sich anfühlte, als sei dies das Zentrum des Universums, eine Konvergenz von Wesen, die in die Unendlichkeit ausstrahlen mit Swamiji mitten im Zentrum.

Swamijis Körper, der vollständig eingehüllt und bekränzt war, wurde vorsichtig aufgehoben und zum neuen Sarg gebracht, der auf der höheren Felsplatte wartete. Dicke neue Seile wurden an den Seiten drapiert und ein paar neue Decken obendrauf gelegt. Dann wurde Swamiji in den Sarg hinabgelassen und mit noch mehr Wolldecken zugedeckt. Die Seile wurden oberhalb seines Körpers befestigt und wieder begannen viele Hände damit, schwere große Felsbrocken um seinen Körper herum in den Sarg zu legen. Die ganze Zeit über wurde *arati* zelebriert, Kistchen mit brennenden Räucherstäbchen wurden um Swamiji geschwenkt und junge Sadhus aus dem Himalaya riefen mit kraftvollen Stimmen Mutter Ganges und den hohen Himalaya an. Die älteren geachteten Swamis der Region machten alle Handlungen selbst. Mit einer tiefen Würde begannen sie, mit einem Hammer den Deckel zu verschließen, während ihre Augen dabei funkelten und glänzten.

Es war nun fast dunkel. Eine Petroleumlampe gab uns Licht. Die Menschen entfernten sich von der Seite des Sarges, die zum Ganges zeigte und begaben sich auf die andere Seite. Alle schoben den nun äußerst schweren Sarg zum Rand. Eine erwartungsvolle Stille entstand. Die vorher chaotische Intensität beruhigte sich und wich einer Einheit, die gemeinsam den Sarg Stück für Stück zum äußersten Rand des Felsens hin bewegte, wo er stehen blieb, leicht Richtung Ganges geneigt. Ein Augenblick verging, jeder war klar und bereit. Die Zeit stand still.

Bolo Sat Guru Sivananda Maharaja Ki – JAYA
Bolo Swami Vishnu-devananda Maharaja Ki – JAYA
Gangayai Himalaya Bhagavan Ki – JAYA

Unser aller Stimmen erklangen im dunklen Zwielicht. Und am präzise vorherbestimmten Moment, genau nach Swamijis Wünschen, genau nach seinem ewig gegenwärtigen Willen, fand der *jala samadhi* statt. Der Sarg entfernte sich majestätisch vom Felsrand, fiel in Mutter Ganga und hielt sich noch mit dem Kopf nach oben über Wasser, was ein gutes Zeichen war, wie gesagt wurde noch ein weiteres Winken von Swamiji. Für einen langen Moment blieb er dort, dann stießen ihn zwei lange Bambusstangen nach unten, bis er unter der Wasseroberfläche verschwand. Die Stangen fielen in den Ganges und bildeten ein Kreuz über dieser Stelle. Es war 17.40 Uhr am Nachmittag.

Ein immenser Hochruf erklang. Dann drehten sich alle abrupt um und waren im nächsten Moment verschwunden.

Am nächsten Tag waren die Blumengirlanden, die man in den Ganges geworfen hatte, immer noch an der gleichen Stelle, gehalten von einem kleinen hinteren Wasserstrudel. Und dort blieben sie tagelang, immer frisch blühend im Wasser des Ganges.

Auf dem Felsen, wo Swamiji nackt gelegen hat, wird ein kleiner Schrein gebaut werden.

OM TAT SAT

Sadhana Tattwa

Im Einführungskapitel spricht Swamiji über ein Flugblatt, das er im Papierkorb in seinem Büro gefunden hatte. Der Inhalt dieses Flugblattes war sein erster Einblick in ein spirituelles Leben. Es führte dazu, dass er Swami Sivananda traf, seinen zukünftigen *guru*.

Was war das für eine Schrift, die den jungen Mann so fesselte? Es ist wohl am besten, die Worte für sich selbst sprechen zu lassen.

Die Wissenschaft der 7 Kulturen für die schnelle Entwicklung der menschlichen Seele, von H.H. Sri Swami Sivananda

Ein Gramm Praxis ist mehr wert als Tonnen von Theorie. Praktiziere Yoga, Religion und Philosophie und erreiche Selbstverwirklichung.

Diese 32 Instruktionen geben die Essenz der ewigen Religion (*Sanatana Dharma*) in reinster Form wieder. Sie sind auch für den modernen Menschen im Berufs- und Familienleben mit festen Arbeitszeiten geeignet. Modifiziere sie nach deinen Bedürfnissen und verlängere die Zeiten nach und nach.

Am Anfang fasse nur einige praktikable Vorsätze, die eine kleine, aber deutliche Verbesserung deiner jetzigen Gewohnheiten und deines Charakters bewirken. Wenn du krank bist, unter Arbeitsdruck stehst oder unvermeidbare Verpflichtungen hast, ersetze dein aktives *sadhana* durch häufiges Denken an Gott.

Kultur der Gesundheit

Iss mäßig. Nimm leichtes und einfaches Essen zu dir. Opfere es Gott, bevor du isst. Lass deine Ernährung ausgewogen sein.

Vermeide Chillies, Knoblauch, Zwiebeln, Tarmarind u.a. so gut wie möglich. Gib Tee- und Kaffeetrinken, Rauchen, Betelkauen, Fleisch und Wein vollständig auf.

Faste an *Ekadasi* (alle 14 Tage). Nimm dann nur Obst, Milch und Wurzelgemüse zu dir. Praktiziere täglich 15 bis 30 Minuten Asanas oder andere Körperübungen. Gehe täglich spazieren oder spiele kraftvolle Spiele.

Kultur der Energie

Schweige 2 Stunden am Tag und sonntags 4 bis 8 Stunden.

Lebe deinem Alter und den Umständen entsprechend im Zölibat. Schränke den sexuellen Kontakt auf einmal im Monat ein. Vermindere ihn nach und nach auf einmal im Jahr. Schließlich lege den Eid der Entsagung für das ganze Leben ab.

Kultur der Ethik

Sprich die Wahrheit. Sprich wenig. Sprich freundlich. Sprich sanft. Verletze niemanden in Gedanken, Worten oder Taten. Sei freundlich zu allen.

Sei ehrlich, aufrichtig und offenherzig in allen deinen Gedanken und Taten.

Sei rechtschaffen. Verdiene im Schweiße deines Angesichtes. Nimm kein Geld, Geschenke oder Gefälligkeiten an, bevor du sie nicht rechtmäßig verdient hast.

Entwickle Würde und Integrität.

Kontrolliere Ausbrüche von Ärger, indem du Gelassenheit, Geduld, Liebe, Gnade und Toleranz entwickelst. Vergiss und vergib. Passe dich Menschen und Ereignissen an.

Kultur des Willens

Lebe eine Woche oder einen Monat ohne Zucker. Verzichte sonntags auf Salz.

Gib das Kartenspielen auf, ferner das Lesen von Romanen und den Besuch von Kinos und Discos. Entfliehe schlechter Gesellschaft. Vermeide Diskussionen mit Materialisten. Halte dich nicht bei Leuten auf, die kein Vertrauen zu Gott haben oder die dein sadhana kritisieren.

Schränke deine Wünsche ein. Verringere deinen Besitz. Lebe einfach und denke erhaben.

Kultur des Herzens

Anderen Gutes zu tun ist höchste Religion. Verrichte jede Woche einige Stunden selbstlosen Dienst, ohne Egoismus oder Erwartung einer Belohnung. Erfülle deine weltlichen Pflichten mit der gleichen Einstellung. Arbeit ist Verehrung. Widme sie Gott.

Gib 2 bis 10 Prozent deines Einkommens jeden Monat einer wohltätigen Einrichtung. Teile alles, was du besitzt, mit anderen. Lass die Welt deine Familie sein. Beseitige Selbstssucht.

Sei bescheiden und verbeuge dich geistig vor allen Wesen. Fühle überall die göttliche Gegenwart. Gib Eitelkeit, Stolz und Heuchelei auf.

Habe unerschütterliches Vertrauen in Gott, die Gita und deinen *guru*. Gib dich vollständig Gott hin und bete: „Dein Wille geschehe, ich will nichts." Unterwirf dich bei allen Ereignissen und Lebenslagen mit Gleichmut dem göttlichen Willen.

Erschaue Gott in allen Wesen und liebe sie wie dich selbst.

Erinnere dich ständig an Gott oder wenigstens beim Aufstehen, während der Arbeitspausen und beim Zubettgehen. Bewahre in deiner Tasche eine *mala* (Rosenkranz) auf.

Kultur der Psyche

Studiere jeden Tag ein Kapitel oder 10 bis 20 Verse der *Gita* mit ihrer Bedeutung. Lerne Sanskrit, wenigstens soviel, dass du die *Gita* im Original verstehen kannst.

Nach und nach lerne die ganze *Gita* auswendig. Bewahre sie immer bei dir auf.

Lies täglich oder feiertags *Ramayana, Bhagavatam, Upanishaden, Yoga Vasishta* oder andere spirituelle Bücher.

Geh bei jeder Gelegenheit zu religiösen Treffen, *kirtans* und *satsangs* von Heiligen. Organisiere solche Treffen an Sonn- und Feiertagen.

Besuche einen Tempel oder einen Platz der Verehrung mindestens einmal die Woche und organisiere dort *kirtans* und Gesprächskreise.

Verbringe deine Feiertage wenn möglich in der Gemeinschaft von Heiligen oder praktiziere *sadhana* zurückgezogen an heiligen Plätzen.

Kultur der Spiritualität

Geh früh zu Bett. Steh um 4 Uhr morgens auf. Mache Toilette, spüle den Mund und nimm ein Bad.

Rezitiere Gebete und *kirtan dwanis*. Praktiziere *pranayama, japa* und Meditation von 5 bis 6 Uhr. Sitze bewegungslos in *padmasana, siddhasana* oder *sukhasana*.

Führe dein tägliches *sandya* (Morgenritual), *gayatri japa, nityakarma* aus und verehre die Aspekte Gottes, wenn du welche hast.

Schreibe dein bevorzugtes *Mantra* oder den Namen Gottes 10 bis 30 Minuten täglich in ein Notizbuch.

Singe die Namen Gottes (*kirtan*). Wiederhole abends einige Gebete, *stotras* und *bhajans* eine halbe bis eine Stunde lang zusammen mit deiner Familie.

Fasse jedes Jahr Vorsätze zu den obigen Empfehlungen. Regelmäßigkeit, Zähigkeit und Beständigkeit sind wesentlich. Halte dein *sadhana* täglich in einem spirituellen Tagebuch fest. Schau es jeden Monat an und arbeite an den Fehlern.

Die praktischen Ratschläge in dieser Schrift lagen Swamiji immer am Herzen und bildeten den Eckpfeiler dessen, wie er den Rest seines Lebens lehrte und arbeitete. Besonders der Einführungssatz „Ein Gramm Praxis ist mehr wert als Tonnen Theorie" beschreibt prägnant seine Annäherung an die Yogaphilosophie. Rede nicht nur darüber, sondern handle jetzt.

Um das Handeln zu erleichtern, ermutigte Swamiji seine Schüler, dem zweiten Hauptratschlag der Schrift zu folgen, der in der Einführung zu finden ist: „Fasse nur einige praktikable Vorsätze, die eine kleine, aber bestimmte Verbesserung deiner gegenwärtigen Gewohnheiten und Wesenszüge ermöglichen." An jedem Neujahrstag ermutigte er seine Schüler, neue Vorsätze für das kommende Jahr zu fassen, die die 32 Punkte des *Sadhana Tattwa* zur Grundlage hatten.

Hier erklärt er diesen Prozess:

> ” Als ich im Himalaya praktizierte, hielt ich meine Vorsätze schriftlich fest, genau wie es in Gurudevs Instruktionen vorgeschlagen wird. Ich führte ein Tagebuch, um zu überprüfen, ob ich die Vorsätze auch wirklich eingehalten und die Praktiken ausgeführt hatte. Man sollte täglich Folgendes notieren: Wieviele Stunden Asanas gemacht, wieviele Runden Pranayama, wieviele Stunden Schweigen, wie oft man in Wut geraten war, wie oft man *brahmacharya* nicht eingehalten hat. Am Abend kann man das Tagebuch überprüfen und es mit den

Vorsätzen vergleichen, so dass man am nächsten Tag einen neuen Versuch starten kann, es besser zu machen.

Nach einigen Tagen des Misserfolgs ist man plötzlich in der Lage, sein Ziel zu erreichen. Dann sollte man den Vorsatz auf eine höhere Ebene bringen. Anstatt Pranayama nur 2x sollte man es jetzt 3x am Tag machen. Das spirituelle Tagebuch zeigt einem, ob man Fortschritte macht oder nicht. Es ist für jeden spirituellen Aspirant sehr wichtig, dass er seine eigenen Fortschritte sehen kann. So hat er eine Art Führer oder Lehrer zu Verfügung, der ihm über die Schulter schaut.

Du fasst doch am Neujahrstag alle möglichen Vorsätze, oder? Du beschließt, nicht zu rauchen, kein Fleisch zu essen, keinen Alkohol zu trinken oder kein Marihuana zu rauchen. Aber wenn du schon 100% erfolgreich bist, da das sowieso schon dein Lebensstil ist, ist es eigentlich kein richtiger Vorsatz. Du musst etwas nehmen, in dem du noch nicht perfekt bist und was du verbessern willst. Wenn ich die oberen 4 Vorsätze fassen würde, wäre ich vollständig erfolgreich, daher sollte ich einen nützlichen Vorsatz nehmen wie: „Ich werde mich nicht ärgern." Jedes Jahr versage ich bei diesem Vorsatz, also mache ich ihn erneut. Anstatt jeden zweiten Tag ärgerlich zu werden, werde ich nur noch jeden dritten Tag ärgerlich.

Ich schreibe kein spirituelles Tagebuch mehr, aber ich habe immer noch eins in meinem Kopf. Bevor ich zu Bett gehe, überprüfe ich, wie oft ich ärgerlich geworden bin oder wie oft ich geschrieben habe. Dann bete ich zu Gott und sage: „Oh Gott, ich bringe es Dir dar." Auf diese Weise lasse ich los. Darum geht es bei diesen ganzen Vorsätzen.

Fasse keinen Vorsatz, den du nicht bis zu einem gewissen Grad einhalten kannst. Wenn du am Anfang zuviele Vorsätze fasst, ist es als ob du einen schwachen Muskel überforderst. Er wird zusammenbrechen. Die Disziplin sollte langsam und Schritt für Schritt erfolgen, um zu vermeiden, dass der Geist rebeliert. Fasse realistische Beschlüsse und schaue dann in dein Tagebuch. Vielleicht hast du beschlossen, um 5 Uhr aufzustehen. Wenn du an 20 Tagen im Monat um acht 8 Uhr und an den restlichen 10 Tagen um 5 Uhr aufgestanden bist, dann sei glücklich. Vielleicht hast du an 20 Tagen nur 1 Stunde Asanas gemacht, aber an den anderen 10 Tagen

2 Stunden. Vielleicht hast du an 20 Tagen nur 5 Runden Pranayama gemacht, aber an den anderen 10 Tagen 40 Runden.

Am Ende jeden Monats überprüfe deinen Stand und entscheide, wie du dich noch weiter verbessern kannst. Am Ende des Jahres wirst du feststellen, dass deine Willenskraft außerordentlich gestiegen ist. Dann wirst du wissen, dass du ein freier Mensch bist, dass dein Geist dir gehorcht. Nach 5 oder 6 Jahren solcher Praxis wirst du feststellen, dass Meditation von selbst kommt. Wenn du dich hinsetzt, wird sich augenblicklich die Energie bewegen, alle *Chakren* werden aufblühen und dein Gesicht wird leuchten und strahlen.

ॐ नमो नारायणाय

Om Namo Narayanaya

Übersetzt heißt dieses Sanskritmantra „Verbeugung vor Vishnu". Vishnu ist der göttliche Bewahrer des Universums. Wo immer Swamiji hinging, ermutigte er die Leute, dieses Mantra zu wiederholen, zu singen und zu schreiben. Er sagte, dass wir damit die erhaltende Kraft Vishnus erwecken würden und so helfen könnten, die Welt zu einem besseren und friedlicheren Platz zu machen.

Glossar

Anuloma viloma bestimmte Form der Wechselatmung

Arati Eine Lichtzeremonie, bei der Gott in all seinen/ihren Formen eine Flamme dargebracht wird. Das Licht wird vor den Bildern auf dem Altar geschwenkt und dann allen Anwesenden dargeboten. Normalerweise wird Kampher verbrannt, da es nach dem vollständigen Verbrennen keine Spuren hinterläßt. Das symbolisiert die Beseitigung des Egos.

Asana wörtlich „ruhige Stellung"; Asanas sind die Körperhaltungen, die im Hatha Yoga ausgeübt werden.

Ashram ein Ort zum spirituellen Rückzug

Atman die individuelle Seele

Bandhas Muskuläre Verschlüsse, die angewendet werden, um Energie oder Prana bei der Yogapraxis zu halten.

Bhagavatam
Die *Srimad Bhagavatam*, eine indische Schrift, die vom Leben und den Lehren Krishnas handelt.

Bhakti Hingabe

Biksha Almosen

Brahmacharya Zölibat oder weiter gefasst die Kontrolle der Sinne; auch die Bezeichnung des ersten Schrittes auf dem Weg zum Sannyasin, ähnlich einem Novizen, Mönch oder einer Nonne in der christlichen Tradition.

Brahman Gott; das Absolute; die unteilbare Energie des Universums

Chai indischer Tee gebrüht aus kochendem Wasser, Milch, Tee und Zucker zusammen in einem großen Topf, oft über offenem Feuer

Chakras astrale Energiezentren oder Nervengeflechte; liegen entlang der Wirbelsäule und sind die Speicher des Pranas.

Chapati ein indisches flaches Brot

Dakshina Eine Opfergabe für den Guru, wenn er/sie einem Schüler eine Mantraeinweihung gibt.

Darshan die Erfahrung des Zusammenseins mit einem großen Heiligen wie in „darshan des gurus haben"; wird auch im Kontext der Einheitserfahrung mit Gott benutzt, wie z.B. „darshan von Krishna haben"

Devi Göttin

Dharana Konzentration

Dhyana Meditation

Durga die Göttliche Mutter

Ganga der Fluss Ganges; auch die Göttin in Form des Flusses

Ghats aufgeschütteter Platz zum Baden am Ufer des Flusses oder Teichs, mit Stufen, die zum Wasser hinunterführen

Gopi Eine junge Frau, wörtlich eine Milchmagd oder Kuhhirtin, aus dem Sanskritwort *go*, was „Kuh" bedeutet. Wird oft benutzt für die jungen Frauen, die Krishna verehrten, wie es in der *Srimad Bhagavatam* beschrieben ist.

Guha eine Höhle

Hatha Yoga *Ha* bedeutet wörtlich „Sonne" und *tha* bedeutet „Mond". Der Yoga, der die Gegensätze ausgleicht. Ein praktischer Weg, den Geist durch die Kontrolle des Pranas zu kontrollieren.

Jalasamadhi das Versenken des Körpers einer großen Seele in den Ganges

Kaavadi Eine gewölbte Skulptur mit Pfauenfedern, die Krishna repräsentiert und zur Verehrung benutzt wird.

Karma Eine Handlung, die durch das Gesetz von Ursache und Wirkung vollzogen wird.

Kapalabhati Eine Atemübung, die das Blut mit Sauerstoff anreichert und den Körper energetisiert.

Krishna eine Inkarnation Vishnus; In der Hindutrinität ist Vishnu die erhaltende Kraft Gottes. Von Zeit zu Zeit inkarniert sich Vishnu auf der Erde, um die Welt zurück zur Rechtschaffenheit zu bringen; die Hauptgestalt im *Mahabharata* und der *Srimad Bhagavatam*

Kirtan das Singen des Namen Gottes

Kundalini Die ursprüngliche Energie, die im 1. Chakra am untersten Ende der Wirbelsäule ruht. Die Praxis des Yoga erweckt diese Energie.

Kutir Häuschen, Hütte

Lila das Spiel Gottes in der Welt

Mahasamadhi endgültige Befreiung vom Körper und Aufgehen in Gott; Aufgehen des individuellen Bewusstseins im kosmischen Bewusstsein

Mahatma große Seele

Mala eine Gebetskette

Mantra Gott in Form von Klang; eine mystische oder göttliche Energie eingebunden in eine Klangstruktur; Sanskritwörter, die beim Meditieren wiederholt werden.

Maya die illusionäre Kraft Gottes; Maya läßt uns glauben, dass vergängliche Dinge (z.B. der Körper) unvergänglich sind.

Mouna Schweigen; auch die Einhaltung einen Schweigegelübdes

Niyama ethische Regeln: Reinheit, Zufriedenheit, Mäßigung, Studium der Schriften und Hingabe an Gott

Om Tat Sat ein Segensspruch; eine feierliche Anrufung des göttlichen Segens

Ojas Lebenskraft, spirituelle Energie

Pada Puja *Pada* bedeutet wörtlich „Füße" und *puja* bedeutet „Verehrung". Eine Zeremonie, bei der die Füße des Gurus verehrt werden.

Prana Energie, Lebenskraft

Pranam Die Art einem anderen Respekt zu zeigen, indem man sich verbeugt und die Hände auf der Brust in Gebetsposition hält.

Pranayama Die Wissenschaft durch die Atmung die vitale Lebenskraft zu kontrollieren.

Prasad gesegnete Nahrung, die am Ende einer *Puja* oder eines *Satsangs* ausgeteilt wird.

Pratyahara Zurückziehen der Sinne oder Abziehen der Sinne von den Objekten; eine Stufe in der Vorbereitung zur Meditation

Puja Verehrungszeremonie

Pujari jemand, der eine Verehrungszeremonie leitet oder mit durchführt

Raja Yoga yogische Philosophie, die auf der Kontrolle des Geistes basiert, wie im Raja Yoga Sutra von Patanjali erklärt wird. Wird auch *Ashtanga Yoga* genannt, der Yoga des achtfachen Pfades: Yama, Niyama, Asana, Pranayama, Pratyahara, Dharana, Dhyana, Samadhi.

Rama der ideale Haushaltsvorstand; eine Inkarnation Vishnus

Rishi eine weise Person, ein Lehrer; wörtlich Seher

Sadhana spirituelle Praxis

Sadhu eine spirituelle Person, ein praktizierender Yogi

Saguna mit Eigenschaft oder Attributen

Samadhi der überbewusste Zustand

Samsara der Kreislauf von Geburt und Tod

Samskaras Eindrücke im Unterbewusstsein aus früheren Erfahrungen in diesem oder in vergangenen Leben

Sannyasin jemand, der der Welt entsagt hat. Ein Mönch oder eine Nonne. Ein Sannyasin legt 3 großartige Gelübde ab: *Saucha* (Reinheit), *Bhiksha* (Leben von Almosen) und *Dhyana* (Meditation).

Satsang Zusammenkunft mit Weisen und Heiligen; Zeit, in der Schüler zur Gruppenmeditation oder zur Verehrung mit ihrem Lehrer zusammensitzen; von *sat* (Weisheit oder Wissen) und *sang* (versammeln)

Shakti die weibliche, kreative Kraft des Universums; auch Gott in weiblicher Form

Shiva In der hinduistischen Trinität ist Shiva der zerstörerische Aspekt Gottes. In diesem Sinn ist Zerstörung etwas Gutes, da die negativen Aspekte des Selbstzerstört werden, um Platz für die positiven Aspekte zu schaffen und sie zum Blühen und Wachsen zu bringen.

Sivalingam Ein steinerner oder hölzerner „Phallus", der Shiva repräsentiert.

Sloka ein Vers einer Schrift

Swami ein Sannyasin oder Entsagter

Unberührbare Ausgestoßene; Menschen, die zu keiner der 4 Hindukasten gehören; Menschen mit sehr geringem sozialem Status

Vedanta wörtlich „das Ende der *Veden*", die Zusammenfassung oder die Endfassung der Philosphie der Veden, alter Hinduschriften; werden oft *advaita vedanta* genannt, die Philosophie des Nichtdualismus, wie sie von Sri Shankaracharya gelehrt wurde

Yama ethische Regeln oder Selbstbeherrschung: Nichtverletzen, Wahrheit, Zölibat, Nichtstehlen und ohne Habgier; Zusammen mit *Niyama* bildet *Yama* die ethische Basis des Raja Yoga.

Yoga wörtlich „Einheit"; die Einheit der individuellen Seele mit der Höchsten Seele oder Gott. Das philosophische System und die Praktiken, die zu dieser Einheit führen.

OM TAT SAT

Im Yoga Vidya Verlag erschienen:

Sivananda - ein moderner Heiliger

Enge Schüler von Swami Sivananda beschreiben sehr anschaulich die wichtigsten Lebensabschnitte Swami Sivanandas, wie er den spirituellen Weg gegangen ist, systematisch an sich gearbeitet hat und mit viel Disziplin, Weisheit und Hingabe zur höchsten Verwirklichung gekommen ist. Es zeigt dir pragmatisch und methodisch den Weg, den du selbst gehen kannst, um dieses Ziel zu erreichen. Es versetzt dich in die unmittelbare Gegenwart eines großen, selbstverwirklichten Meisters.
375 Seiten, Paperback. 16,80 €. ISBN 978-3-931854-63-8

Autobiographie von Swami Sivananda

Hier schreibt der große indische Weise Swami Sivananda, wie er vom Normalbewusstsein zum Gottesbewußtsein gekommen ist, so als wäre es die selbstverständlichste Sache der Welt, zur Erfahrung der Einheit zu gelangen. Und gerade diese Selbstverständlichkeit ist es, die Swami Sivananda immer am Herzen gelegen ist – das Geburtsrecht jedes Menschen, seine wahre Natur zu entdecken und auszudrücken. Und diese Natur ist göttlich - nach seiner Erfahrung wie auch nach der aller Mystiker verschiedenster Traditionen. Dies ist kein Buch, das man schnell wieder zur Seite legen kann.
196 Seiten, Paperback. 9,80 €. ISBN 978-3-931854-24-9

Inspirierende Geschichten (Swami Sivananda)

Das Geschichtenerzählen ist eine der ältesten menschlichen Traditionen. Was Nahrungmittel für den physischen Körper sind, sind Geschichten für den menschlichen Geist und die menschliche Seele. Geschichten regen die Phantasie an, helfen Menschen dabei, eigene innere Bilder wahrzunehmen, öffnen das Herz und bieten neue Denkanstöße.
222 Seiten, Paperback. 10,80 €. ISBN 978-3-931854-53-9

Sivananda Yoga (Swami Venkatesananda)

Swami Venkatesananda, ein enger Schüler Swami Sivanandas, der viele Jahre bei seinem Lehrer lebte, beschreibt in diesem Buch sehr schön, klar und humorvoll, wie spirituelles Wachstum unter der Führung eines selbstverwirklichten Lehrers möglich ist. In vielen kleinen Geschichten, die er selbst oder andere Schüler mit seinem Lehrer erlebt haben, vermittelt er den Lesern, wie man zur Selbstverwirklichung kommt und wie man Sivananda Yoga Tag für Tag üben und praktizieren kann.
182 Seiten, Paperback. 9,80 €. ISBN 978-3-931854-51-5

Japa Yoga (Swami Sivananda)

Dieses Buch beschreibt in leicht verständlicher Sprache die tantrische Theorie von Klang und Mantra, mit wertvollen Hinweisen für den Gebrauch von Mantras. Die Auflistung von früher nur in mündlicher Überlieferung weitergegebenen Mantras ist selbst in Indien einmalig. Wertvolle Ratschläge zu allen Aspekten des spirituellen Lebens runden das Bild ab.
188 Seiten, Paperback. 9,80 €. ISBN 978-3-931854-25-6

Göttliches Elixier (Swami Sivananda)

Es besteht aus kurzen, prägnanten, bedeutungsschwangeren Sätzen, fast wie Sutras (Aphorismen). Jeder der Sätze eignet sich als Einleitung einer Meditation oder auch als Meditationsthema. „Göttliches Elixier" ist auch wunderbar, um morgens seinen Tag zu beginnen. Jeder Satz ist wie ein Schluck „göttliches Elixier", welches den Tag transformiert. Wir wünschen dir viel Herzensöffnung und tiefe Erkenntnisse mit diesem „Zaubertrank" aus der Feder des großen Meisters.
44 Seiten, Paperback. 6,80 €. ISBN 978-3-931854-52-2

Götter und Göttinnen im Hinduismus (Swami Sivananda)

Die Vielfalt der indischen Götterwelt ist faszinierend und verwirrend zugleich. Letztlich sind alle Götter Aspekte des einen Absoluten, der höchsten Wahrheit, der allumfassenden kosmischen Energie oder Weltenseele. In diesem Buch beschreibt Swami Sivananda einige der wichtigsten Aspekte der indischen Mythologie, ihre Symbolik und tiefe Bedeutung, sowie traditionelle Riten. Ein Buch, das unsere Fantasie anregt, ein besseres Verständnis der indischen Mythologie schenkt und uns im Herzen berühren kann – denn letztlich bekommen wir Zugang zur höchsten Wirklichkeit über das Herz.
152 Seiten, Paperback. 9,50 €. ISBN 978-3-931854-66-9

Feste und Fastentage im Hinduismus (Swami Sivananda)

Die reichhaltige Mythenwelt des Hinduismus wird leicht nachvollziehbar erschlossen. Es ist für Liebhaber von Geschichten, Märchen und Mythen gleichermaßen interessant wie für den Indienreisenden, der seine Erläuterungen zu hinduistischen Gebräuchen und Symbolik findet, wie sie in keinem Reiseführer stehen. Wer sich mit Yoga beschäftigt, findet hier den Bhakti Yoga Aspekt in Form von Ritualen, Gelübden, Vorsätzen, Mantrarezitation usw.
170 Seiten, Paperback. 9,80 €. ISBN 978-3-931854-33-1

NEU: Der Schafslöwe

(nacherzählt von Jnaneshwari Leonhardt)

Ein Märchen für Kinder nach der Geschichte „Der Schafslöwe" aus dem Buch „Yoga Geschichten" von Sukadev Volker Bretz; liebevoll illustriert von Vera Berg. Die Geschichte zeigt, wie wir über Mitgefühl und selbstloses Geben unser Herz füreinander öffnen können, dadurch Freude und Kraft erfahren und neue Freunde finden. Eine Freude für große und kleine Kinder.

Gebunden. 12,90 €. ISBN 978-3-931854-73-7

NEU: Vertraue Gott

Ansprachen nach der Morgenmeditation von Swami Atmaswarupananda

Genial, direkt, unkompliziert – mit großer Klarheit gibt Swami Atmaswarupananda Antworten auf essenzielle Fragen. Eine Sammlung von 85 kurzen Vorträgen während der Morgenmeditationen im Sivananda Ashram, Rishikesh. Jeder davon enthüllt dir unmittelbar einen Aspekt der klassischen vedantischen Lehren im heutigen Kontext. Typische Hindernisse und Zusammenhänge der spirituellen Entwicklung werden dir klar. Das Buch richtet sich an Interessierte verschiedener Traditionen.

182 Seiten, Paperback. 10,80 €. ISBN 978-3-931854-72-0

NEU: Kandar Anubhuti (Sri Kartikeyan)

Ergreifende Geschichte eines spirituellen Aspiranten, der erkennt, dass ihm diese materielle Welt nicht wirklich dauerhaftes Glück schenken kann. Dank der tiefgründigen Interpretation von Sri Karthikeyan werden die Verse zu einer praktischen Anleitung und wertvollen Hilfe für Aspiranten. Sri Kartikeyan ist direkter Schüler des großen indischen Meisters Swami Sivananda und lebt seit über 40 Jahren im Sivananda Ashram Rishikesh.

352 Seiten, Paperback. 17,90 € ISBN 978-3-931854-67-6

Parabeln (Swami Sivananda)

Die höchste Wirklichkeit, den Weg dorthin, die Aufgaben, Gefahren und Hindernisse unterwegs können leichter durch Geschichten und Gleichnisse vermittelt werden als mit intellektuellen Worten. Swami Sivananda sprach sehr oft in Gleichnissen oder Bildern, die aus dem Beruf oder den Lebensumständen der Menschen und Ratsuchenden stammten. So ist jede dieser Parabeln wie ein Ratschlag.

171 Seiten, Paperback. 9,80 €. ISBN 978-3-931854-27-0

Klassische Upanishaden

Die Weisheit des Yoga. Die elf wichtigsten Upanishaden in der Übersetzung von Paul Deussen. Du bist nicht dieser Körper, du bist nicht der Verstand, du bist nicht die Emotionen und Gedanken, du bist Atman, das Selbst und damit in deiner Essenz nichts anderes als Brahman, das Absolute, das Urprinzip oder Gott. Dein wahres Selbst ist unvergänglich, unsterblich, ewig, unberührt von allen äußeren Veränderungen, reines Sein, Bewusstheit an sich (Sat), vollumfängliches intuitives Wissen (chid) und immerwährende Wonne und Glückseligkeit (ananda). Dieses Sat-Chid-Ananda zu erfahren und zu verwirklichen ist das Ziel des Yoga. Aus den Texten der Upanishaden spricht diese mystische, archaische Erfahrung.

270 Seiten, Paperback. 12,80 €. ISBN 978-3-931854-49-2

Yoga Vidya Kirtan Textheft

Mantras und Liedertexte zum Singen. Eine wunderschöne, freudevolle Methode zur Erweiterung des Bewusstseins, zur Erlangung des Gefühls der Einheit mit dem Kosmischen. Dieses Buch kann Dir eine wertvolle Hilfe beim Mantra-Singen sein. Hier findest Du die Texte der meisten Mantras und Lieder, die wir in unserem Yoga-Center während des Satsangs, der Seminare oder während der Yoga-Ferien singen.

116 Seiten, Paperback. 4,90 €. ISBN 978-3-931854-22-5

Kirtan Notenheft mit Akkorden

Ein handliches Liedertext-und Notenheft für alle die gern singen und musizieren. Dieses Buch kann dir eine wertvolle Hilfe dabei sein, dich selbst und andere beim Singen von Mantras musikalisch zu begleiten. Es einige sehr beliebte Lieder aus dem Kirtan-Textheft. Besonders zur Gitarrenbegleitung geeignet!

Notenheft A 5 (Ringelbindung) 12,80 €. ISBN 978-3-931854-78-2
Notenheft A 4 (Großformat) 14,80 €. ISBN 978-3-931854-23-2

Das Yoga Kochbuch

Vegetarische Vollwertküche für Körper und Geist, leckere Rezepte aus aller Welt, gesund und vitalisierend. Hier findest du viele Anregungen für die häusliche Küche, um genau so Wohlschmeckendes zu kreieren. Mit Erläuterung zu den Prinzipien der idealen Ernährung für Yoga, Meditation und Bewusstseinserweiterung.

80 Seiten, Paperback. 8 €. ISBN 978-3-931854-15-7

Bücher von Sukadev Bretz:

Die Yoga-Weisheit der Bhagavad Gita für Menschen von heute, Band 1, 2 und 3

„Viele Menschen entdecken an sich selbst, dass sie schon früh Yoga Samskaras haben. Mich z.B. hat schon als Kind das Wort „Yogi" völlig fasziniert. Jemand aus meiner Klasse hat irgendwann mal den Lotussitz gemacht.... , aber ich fand es beeindruckend, dass jemand so dasitzen kann. Und irgendwann habe ich dann gehört dass jemand Yoga macht. Ich hatte nicht die geringste Ahnung, was das sein sollte, aber irgendwie fand ich das toll. Ich wollte dann auch Yoga machen... Swami Vishnu hat uns immer wieder gesagt, dass es in unserer westlichen Gesellschaft kaum jemandem möglich sein wird, täglich zu meditieren und Asanas und Pranayama zu machen, der nicht Samskaras aus einem früheren Leben in sich hat." (Auszug Kommentar von Sukadev Bretz)
Band 1: 204 Seiten, Paperback. 10,50 €. ISBN 978-3-931854-62-1
Band 2: 152 Seiten, Paperback. 9,50 €. ISBN 978-3-931854-65-2
Band 3: 170 Seiten, Paperback. 9,90 €. ISBN 978-3-931854-77-5

Die Kundalini-Energie erwecken

Gleich einer eingerollten Schlange ruht die Kundalini-Energie, die kosmische Urkraft in uns, am Ende der Wirbelsäule. Durch die stufenweise Erweckung dieser Energie können wir das Höchste – die Einheit mit dem Absoluten – erreichen. In inspirierender Klarheit führt Sukadev in die spirituellen Geheimnisse der Kundalini ein und zeigt, wie wir unser Leben durch die Erweckung der göttlichen Urenergie in uns bereichern können. Erläuterungen zur tantrischen Tradition, zu Reinigungs- und Erdungsritualen, zum Astralkörper, zu den Nadis und Chakren helfen, die Kraft der Kundalini besser zu verstehen und ermöglichen einen umsichtigen Umgang mit den spirituellen Erweckungserlebnissen. So wird die Kundalini zu einem inneren Abenteuer, das versteckte Potenziale und Fähigkeiten in uns entdecken, das Bewusstsein erweitern und zur eigenen Verwirklichung führen kann. Gebundene Ausgabe, 192 Seiten.
16,95 €. ISBN 978-3-7205-6002-3 Kailash Verlag

Yoga Geschichten

Geschichten und Märchen faszinieren die Menschen seit alters her und waren auch immer schon ein wichtiges didaktisches Hilfsmittel. Die Geschichten in diesem Buch stammen aus klassischen indischen Schriften und wurden von Sukadev Volker Bretz nacherzählt, mit manchen eigenen Interpretationen und Anpassungen an die heutige Lebenssituation, was besonders hilft, ihre Lehren direkt in den eigenen Alltag zu übertragen.
88 Seiten, Paperback. 6,80 €. ISBN 978-3-931854-50-8
Yoga Vidya Verlag *(auch als Hörbuch-CD erhältlich)*

Die Yogaweisheit des Patanjali für Menschen von heute

Die Yoga-Sutras von Pantanjali sprechen alle Ebenen des Menschseins an. Sie vermitteln einen tiefen Enblick in die praktischen, geistigen und spirituellen Dimensionen des Yoga. Im Mittelpunkt steht der menschliche Geist, seine Funktionsweise, sein Einfluss auf das Leben, aber auch auf seine verborgenen Kräfte und seine Möglichkeiten.
Dem Verfasser ist es durch den von tiefer Erfahrung geprägten persönlichen Umgang mit den Yoga-Sutras gelungen, diese Yogaweisheit für den Menschen unserer Zeit fruchtbar zu machen und dabei seinen kulturellen Hintergrund, seine Bedürfnisse und seine Lebensprobleme mit einzubeziehen. Die leicht verständliche Sprache, die Fülle von praktisch anwendbaren Beispielen aus dem Leben und die zahlreichen Geschichten und Episoden verstärken die Grundaussagen und die Wirkung dieses wichtigen Yogatextes. So wird das Buch ein praktischer Leitfaden sowohl für die Bewältigung des Alltags als auch für spirituelle Erfahrungen. Gleichzeitig ist es damit ein Wegweiser für mehr Lebensfreude, Gesundheit und Wohlergehen.

216 Seiten, gebunden. 20 €. ISBN 978-3-928632-81-2 Via Nova Verlag

Das Yoga Vidya Asana-Buch Band 1

Riesiges Erfahrungswissen über die Asanas der Rishikesh-Reihe, wie sie von Swami Sivananda und Swami Vishnu-Devananda gelehrt wurde. In dieses Buch ist das Wissen aus 25 Jahren Yoga-Studium und -Praxis des Autors Sukadev Bretz geflossen. Dieses Buch zeigt sanfteste wie auch fortgeschrittenste Übungen. Ausgezeichnet für jeden Übenden, der im Hatha Yoga weiter kommen will. Eine Riesenhilfe für die Unterrichtsvorbereitung von Yogalehrenden. Mit 1800 Fotos. Großformat A4. Mit umfangreichem Index zum schnellen Finden der Asanas.
212 Seiten, Paperback. 19,80 €.
ISBN 978-3-931854-48-5 Yoga Vidya Verlag

Bitte vollständiges Verlagsprogramm anfordern:
Yoga Vidya Verlag • Wällenweg 42 • 32805 Horn-Bad Meinberg
Tel. 05234/87-0 • Fax 05234/87-1875
E-Mail: shop@yoga-vidya.de • www.shop.yoga-vidya.de

YOGA Vidya

Yoga Vidya Center und Seminarhäuser

In den über 70 Yoga-Vidya-Centern in ganz Deutschland kannst du Yoga systematisch lernen, praktizieren und vertiefen: *www.yoga-vidya.de/center*

Seminare, Ausbildungen und Erholung in idyllischer Natur:

Yoga und Meditation * Yoga-Ferien * Familie und Kinder * Wellness und Erholung
Kundalini * Yogalehrer-Ausbildungen * Weiterbildungen * Ayurveda-Ausbildungen
Massage-Ausbildungen * Therapie * Heilpraktiker * Kunst und Musik * Spiritualität
Events * Yoga- und Ayurveda-Kongress * und mehr...

... gibt es in den Yoga-Vidya Seminarhäusern in Bad Meinberg/Teutoburger Wald, Oberlahr/Westerwald sowie an der Nordsee. Informationen unter: *www.yoga-vidya.de*

Yoga Vidya Bad Meinberg
Wällenweg 42, 32805 Horn-Bad Meinberg, Tel. 05234/870

Yoga Vidya Westerwald
Gut Hoffnungstal, 57641 Oberlahr, Tel. 02685/80020

Yoga Vidya Nordsee
Wiarder Altendeich 10, 26434 Horumersiel, Tel. 04426/9041610